京大式最強の馬券セミナー

久保和功

競馬ベスト新書

はじめに

「サトノダイヤモンド先頭、内からマカヒキが襲いかかる、2頭並んだままゴールイン。わずかにインのマカヒキか。2頭きわどいゴール前となりました！」

2016年のダービーは皆さんもご存知のように、マカヒキとサトノダイヤモンドの2頭の一騎打ちとなり、マカヒキがハナ差制してダービー馬となりました。私はマカヒキの単勝を3万円分持っていたこともあり、ゴール前は胸がドキドキものでした。

ダービーは1着マカヒキが3番人気（単勝4・0倍）、2着サトノダイヤモンドが2番人気（3・8倍）。そして3着ディーマジェスティが1番人気（3・5倍）というように、人気順ではありませんが、1～3着まで1～3番人気馬が上位を占めるという平穏無事に決着したレースです。

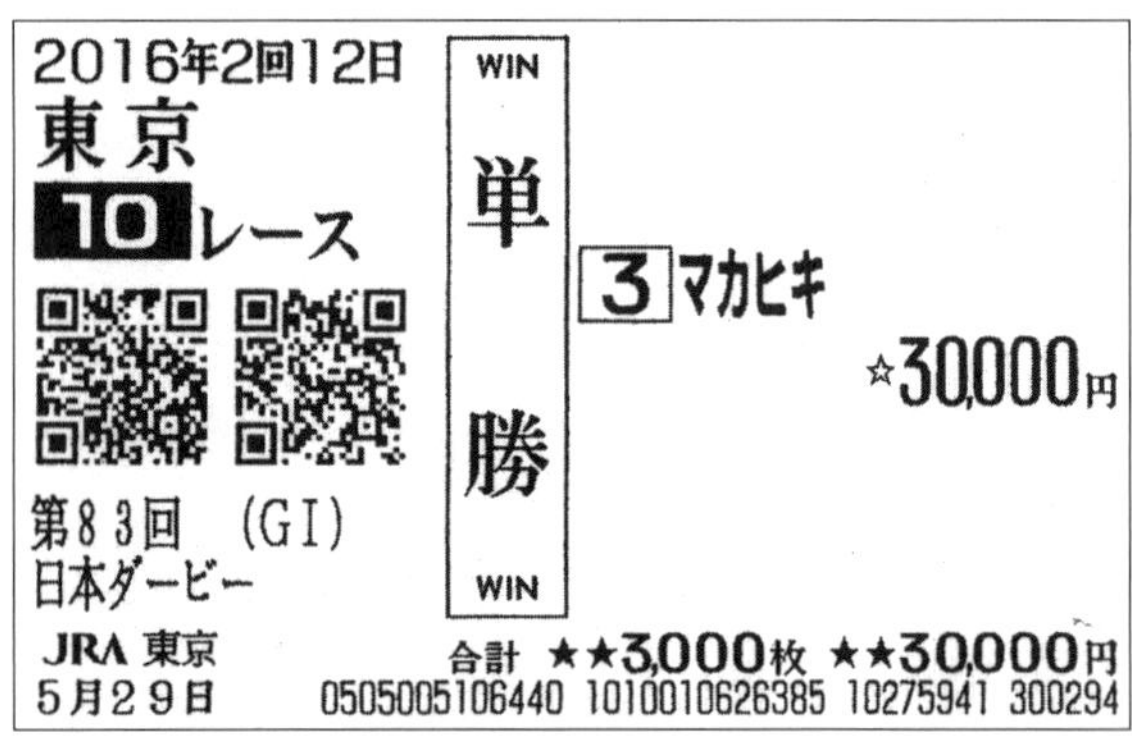

配当を見れば、馬連は700円（馬連1番人気）、馬単1420円（馬単3番人気）、3連複850円（3連複1番人気）、3連単4600円（3連単5番人気）と、堅くて儲けにくいレースだったのは確かでしょう。

さて、「儲けるレースと楽しむレースは異なる」という主張をよく見かけますが、果たしてそうでしょうか。

確かに根拠もなく人気馬ばかりの馬券を購入していたのでは、儲かることは少ないのかもしれません。特に人気馬のワンツーで決まり、購入した券種が単複や枠連、馬連、ワイドなどでは、配当面で物足りないと感じることでしょう。

その点、3連複、3連単では高配当が望めます。しかし、当たり前ですが、3連複、3連単馬券でなおかつ高配当馬券を的中させようとするのであれば、予想力、資金力が問われます。高配当と引き換えに、的中率も低くなるのですから。

理論上は、1レースに1万円ずつ投入し100連敗しても、次の101レース目に10万円以上の払い戻しが受けられればチャラになるし、場合によっては一気に負けを取り戻すことも可能でしょう。

しかし、**当たらない競馬ほどつまらないものはない**。当たり前のことですが、これは最初にお話しておきたいと思います。

競馬は、馬券と切っても切れない関係。儲けるためには、期待値の高い馬券を購入すればよく、低配当やトリガミ（獲り損）となるような馬券は無視すべき、というのは真理かもしれません……が、応援馬券程度しか購入しなかったとしても、的中すれば嬉しいものです。そうですよね？

ダービーに話を戻すと……「1～3番人気馬が1～3着を独占するレースと、3連単で10万円超となるレースはほぼ同じ確率」といわれています。上位人気馬同士で決着するレースは思っている以上に少ないという話ですが、だからといって、**最初から穴ありき、回収率ありきの馬券を買うのはオススメしません。**何よりも高度な予想力、ある程度の資金力が必要だからです。

馬券だけで食っている人は稀（まれ）。気楽に競馬を楽しむことができて、プラスで終わることができれば……そう思っているファンが圧倒的でしょう。そうした方々に、あらかじめいっておきましょう。

よほどのことがない限り、軸馬や軸候補は、人気馬の中から選ぶということで構いません。

実際、13年のフェブラリーSから16年宝塚記念終了時までに行なわれた平地GI77レースにおいて、1番人気馬の成績は次のようなものでした。

【24―14―13―26】勝率31・2％　連対率49・4％　複勝率66・2％

これは同期間内に行なわれた全体の1番人気馬の複勝率63・3％を上回っています。

また、GIレースにおける2番人気馬の成績は【11―18―4―44】（勝率14・3％、連対率37・7％、複勝率42・9％）、3番人気馬の場合は【13―11―12―41】（勝率16・9％、連対率31・2％、複勝率46・8％）という具合。

同着のあったレースを除けば、77レース×3頭で、231頭馬券圏内に入ったことになります。そのうち、1～3番人気馬は120頭が馬券になっているのです。そして77レース中48レースで、1～3番人気馬が勝利しています。

77レース中、1～3番人気馬が1頭も馬券にならなかったのは、6レースしかありませんでした。つまり、1～3番人気馬の中で好走するであろう馬をきっちり軸にできれば、GIレースを的中することはそれほど難しくはありません。

むしろ、極端な人気薄の穴馬を探し出すよりも、1～3番人気馬で軸となる馬が選べれば、高配当馬券や穴馬券を的中させることも簡単です。

穴馬券はたとえ、穴馬を見つけ出す予想力がなかったとしても、買い方でカバーできると断言したいと思います。

そもそも、極端な人気薄になっている馬は買いづらいもの。極端に人気を落とす理由があり、通常の予想では気づかないことが多々あります。確かに人気薄を探すのが上手な方もいらっしゃるでしょうが……。

人気薄馬を軸にする場合、人気サイドの馬を軸にするよりも馬券の買い方は難解になります。狙っていた人気薄馬が激走した際に必ず馬券にするには、券種やヒモの選択肢が非常に広がってしまうからです。

馬券を当てるという観点でいえば、人気薄を見つけるだけでは意味がありません。穴党の方の大半は、人気薄馬を見つけるだけで満足しているような気がします。

競馬の楽しみ方は人それぞれだと思いますが、新聞とにらめっこして、人気薄の馬を含めてすべての馬を吟味している時間はそうありません。

ならば、1～3番人気馬の中からきっちりと軸候補を吟味し、的中を目指すほうが馬券も当てやすいはずです。先に断言したように、人気馬を軸にしても、買い方次第ではいくらでも穴馬券は獲れるからです（その方法については、本文で解説していきます）。

なぜ、私が的中にこだわるかというと、ひとつは先ほども指摘しましたが、馬券は当たったほうが楽しいし、たとえトリガミであっても、資金が少しでも回収できるのは、次の勝負に繋がると考えるからです。

私は、サンケイスポーツ（関西版）では出走各馬の「京大式・推定3ハロン」を提供し、連載コラムも書いています。これも、的中のひとつの材料として、皆さんに役立ててほしいと思ってのことです。

また、GIレースでは仲間内でグループ馬券を購入することがあります。この中には私が競馬予想を生業（なりわい）にしていることに興味を示してくれて、馬券を購入するビギナーの方も少なくありません。

配当ももちろん重要ですが、ビギナーの方には、特に当てることで競馬の楽しさを知ってもらいたいと思っています。「久保くんの予想で馬券当たったよ。儲けはちょっとだったけど」とか、「グループ馬券当たったの？　配当は関係なく嬉しい」という声を耳にするたび、競馬は当ててこそ楽しいものだという考え方は、そう間違っていないと思うようになりました。

初心者の方だけではなく手練れ（？）の馬券ファンの皆さんだって、馬券が的中して困ることはないでしょう。

実際、私はダービーでマカヒキの単勝を獲りましたが、大儲けとまではいきませんでした。ただ、ゴール前はドキドキしましたし、予想を公開する者として◎を打ったマカヒキがハナ差でも勝利したことは、ホッとした部分もありますし楽しめました。

ダービーでは上位人気3頭がきっちりと走りましたが、他のレースでは人気馬が1頭ないし2頭（数は少ないかもしれませんが、3頭とも）崩れることも往々にしてあります。そうした場合の対処（馬券の買い方）も、本文では解説していきます。


本書は、競馬ベスト新書のシリーズで『京大式超オイシイ！馬券の選び方』（12年）、『京大式馬券選択のルールブック』（14年）に次ぐ3冊目。いずれも**難解な予想よりも、馬券の買い方と的中する楽しさを伝えるのがメインテーマです**。私もまだ試行錯誤の段階ですが、4年前より2年前、2年前より今年と、少しでも進化しているのではないかと思っています。

16年春のGⅠは比較的堅かったとされていますが、私はフェブラリーSからダービーまで9レース中8レースで的中することができました（本文で後述）。

儲かったレース、チャラ（イーブン）で収支トントンとなったレースなどさまざまですが、人気馬を軸にしていたとしても、手前味噌ですが、これだけきっちりと当てることは難しかったのではないかと考えています。これも、私なりの進化の一端かもしれません。

あまり前置きが長くなっても仕方がありませんので、本文（第1章）に入っていきましょう。

まずは、単勝から3連単まで、現在のJRAで使われている8種類の券種の「得する買い方・損する買い方」を、自分の実戦例から紹介していきます。

2016年8月上旬　久保和功

●2016年上半期GI・久保の◎馬の成績

レース名	馬名	人気	着順
フェブラリーS	ノンコノユメ	1	2
高松宮記念	ビッグアーサー	1	1
桜花賞	ジュエラー	3	1
皐月賞	マカヒキ	3	2
天皇賞（春）	フェイムゲーム	4	8
NHKマイルC	メジャーエンブレム	1	1
ヴィクトリアM	ミッキークイーン	1	2
オークス	チェッキーノ	2	2
ダービー	マカヒキ	3	1
安田記念	サトノアラジン	3	4
宝塚記念	ドゥラメンテ	1	2

京大式 最強の馬券セミナー／目次

はじめに<2>

第1章
単勝からワイドまで
当てやすい馬券の活用法<11>

第2章
馬連から3連単まで
高配当が期待できる馬券の活用法<89>

第3章
ステップアップ!
複合馬券でレースを完全攻略<179>

第4章
ダービーまでの9戦で8戦的中!
16年春GIプレイバック<201>

ハイブリッド新聞ガイド<232>

装丁◎塩津武幹　本文ＤＴＰ◎オフィスモコナ
撮影◎野呂英成、武田明彦　馬柱◎ハイブリッド競馬新聞
名称・所属は一部を除いて2016年８月20日現在のものです。
本文中のデータ集計期間は、特に指定がない限り、2015年１月４日〜16年７月31日です。
成績、配当は必ず主催者発行のものと照合してください。
馬券は自己責任において、購入お願いいたします。

第1章

単勝からワイドまで当てやすい馬券の活用法

単勝・複勝
枠連・ワイド

——馬券を買う前にコレだけは覚えておきましょう!

今、ＪＲＡではＷＩＮ５を除くと、次の８種類の馬券を購入することができます。

単勝
複勝
枠連
ワイド
馬連
馬単
3連複
3連単

そんな当たり前のことは知っているよという声が聞こえてきそうですが、各券種の特徴は……と問われると、案外、詳しく知らないまま無造作に馬券を購入しているのではないでしょうか。

各券種にはメリット・デメリットが存在していますし、より詳しく知ることで、あらゆるレースで適切な選択ができるようになるでしょう。また券種を選ぶという行為自体も、馬券を購入するうえでの楽しみに繋がります。

単勝…買えるオッズと買えないオッズ

単勝は、そのものズバリ1着になる馬だけを探す馬券です。

同着を除けば原則1頭しか勝利しません。そういった意味では、単勝の的中率を高めることは、馬単、3連単でムダなく儲けることに直結するでしょう。あなたが「馬券名人」を目指すなら、単勝を当てる技術を磨くことをオススメします。

しかし、グリグリの1番人気馬、単勝1倍台の馬をあえて購入する必要はありません。

2015年1月4日～16年7月31日に行なわれた平地5341レースの中で、単勝1倍台の馬の成績は【509－212－129－217】（勝率47・7％、連対率67・6％、複勝率79・7％、単勝回収率77％、複勝回収率87％）というものでした。

ほぼ2回に1回勝利しているということを考えると、単勝1倍台の馬の単勝を購入してもいいように感じます。しかし、別掲の囲み（P18）をご覧ください。単勝1倍台の馬を1000円、10レース購入した際、プラスにするには何レース以上的中しなければならないかというシミュレーション結果です。

別掲を見ればわかるように、単勝1・1倍の馬だと外れが許されません。

単勝1倍台別シミュレーション結果
※1レース1000円、10レース購入したと仮定
▼オッズ…プラスにするための条件
★1.1倍…パーフェクト的中
→9回の的中では1万円が9900円でマイナス。
★1.2倍…10レース中9レース的中
→9回の的中なら1万800円。
8回では9600円でマイナス。
★1.3倍…10レース中8レース的中
→8回の的中で1万400円。
7回では9100円でマイナス。
★1.4倍…10レース中8レース的中
→8回の的中で1万1200円。
7回では9800円でマイナス。
★1.5倍…10レース中7レース的中
→7回の的中で1万500円。
6回では9000円でマイナス。
★1.6倍…10レース中7レース的中
→7回の的中で1万1200円。
6回では9600円でマイナス。
★1.7倍…10レース中6レース的中
→6回の的中で1万200円。
5回では8500円でマイナス。
★1.8倍…10レース中6レース的中
→6回の的中で1万800円。
5回では9000円でマイナス。
★1.9倍…10レース中6レース的中
→6回の的中で1万1400円。
5回では9500円でマイナス。

また1・7〜1・9倍の馬では、10レース中6レース的中でプラス収支となるので、ハードルが下がったように見えますが、単勝1倍台の勝率を改めて見てください。50％にも及ばない47・7％しかないのです。

つまり、単勝1倍台の馬の単勝を単純に買い続けると、皆さんが思っている以上に当たらないということ。単勝1倍台の馬を1着付けする馬単、3連単も同様です。**リスクとリターンのバランスが取れていないのが、単勝1倍台の馬なのです。**

もちろん予想力があれば、単勝1倍台の馬をうまく見極め、プラス収支を達成することができるのかもしれません。確かに、10レース中6レースであれば、的中させることは可能な場合もあるはず。

ただ、よくよく考えてほしいのですが、単勝1・9倍の馬を狙い続け10レース中6レース的中したところで、1万円が1万1400円。回収率に直せば114％となりますが、労力と払い戻し金額のバランスが取れているとは思えません。

たった1回外れてしまって5回の的中に終わってしまえば、回収率は95％とすぐにマイナスに突入してしまうからです。

慎重に投資して、たった1回の失敗でマイナスになるような馬券は、まず購入する必要がないでしょう。

それでなくても、競馬には様々なリスクがつきまといます。落馬で一瞬にして馬券がパアになることもあれば、運悪くハナ差負けてしまうことだって日常茶飯事なのですから。

単勝2倍台の馬の単勝馬券も1倍台ほどではありませんが、同様のことがいえます。2回に1回コンスタントに馬券を当てるというのは、とてもハードルが高いのです。

オッズとのバランスを考えた場合、私は**単勝馬券を購入する際は、3倍以上**を一応の目安にしています。狙っている馬の単勝オッズが3倍未満であれば、他の券種を選んだほうがいいのです。


単勝1倍台の馬は複勝率が70%を超えています。3着以内という意味ではワイド、3連複、3連単の軸として一定程度の信用が置けるはず。

相手馬のオッズ次第で得られる払い戻しが異なってくる場合、トリガミも珍しくありませんが、単勝1倍台を軸にしているのに思わぬ高配当！　という馬券に巡り合うことも可能です。

先ほどの5341レース中、単勝1倍台が馬券になり3連複万馬券となったレースは1

12レースありました。単勝1倍台の馬が出現したのが1067レースなので、約1割以上のレースで単勝1倍台の馬が3着以内に入り、3連複万馬券となったということになります。

もちろん、単勝1倍台の馬が馬券になって3連複万馬券となるようなレースは、相手選びが難解という問題もあります。しかし、詳細は3連複の項目でも述べたいと思いますが、買い方次第でカバーできるのは間違いありません。

軸馬の単勝オッズが1倍台のような際は、単勝を購入するのではなく3連複を購入したほうが、的中する確率、儲かる確率、そして競馬を楽しめるはずです。

話を単勝に戻すと、単純に単勝オッズが3倍以上つけば必ず馬券を購入するという意味ではありません。あくまでも狙っている馬がほぼ勝つだろうと予測ができ、相手馬などを考え、他の券種を併用していても妙味のない場合や、投資金額とのバランスで（購入するかどうかを）決定します。

3回に1回勝てるかどうか。的中率で約35%、大まかにいって**3レースに1レースの的中できっちりと儲かるか**ということを、単勝購入の際に意識してみるといいでしょう。

単勝馬券をフォローする「アタマが獲れる騎手」

単勝馬券のメリット・デメリットについて、もう少し掘り下げてみることにしましょう。私のルールでは、まず「3倍以上となる際は単勝馬券を検討する」としましたが、他にも単勝を買うルールは存在します。

馬のタイプは、1着になるか着外かという極端な成績しか残せない馬や、相手なりには走るものの2、3着にしかならない馬など、千差万別です。

また、競馬週刊誌に掲載されている騎手成績を見れば、おわかりいただけると思いますが、騎手も1着が多いタイプと、2、3着が目立つタイプとに分かれることは少なくありません。

一般的にリーディング上位騎手は1着数>2着数>3着数というように右肩下がりの数字となるのが望ましいのですが、2着数、3着数が1着数を上回ってしまっている場合も結構あると感じます。リーディング上位騎手で2、3着数が1着数を上回っている場合は、不調といってもいいかもしれません。

例えば、岩田騎手の成績を見てみることにしましょう。

・14年【136－125－102－542】
勝率15・0％　連対率28・8％　複勝率40・1％
・15年【101－113－135－611】
勝率10・0％　連対率21・1％　複勝率34・6％
・16年【52－65－56－378】（7月31日終了時点）
勝率9・4％　連対率21・1％　複勝率31・4％

2014年まではコンスタントに勝率13・5～15％を記録していた岩田騎手ですが、15年に失速してしまいました。14年の騎乗馬の平均人気は4・2番人気、15年4・4番人気だったことを考えると、乗り馬の質はさほど変わっていないといっていいでしょう（人気＝馬質ではありませんが）。

この数字を見ると、14年は単勝を狙えた騎手だったことを示し、15年以降は必ずしも単勝で買えるかどうか、よく検討しないといけないというのがわかると思います。

そして16年は騎乗馬の平均人気が5・1番人気と低下してしまっています。つまり、14年に比べれば明らかに馬質も低下しており、勝ち切れなくなったというわけです。

騎手だけで馬券を購入することはありませんが、単勝を購入するときは勝ち切れる騎手かどうかは検討したいもの。

特に単勝オッズ3～5倍前後の馬を購入する際は、**騎手も馬も勝てるタイプなのかを見極める必要はあります。勝てるタイプと判断したら単勝馬券を購入します。**

16年2月27日アーリントンCを例に説明することにしましょう。

私はこのレースで⑥レインボーラインを軸馬にしました。単勝と3連複馬券を購入しています（単勝の的中馬券のみP24に掲載）。

このレースは、年明け初めての阪神開催の開幕週にあたり、内を立ち回れる逃げ&先行馬が有利というデータに加え、過去5年で4角4番手以内が7連対していました。さらに勝ち馬の傾向は、私が予想メソッドで使用している「推定3ハロン」で、「推定後半3ハロン」5位以内の馬だったのです。

基本的に逃げ&先行馬が有利な重賞ですが、メンバーの中での速い上がりは要求されるというポイントがあったわけです。

レインボーラインは「推定前半3ハロン」と「推定後半3ハロン」、ともに5傑入りしていた馬。前走のシンザン記念（6着）の敗戦だけで見限るのは早計だと判断しました。

しかも、鞍上のM・デムーロ騎手はアーリントンCに出走している騎手の中で、阪神芝1600mの勝率（レース前の時点で19・1％）でトップと、勝ち切っていました。

レインボーラインは頼りになる鞍上を迎え、内目を引けたし、速い上がりもそこそこ使えます。最終単勝オッズが示すように、6・8倍なら単勝を購入する意味があると判断したのです。

余談ですが、デムーロ騎手は2週前に京都記念をサトノクラウンで、1週前にはフェブラリーSをモーニンで勝利していました。

結局、アーリントンCもデムーロ騎手の好騎乗に支えられレインボーラインが勝利。同騎手は3週連続の重賞勝利を達成し、結局、翌週の中山記念もドゥラメンテで制覇して4週連続重賞制覇を達成したのです。しかも、この4頭の単勝オッズが9・2倍、5・1倍、6・8倍、2・1倍ですから、デムーロ騎手騎乗でも意外と5倍以上の配当も多いのです。

このように、単勝3～5倍前後の馬を軸にする際は、勝てるタイプの馬（騎手）かどうかを検討してみてください。

私の馬券はレインボーラインの単勝のみの的中でした。3連複はレインボーラインを1

ｯプ 15頭 芝外A 1600	基準HB 55	馬場傾向	前半		後半	
		上がり3F1位 4-2-1-2	7 シゲルノコギリザメ	35.2	10 アーバンキッド	33.7
			15 ロワアブソリュー	35.4	5 ボールライトニング	33.9
		4角先頭 1-0-3-5	14 オデュッセウス	35.5	6 レインボーライン	33.9
			11 ヒルノマゼラン	35.5	11 ヒルノマゼラン	34.1
			6 レインボーライン	35.9	13 ビッグライブリー	34.2

馬	前走4	前走3	前走2	前走	成績	
6 本 同 1 0 0 2 29 B 髙 1 1 1 0 栗P 大 0 0 0 0 21 B 芝 0 0 0 0 罰 -5 2 1 1 2	11/8 5 京都[2] 未勝利 1 1400 芝B -1 1235 13ト5ヶ⑪ シュタ 55 5 5 3 中 -0.0 前 36.3 (35.8) S +0.1 スペードクイ 後 35.3 (35.7) ③ 0.4 474k 2週 39 CW 28 C 36 (-2)	11/23 5 京都⑦ 秋明菊賞 500 3 1400 芝外C -14 1231 12ト7ヶ④ シュタ 55 7 6 5 外 0.5 前 36.6 (35.7) S +1.0 アットザシー 後 34.8 (34.7) ③ 0.9 466k 1週 20 CW 24 A 41 (-8)	12/13 4 中京[4] こうやま 500 1 1600 芝A -2 1355 12ト5ヶ⑤ 松若風 55 7 7 7 大 -0.0 前 35.8 (34.8) H -1.7 ゴッドカリビ 後 35.8 (36.5) ② 0.1 466k 2週 40 CW 22 A 47 (0)	初 0 0 0 1 次 1 1 0 0 調51 35 34 323 3月 9 CW 26 10/18 4 京都④ 1600 芝A -24 未勝利 5 10ト6ヶ⑤ 4 4 4 32 476k (+18) 中	阪神芝 0 0 0 0 京都芝 1 0 1 1 右回り 1 0 1 1 2 1 1 2 0 0 0 0 遅 0 ・ 速 50	① 0 0 0 0 0
7 本 同 0 0 0 0 26 B 髙 0 0 0 0 栗坂 大 1 0 0 0 37 B 芝 0 0 0 0 罰 -10 1 0 1 1	8/9 2 小倉④ 新馬 1 1800 芝A -17 1502 12ト6ヶ1 川田 54 2 2 2 中 -0.2 前 37.3 (37.1) S +1.0 トウケイイダ 後 36.0 (36.1) ④ 0.1 486k 32 栗坂 33 C 34	10/17 4 京都④ 紫菊賞 500 3 2000 芝A -24 2017 8ト3ヶ⑧ 川田 55 2 2 2 中 0.5 前 38.3 (37.8) S +4.3 シルバーステ 後 33.4 (33.5) ③ 0.7 490k 2月 35 栗坂 41 A 41 (+4)	11/15 5 京都[4] 黄菊賞 500 8 2000 芝B 2 2035 11ト11ヶ⑥ アッゼ 55 6 4 5 外 2.5 前 37.4 (36.8) M +0.6 パティスティ 後 38.2 (36.2) ⑨ 2.8 488k 3週 28 CW 47 S 31 (-2)	初 0 0 0 0 次 0 0 1 0 調 8 80 4 60 32 栗坂 33 8/9 5 小倉④ 1800 芝A -17 新馬 1 12ト6ヶ1 2 2 2 34 486k 中	阪神芝 0 0 0 0 京都芝 0 0 1 1 右回り 1 0 1 1 1 0 1 1 0 0 0 0 遅 0 ・ 速 33	② 0 0 0 0 0
5 本 同 1 0 0 1 14 B 髙 0 0 0 0 栗坂 大 0 0 0 1 38 B 芝 0 0 0 0 罰 -10 1 0 0 2	10/18 4 京都⑤ 新馬 4 1800 芝外A -24 1483 11ト1ヶ⑧ 川田 55 3 3 3 最 0.6 前 36.7 (36.4) S +2.5 マカヒキ 後 34.2 (33.9) ③ 0.7 492k 19 栗坂 35 B 32	11/7 5 京都① 未勝利 1 1600 芝B -20 1349 10ト4ヶ⑧ 川田 55 2 2 2 中 -0.1 前 35.5 (35.3) H +0.1 ディープエク 後 35.0 (35.2) ③ 0.2 490k 2週 23 栗坂 46 B 37 (-2)	11/29 5 東京⑨ ベゴニア 500 9 1600 芝C -11 1369 12ト10ヶ⑤ 川田 55 8 4 4 内 2.9 前 35.4 (35.0) H -0.4 ニシノジャー 後 37.6 (35.4) ⑪ 3.2 488k 2週 14 栗坂 28 A 25 (-2)	初 0 0 0 0 次 1 0 0 0 調45 38 35 394 19 栗坂 35 10/18 5 京都⑨ 1800 芝外A -24 新馬 4 11ト1ヶ⑧ 3 3 3 32 492k 最	阪神芝 0 0 0 0 京都芝 1 0 0 1 右回り 1 0 0 1 1 0 0 2 0 0 0 0 遅 0 ・ 速 33	③ 0 0 0 0 0
2 本 同 0 0 0 0 17 B 髙 0 0 0 0 CW 大 0 0 0 0 42 B 芝 0 0 0 0 罰 -12 初芝	父 19才産 母 9才産 大 ロイヤルチャージャー系 4月4日生 浦河 小 ヘイロー系 兄 マッチレスヒーロー 5 節 オレハマッテルゼ 02 東 ダ短 2 3 5 6 姉 イブノーズ 5 節 リンカーン 10 東 芝短 14 15 16 12 14 年 サマー 1317 万円		12/5 5 阪神[1] 新馬 1 1200 ダ -8 1125 10ト8ヶ⑦ 酒井学 55 1 2 2 内 -0.9 前 35.9 (35.8) S -0.9 ロワノブルー 後 36.6 (36.7) ① -0.6 510k 33 栗B 32 S 49	1/31 1 中京⑥ ごぎょう 500 1 1200 ダ -10 1124 14ト12ヶ① 酒井学 56 4 4 4 外 -0.1 前 35.8 (36.5) S -1.4 シゲルサケガ 後 36.6 (36.9) ③ 0.3 502k 7週 19 CW 33 A 49 (-8)	阪神芝 0 0 0 0 京都芝 0 0 0 0 右回り 0 0 0 0 2 0 0 0 0 0 0 0 遅 0 ・ 速 100	④ 0 0 0 0 0
7 本 同 0 0 0 1 21 B 髙 2 0 0 0 栗坂 大 0 0 0 0 52 B 芝 0 0 0 0 罰 24 2 0 0 1	厩舎成績 新馬 5 10 10 66 未勝利初戦 6 6 7 88 前走 中団、4角外から取り付くも直線は伸びず。追って × パドック 注	10/12 4 京都③ 新馬 1 1400 芝A -16 1238 17ト4ヶ① 浜中 55 4 4 4 内 -0.2 前 36.8 (36.3) S +1.6 ボーサンシー 後 34.4 (34.7) ① -0.3 510k 26 栗坂 30 B 38	11/7 5 東京① 京王2S GII 1 1400 芝B -20 1226 18ト18ヶ⑦ 蛯名正 55 5 3 2 中 -0.2 前 36.7 (36.5) S +3.0 アドマイヤモ 後 33.4 (33.5) ③ 0.3 504k 3週 16 栗坂 39 B 53 (-6)	12/20 5 阪神⑥ 朝日杯フ GI 11 1600 芝外A -8 1358 16ト9ヶ④ 蛯名正 55 6 7 4 中 1.4 前 36.0 (34.7) H +0.3 リオンディー 後 35.4 (34.4) ⑬ 2.1 506k 5週 23 栗坂 39 A 41 (+2)	阪神芝 0 0 0 1 京都芝 1 0 0 0 右回り 1 0 0 1 2 0 0 1 0 0 0 0 遅 0 ・ 速 66	⑤ 1 0 0 0 1
3 本 同 1 0 0 1 11 B 髙 0 0 0 0 栗坂 大 1 2 1 1 25 A 芝 0 0 0 0 罰 13 2 2 1 2	10/31 4 京都⑧ 萩S OP 3 1800 芝外A -18 1478 5ト5ヶ④ 岩田康 55 3 3 4 外 0.2 前 38.0 (37.0) S +2.5 ブラックスピ 後 33.3 (34.5) ① -0.2 442k 8週 11 栗坂 45 B 44 (-2)	11/23 5 東京⑦ 東スポ2S GIII 9 1800 芝C -12 1501 11ト8ヶ⑧ 蛯名正 55 6 7 7 内 0.6 前 37.6 (36.9) S +3.2 スマートオー 後 33.7 (33.7) ⑤ 0.8 436k 2週 31 栗坂 33 B 44 (-6)	12/27 5 阪神⑧ 千両賞 500 1 1600 芝外B 2 1358 10ト1ヶ④ 幸 55 8 8 7 内 -0.0 前 36.7 (36.0) S +0.7 サンライズク 後 34.7 (35.3) ② 0.1 434k 4週 22 CW 37 A 51 (-2)	1/10 1 京都③ シンザン GIII 6 1600 芝外A -12 1345 18ト5ヶ⑦ 幸 56 9 9 7 内 0.4 前 35.6 (34.8) M -1.2 ロジクライ 後 35.3 (36.0) ⑥ 0.8 434k 1週 14 栗坂 8 B 47 (0)	阪神芝 1 0 0 0 京都芝 0 0 1 1 右回り 2 2 1 1 2 2 1 2 0 0 0 0 遅 29 ・ 速 57	⑥ 0 0 0 1 2
3 本 同 0 0 1 0 24 B 髙 0 0 0 1 栗坂 大 0 0 0 0 30 B 芝 1 0 0 0 罰 18 1 0 1 1	12/6 5 阪神② 未勝利 1 1200 ダ -6 1141 16ト7ヶ⑧ 義英真 53 2 2 2 内 -0.1 前 36.4 (36.3) S -1.5 グランジュテ 後 37.7 (37.8) ② 0.1 480k 2週 44 栗坂 29 B 33 (0)	12/20 5 阪神⑥ 500万下 1 1200 芝A -8 1094 12ト10ヶ⑦ 太宰 55 2 2 中 -0.2 前 34.7 (34.6) S -0.2 ファインニー 後 34.7 (34.8) ③ 0.2 476k 1週 34 栗坂 34 A 50 (-4)	1/10 1 京都③ シンザン GIII 3 1600 芝外A -12 1342 18ト14ヶ⑪ 太宰 56 3 1 1 最 0.1 前 35.0 (34.8) M -1.2 ロジクライ 後 36.1 (36.0) ⑭ 1.6 478k 2週 17 栗坂 41 B 50 (+2)	1/30 1 東京[1] クロッカスS OP 4 1400 芝D -16 1226 11ト6ヶ④ 柴山雄 56 2 2 2 内 0.9 前 35.1 (36.0) M +0.2 トウショウド 後 35.6 (34.8) ⑧ 1.5 472k 2週 23 栗坂 36 B 46 (-6)	阪神芝 1 0 0 0 京都芝 0 0 1 0 右回り 1 0 1 0 2 0 2 3 0 0 0 0 遅 0 ・ 速 28	⑦ 0 0 0 1 1
3 本 同 1 0 0 0 23 B 髙 0 0 0 0 CW 大 0 0 0 0 32 B 芝 0 0 0 0 罰 -11 1 0 0 0	父 10才産 母 16才産 大 ロイヤルチャージャー系 2月8日生 新ひだ 小 ヘイロー系 兄 ジャックエイコウ 2 勝 フレンチデピュティ 11 東 芝短 10 10 10 13 兄 ロードシュプリーム 4 勝 ロードアルティマ 07 阪 芝中 7 8 6 8 兄 ロードスパーク 3 勝 タニノギムレット 10 東 芝中 6 5 5 8 兄 ロードメタリック 3 勝 ワイルドラッシュ 10 東 ダ中 10 10 10 5	厩舎成績 新馬 6 3 11 55 未勝利初戦 5 3 3 74 前走 中団、直線前開いてG前で差し切る。芝軽い○ パドック 注		2/7 2 京都④ 新馬 1 1600 芝B -15 1354 16ト7ヶ④ 鮫島駿 54 6 6 4 内 -0.0 前 36.4 (35.2) H -0.8 ダノンハナブ 後 35.6 (36.0) ② 0.4 496k 49 CW 33 C 35	阪神芝 0 0 0 0 京都芝 1 0 0 0 右回り 1 0 0 0 1 0 0 0 0 0 0 0 遅 0 ・ 速 100	⑧ 0 0 0 0 0
5 本 同 0 0 0 1 26 B 髙 0 0 0 0 CW 大 1 0 1 0 38 A 芝 0 0 0 0 罰 13 1 0 1 1	厩舎成績 新馬 26 22 17 48 未勝利初戦 19 12 16 77 前走 ダッシュ付かず。内をロスなくも直線はジリ スタ悪い パドック	11/8 5 東京[2] 新馬 3 1800 芝B 0 1530 16ト2ヶ⑧ 川田 55 3 3 4 外 0.9 前 38.7 (38.2) S +4.7 キラージョー 後 34.1 (33.5) ④ 0.7 454k 32 CW 31 B 33	12/13 5 阪神④ 未勝利 1 1800 芝外A -6 1487 13ト2ヶ④ アッゼ 55 5 4 4 内 -0.2 前 36.7 (36.3) M +1.1 ドゥーカ 後 34.9 (35.2) ② 0.1 448k 4週 17 CW 30 B 41 (-6)	1/10 1 京都③ シンザン GIII 5 1600 芝外A -12 1344 18ト3ヶ⑥ 川田 56 9 13 12 最 0.3 前 36.0 (34.8) M -1.2 ロジクライ 後 34.9 (36.0) ② 0.4 440k 3週 16 CW 21 B 49 (-8)	阪神芝 1 0 0 0 京都芝 0 0 0 1 右回り 1 0 0 1 1 0 1 1 0 0 0 0 遅 67 ・ 速 33	⑨ 0 0 0 0 1
5 本 同 1 2 0 0 18 B 髙 0 0 0 0 南W 大 0 0 0 0 42 A 芝 0 0 0 0 罰 23 1 2 0 0	厩舎成績 新馬 16 11 14 101 未勝利初戦 13 15 5 108 前走 出遅れ後方、直線大外一気に伸びてきたが。スタ悪い パドック ○	10/18 4 東京⑤ 新馬 1 1600 芝A -17 1386 12ト9ヶ⑧ 戸崎圭 55 5 4 5 中 -0.2 前 38.2 (37.5) S +3.0 ホウオウマリ 後 33.8 (34.5) ① -0.1 464k 34 南W 32 B 38	12/19 5 中山⑤ ひいらぎ 500 2 1600 芝外A -20 1341 14ト5ヶ⑦ 戸崎圭 55 6 6 6 内 0.0 前 35.0 (34.5) H -1.9 ドーヴァー 後 35.8 (36.4) ① 0.0 464k 8週 13 南W 35 B 47 (0)	1/5 1 中山① ジュニC OP 2 1600 芝外C -21 1342 10ト10ヶ1 Fベリ 56 7 7 7 大 0.0 前 36.9 (36.2) S +1.8 ダンツプリウ 後 33.6 (34.4) ① -0.4 472k 1週 37 美坂 22 C 48 (+8)	阪神芝 0 0 0 0 京都芝 0 0 0 0 右回り 0 2 0 0 1 2 0 0 0 0 0 0 遅 67 ・ 速 100	⑩ 0 1 0 0 0
1 本 同 1 1 0 0 20 B 髙 1 0 0 0 栗坂 大 0 0 0 0 37 B 芝 0 0 0 0 罰 6 2 1 0 0	厩舎成績 新馬 12 13 8 62 未勝利初戦 12 5 6 74 前走 後方、3角外からジワリ動き外から抜け出す 洗馬場○ パドック ○	12/6 4 中京② 新馬 1 1400 芝A -10 1239 14ト1ヶ⑧ 古川吉 55 1 1 1 最 -0.3 前 36.4 (36.4) S +1.7 フォールイン 後 34.7 (34.7) ③ 0.5 496k 46 栗坂 37 B 39	1/16 1 京都⑤ 白梅賞 500 2 1600 芝A -21 1337 12ト11ヶ⑧ 古川吉 56 4 4 4 外 0.0 前 36.0 (35.2) M +0.5 エルビッシュ 後 34.3 (34.7) ④ 0.4 504k 5週 37 栗坂 43 B 52 (+8)	2/14 2 京都⑥ こぶし賞 500 1 1600 芝B 33 1386 10ト3ヶ⑧ 古川吉 56 4 5 3 外 -0.1 前 36.9 (36.4) S -1.0 アドマイヤロ 後 37.0 (37.4) ③ 0.4 494k 3週 44 栗坂 42 B 53 (-10)	阪神芝 0 0 0 0 京都芝 1 1 0 0 右回り 1 1 0 0 2 1 0 0 1 0 0 0 遅 33 ・ 速 100	⑪ 0 0 0 0 0
6 本 同 1 1 2 1 22 B 髙 0 0 0 0 CW 大 0 1 0 0 40 B 芝 0 0 0 0 罰 15 2 2 2 2	11/1 3 福島② きんもく 500 2 1800 芝A -14 1497 8ト4ヶ⑤ 丸山元 55 4 4 3 最 0.2 前 36.5 (36.1) M +1.2 ケルフロイデ 後 34.7 (34.9) ③ 0.1 500k 1週 34 栗坂 25 B 42 (-4)	11/28 5 京都⑧ 京都2S GIII 9 2000 芝C -16 2020 12ト7ヶ⑤ 和田 55 4 3 3 中 0.7 前 35.9 (35.6) H +1.4 ドレッドノー 後 34.6 (34.2) ⑩ 0.9 500k 3週 26 栗坂 28 B 41 (0)	12/13 4 中京[4] こうやま 500 3 1600 芝A -2 1355 12ト3ヶ⑧ 丸山元 55 6 6 6 内 0.0 前 35.6 (34.8) H -1.7 マディディ 後 36.0 (36.5) ③ 0.3 498k 1週 26 栗坂 28 A 45 (-2)	1/5 1 中山① ジュニC OP 1 1600 芝外C -21 1342 10ト4ヶ④ 丸山元 56 3 4 4 内 -0.0 前 36.5 (36.2) S +1.8 アーバンキッ 後 34.0 (34.4) ② 0.4 504k 2週 34 栗坂 32 C 48 (+6)	阪神芝 0 1 0 1 京都芝 0 0 0 1 右回り 1 2 0 2 2 2 2 2 0 1 0 0 遅 0 ・ 速 50	⑫ 1 0 0 0 1
1 本 同 0 0 0 0 14 B 髙 0 0 0 0 栗坂 大 1 0 0 0 34 B 芝 0 0 0 0 罰 -12 1 0 0 0	父 12才産 母 15才産 大 ロイヤルチャージャー系 3月12日生 安平 小 ヘイロー系 兄 ダノンヨーヨー 9 OP ダンスインザダーク 08 阪 芝中 13 15 15 2 兄 ミッキーセブン 3 500 フレンチデピュティ 12 阪 ダ短 5 5 3 5 兄 ダノングーグー 3 勝 ハーツクライ 10 阪 芝中 4 4 5 11 姉 メジャーガラメキ 1 勝 14 年 セレクト 2808 万円	厩舎成績 新馬 15 8 20 94 未勝利初戦 10 8 6 116 前走 出遅れ、3角外から動き直線外伸びて差切る 洗馬場○ パドック ▲		2/14 2 京都⑥ 新馬 1 1800 芝外B 30 1535 16ト8ヶ⑤ 小牧太 56 13 12 11 中 -0.2 前 38.7 (37.4) S -0.1 ハナズレジェ 後 36.3 (37.5) ① -1.2 466k 23 栗坂 28 B 41	阪神芝 0 0 0 0 京都芝 1 0 0 0 右回り 1 0 0 0 1 0 0 0 1 0 0 0 遅 100 ・ 速 100	⑬ 0 0 0 0 0
5 本 同 0 0 0 0 37 A 髙 0 1 0 1 南W 大 0 0 0 0 33 B 芝 2 0 0 1 罰 -4 2 1 0 2	9/5 2 札幌⑥ すずらん OP 1 1200 芝C -8 1110 14ト5ヶ⑧ 三浦皇 54 2 2 2 内 -0.0 前 35.4 (35.2) S -0.6 フレンチイデ 後 35.6 (35.8) ⑤ 0.5 470k 5週 6 札ダ 37 C 41 (0)	11/7 5 東京① 京王2S GII 6 1400 芝B -20 1229 18ト3ヶ⑬ 三浦皇 55 10 8 10 最 0.3 前 37.2 (36.5) S +3.0 ボールライト 後 33.1 (33.5) ① -0.2 478k 8週 14 南W 42 B 47 (+8)	11/25 園田 兵庫ジュ GII 3 1400 ダ 1297 12ト1ヶ⑧ 岩田康 55 2 1 2 1.1 前 ( ) 後 39.1 ( ) サウンドスカ 38 473k	1/30 1 東京[1] クロッカスS OP 2 1400 芝D -16 1222 11ト5ヶ⑤ 戸崎圭 57 4 4 5 中 0.5 前 35.4 (36.0) M +0.2 トウショウド 後 34.8 (34.8) ③ 0.7 480k 2月 17 南W 39 B 53 (+7)	阪神芝 0 0 0 0 京都芝 0 0 0 0 右回り 2 0 0 1 2 1 0 2 0 0 0 0 遅 0 ・ 速 60	⑭ 1 1 0 0 2
2 本 同 0 0 0 0 28 B 髙 0 0 0 0 栗坂 大 1 0 0 1 34 B 芝 0 0 0 0 罰 -10 1 0 0 1	父 13才産 母 11才産 大 ロイヤルチャージャー系 4月10日生 安平 小 ヘイロー系 兄 カドデュソレイユ 4 500 アグネスタキオン 05 東 芝中 12 10 10 1 姉 シュプリームギフト 4 OP ディープインパクト 06 阪 芝中 7 5 4 3 兄 ベステゲシェンク 5 OP ディープインパクト 11 東 芝中 6 7 7 1 兄 スペシャルギフト 1 勝 スペシャルウィーク 01 京 ダ中 1 1 1 1		12/12 5 阪神[3] 新馬 1 1800 芝外A -6 1502 14ト10ヶ⑥ Mデム 55 1 1 1 最 -0.4 前 36.6 (36.6) S +2.8 ミッキーロケ 後 33.8 (33.8) ② 0.2 510k 27 栗坂 26 B 42	2/7 2 京都④ きさらぎ GIII 7 1800 芝外B -15 1488 9ト4ヶ⑥ Mデム 56 2 2 2 中 1.9 前 35.8 (36.5) M +0.6 サトノダイヤ 後 36.6 (34.9) ⑦ 2.4 502k 7週 17 栗坂 33 A 40 (-8)	阪神芝 1 0 0 0 京都芝 0 0 0 1 右回り 1 0 0 1 1 0 0 1 0 0 0 0 遅 50 ・ 速 50	⑮ 0 0 0 0 1

●2016年2月27日
阪神11R
アーリントンC
（GⅢ、芝1600m良）

＜久保の印・予想＞
◎⑥レインボーライン
（4番人気、6.8倍）
○⑪ヒルノマゼラン
（3番人気、6.2倍）
▲⑦シゲルノコギリザメ
（6番人気、12.6倍）
注⑩アーバンキッド
（1番人気、4.5倍）
△⑤ボールライトニング
（2番人気、4.9倍）

1着⑥レインボーライン
2着⑫ダンツプリウス
3着⑮ロワアブソリュー
単⑥680円　複⑥280円
⑫520円　⑮470円
馬連⑥ー⑫5840円
馬単⑥→⑫10730円
3連複⑥⑫⑮33820円
3連単⑥→⑫→⑮194110円

2016年02月27日（土）
1回阪神1日目　第25回
11　GⅢ アーリントンカッ
15:35　3歳オープン　別定　(国際)(特指)

枠	間隔	馬番	印	父 / 父の父	記号・毛色・性齢	馬名	母 / 母の父		単勝	人気	馬主 / 生産者	斤量	騎手	所属	調教師	指数					
1	2ヶ月	1	： ： ：	スキャットダディ / ヨハネスブルグ	(外) 昇 鹿毛 牡3	マディディ	アンチポヴァ / ストラヴィンスキー	9	47.7	13	㈱ラ・メール / Petaluma	56.0	初 フォー	愛 10	栗 友道康	44	8.0	362	9	345 10	66% 66%
2	3ヶ月	2	： ： ：	ネオユニヴァース / サンデーサイレンス	挑 黒鹿 牡3	バールフューチャー	スターペスミツコ / カーネギー	3	20.3	11	H. H. シェイク / 鎌田 正嗣	56.0	初 ルメー	西 1 29	栗 中内田	30	21.8	376	15	344 7	33% 100%
2	3ヶ月	3	： ： ：	ヴィクトワールピサ / ネオユニヴァース	挑 鹿毛 牡3	ウェーブヒーロー	ブルーレイ / ドワイニング	22	61.2	14	万波 健二 / 新冠橋本牧場	56.0	初 和 田	西 10 8	栗 平 田	36	15.6	362	8	346 11	66% 100%
3	中3週	4	： ： ：	ケイムシャトル / ?	昇 栗毛 牡3	メイショウカネサダ	ブラックティー / チーフベアハート	12	70.0	15	松本 好雄 / 日進牧場	56.0	酒井学	西 21 5	栗 藤沢則	47	5.2	360	6	344 8	0% 0%
3	中9週	5	○ ☆ △	ダイワメジャー / サンデーサイレンス	栗毛 牡3	ボールライトニング	デフィニット / デピュティ	19	5.7	3	㈱グリーンファ / 恵比寿興業株式	57.0	初 福 永	西 40 1	栗 宮本博	48	3.9	370	13	339 2	66% 100%
4	中6週	6	： ◎ 注	ステイゴールド / サンデーサイレンス	鹿毛 牡3	レインボーライン	レーゲンボーゲン / フレンチデピュティ	12	11.8	5	三田 昌宏 / ノーザンファーム	56.0	初 Mデム	西 2 25	栗 浅 見	49	29	359	5	339 3	71% 57%
4	中3週	7	注 ： ☆	スーパーホーネット / ロドリゴデトリアーノ	黒鹿 牡3	シゲルノコギリザメ	シアトルビューティ / ケイキブリザード	9	12.9	7	森中 蕃 / ガーベラパーク	56.0	再 太 宰	西 22 5	栗 谷	48	4.3	352	1	357 15	33% 100%
5	中2週	8	： ： ：	キンシャサノキセキ / フジキセキ	挑 鹿毛 牡3	ロードブレイド	ジャックカガヤキ / デインヒル	5	34.6	12	㈱ロードホース / ケイアイファーム	56.0	初 池 添	西 8 10	栗 高橋忠	39	13.1	366	11	352 13	100% 100%
5	中6週	9	▲ △ ▲	アドマイヤムーン / エンドスウィープ	挑 鹿毛 牡3	レオナルド	リオズスターレット / カルドオ	16	6.7	4	H. H. シェイク / ダーレー・ジャパ	56.0	川 田	西 4 19	栗 藤原英	49	27	361	7	345 9	66% 66%
6	中7週	10	◎ ： ：	ハーツクライ / サンデーサイレンス	挑 鹿毛 牡3	アーバンキッド	コッククニー / スウェイン	19	4.1	1	㈲サンデーレー / ノーザンファーム	56.0	Fベリ	愛 12	美 斉藤誠	48	4.3	373	14	337 1	100% 33%
6	中1週	11	△ ▲ ○	マンハッタンカフェ / サンデーサイレンス	昇 黒鹿 牡3	ヒルノマゼラン	イントゥザライト / ブライアンズタイム	19	4.3	2	㈱ヒルノ / 上村 清志	56.0	古川吉	西 19 5	栗 昆 貢	52	0.1	355	4	341 4	66% 100%
7	中7週	12	☆ ○ ：	ブライアンズタイム / ロベルト	鹿毛 牡3	ダンツプリウス	ストロングレダ / マンハッタンカフェ	9	19.7	10	山元 哲二 / 千代田牧場	56.0	丸山元	東 11 6	栗 山 内	46	5.5	365	10	343 6	87% 62%
7	中1週	13	： ： ：	ダイワメジャー / サンデーサイレンス	挑 栗毛 牡3	ビップライブリー	フローラルグリーン / フォーティナイナー	9	19.6	9	鈴木 邦英 / ノーザンファーム	56.0	小牧太	西 11 8	栗 清水調	43	8.5	367	12	342 5	100% 0%
8	中3週	14	： 注 ◎	ファルブラヴ / フェアリーキング	鹿毛 牡3	オデュッセウス	ライフェント / スペシャルウィーク	16	12.6	6	ユアストーリー / ノーザンファーム	56.0	初 武 豊	西 3 21	美 手 塚	52	-0.1	355	3	349 12	60% 80%
8	中2週	15	： ： ：	ゼンノロブロイ / サンデーサイレンス	挑 鹿毛 牡3	ロワアブソリュー	スーヴェニアギフト / スーヴェニアコピー	12	15.5	8	㈲サンデーレー / ノーザンファーム	56.0	初 ヴェロ	仏 8	栗 須貝尚	41	11.1	354	2	355 14	50% 100%

軸目に2軸目に4頭、ヒモは総流し（46点×1点500円）を購入。3連複は2軸目に取り上げた馬を間違えてしまい不的中でしたが、総額3万3000円の投資が6万8000円になり、倍以上に増やすことはできたのです。

単勝3～5倍前後の馬の単勝を購入するということは、的中すれば、**他の馬券が外れても単勝のみで利益を出すこと**が可能な場合もあるということを、このケースは示しています。

単勝オッズ3倍以上のレースでは、単勝馬券を必ず購入するのではなく、1着になる可能性が高いかどうかを判断するようにするといいでしょう。

では、続いても単勝馬券を購入したほうが得策となるレースについて考えていくことにします。

10倍以上の単勝と馬連総流しの実例

単勝馬券の平均配当（平地）は、年によって差はあるものの、1080～1100円程

2016年1回1日
阪神
11レース
第25回　(GⅢ)
アーリントンカップ
WINS梅田
2月27日
WIN
単勝
WIN
6 レインボーライン
☆10,000円
合計 ★★1,000枚 ★★10,000円
2423101094106 1010010839216 20209204 321172

度となっています。1年で3300レース程度をこなしてのものであり、今後も急変することではないでしょう。

もちろん、この中には30倍とか50倍、ときには単勝万馬券馬の勝利も含まれています。そこで、2015年1月4日～16年7月31日終了時点での単勝オッズ別成績を、表1にまとめてみました。

期間内の全レース数は5314（表の頭数との誤差は1着同着があるため）。そのうち、単勝10倍未満のオッズに支持された馬は3986レースで勝利。約75％のレースで10倍未満のオッズの馬が勝利しているという計算です。

この数字を大きいと考えるか小さいと考えるかは、競馬観の違いによるところもあるとは思いますが、**無理に穴馬の単勝を購入する必要はない**ということをデータが教えてくれています。

レースの性質によって、単勝10倍未満に該当する馬の頭数も変わってくるとは思いますが、1レースで10倍未満に該当する馬は多くても5～6頭。通常なら4頭前後で収まることでしょう。

つまり、ほぼ4分の3のレースで、単勝10倍未満に該当する5頭程度の中から勝つ馬を検討すれば、単勝は的中するということを意味しています。まずは単勝10倍未満の馬の中から勝つ馬を探すことを検討すると、馬券力はアップするはずです。

また先述したように、私は3倍未満の単勝馬券を購入しないとしました。3～5倍前後の馬は、これも前項で述べたように、騎手や馬のタイプで購入するかを決める必要があります。

では、5倍以上の場合は、単勝を買うべきか否か。

答えはYES。

総投資額の何%を投入するかは、皆さんそれぞれで異なることだと思いますが、必ず購入しておいたほうが長い目で見れば、プラスとなるはずです。

複勝率	単回値	複回値
92.2%	81	98
77.4%	76	85
66.5%	77	84
57.4%	82	85
48.0%	76	79
40.4%	79	78
32.0%	80	77
25.7%	83	81
19.0%	75	75
15.0%	86	78
10.4%	76	80
6.1%	82	77
1.8%	42	48

16年7月17日中京8Rでは、1着になった⑪シルバードリームの単勝をしとめることができました。

シルバードリームは5番人気で単勝10・6倍。午前中にオッズを確認した際は、10倍前

表1●単勝オッズ別成績

単勝オッズ	着別度数	勝率	連対率
1.0〜1.4	105- 34- 14- 13/ 166	63.3%	83.7%
1.5〜1.9	404- 178- 115- 204/ 901	44.8%	64.6%
2.0〜2.9	776- 527- 335- 827/ 2465	31.5%	52.9%
3.0〜3.9	742- 607- 435- 1326/ 3110	23.9%	43.4%
4.0〜4.9	571- 555- 453- 1712/ 3291	17.4%	34.2%
5.0〜6.9	770- 797- 727- 3389/ 5683	13.5%	27.6%
7.0〜9.9	618- 684- 724- 4308/ 6334	9.8%	20.6%
10.0〜14.9	486- 616- 687- 5177/ 6966	7.0%	15.8%
15.0〜19.9	236- 368- 417- 4363/ 5384	4.4%	11.2%
20.0〜29.9	277- 366- 507- 6533/ 7683	3.6%	8.4%
30.0〜49.9	174- 297- 426- 7709/ 8606	2.0%	5.5%
50.0〜99.9	121- 194- 310- 9701/10326	1.2%	3.1%
100.0〜	41- 98- 162-16086/16387	0.3%	0.8%

後といったところ。

他の人気馬を確認すると、⑭ミカエルシチーが1番人気（2・7倍）、③コンテナが続き2番人気（6・2倍）、⑩グリューヴァインが3番人気（6・4倍）、⑥スキースクールが4番人気（8・1倍）という状況でした。

ミカエルシチーは一度このクラスを勝っている馬ですが、上のクラスでの実績があるタイプの降級ではありません。夏競馬は降級馬がいて、どうしようもなく堅いレースがあるのも確かですが、それは上のクラスでも2、3着していたような馬が降級してきた場合です。

上のクラスでは着外が続いていたり、勝って同条件というような馬は、降級戦といって

基準HB 45

16頭

ダート1200

馬場傾向	前半			後半		
上がり3F1位 2-0-1-2	11	シルバードリーム	33.9	6	スキースクール	35.7
	16	テイエムシャンパン	34.1	3	コンテナ	36.0
	15	ダイシンバルカン	34.4	4	ワキノハガクレ	36.2
4角先頭 2-2-1-0	7	クリノシャンボール	34.6	10	グリューヴァイン	36.3
	14	ミカエルシチー	34.7	9	シゲルゴホウサイ	36.4

5本 同0000 18日 千0000 CW 高0001 21日 右0003 距-11 1 0 0 11	12/3 園田 重 円山川特 300 [2] 1400 ダ 1284 12ト2ケ⑫ 川原正 56 8 7 5 0.2 前( ) カジノフレイ 後37.8( ) 508k	12/20 5阪神⑥ 500万下 [11] 1800 ダ -8 1547 15ト2ケ⑭ 太宰 57 12 11 11 最 2.2 前39.7(37.9) S +0.5 サンライズア 後37.9(37.4)⑦ 1.4 2週14 CW 14 S 36 510k(+2)	3/26 2中京⑤ 500万下 [8] 1400 ダ -5 1254 16ト4ケ⑮ 長岡禎 55 11 11 11 中 0.7 前35.9(34.9) M -2.9 プエルト 後37.6(37.8)⑤ 0.6 3月19 CW 15 S 42 506k(-4)	5/24 川崎 良 ジェイダ 300 [12] 1600 ダ 1469 12ト12ケ④ 内田博 57 7 8 10 4.4 前( ) ストロング 後43.8( ) 500k	中京ダ 0 0 0 3 小倉ダ 0 0 0 0 左回り 1 0 0 6 1 0 0 13 0 0 0 1 週29 連7	① 1 0 0 7
2本 同1209 14日 千1112 栗P 高0000 34 A 右0000 距-6 2 3 1 11	3/5 1小倉⑦ 500万下 [3] 1000 ダ -2 0594 14ト8ケ⑧ 藤岡佑 57 13 13 10 外 0.1 前35.2(34.3) H -2.3 シゲルゴホウ 後35.3(36.6)① -0.8 2月24 CW 33 A 49 478k(-1)	3/27 2阪神② 500万下 [5] 1200 ダ -8 1123 15ト13ケ⑫ 藤岡佑 57 14 13 12 外 0.1 前36.4(34.6) H -3.0 ワキノハガク 後35.9(37.6)① -0.1 2週29 CW 35 S 49 486k(+8)	4/10 2阪神⑥ 500万下 [7] 1200 ダ -9 1122 14ト11ケ④ 四位 57 14 12 12 中 0.3 前36.3(34.6) H -2.7 ウエスタンラ 後35.9(37.3)② 0.1 1週14 CW 7 S 49 486k(0)	6/25 3阪神❼ 500万下 [5] 1200 ダ -22 1112 16ト4ケ⑤ 福永 57 11 9 5 内 0.4 前35.0(34.4) H -2.0 コパノリスボ 後36.2(36.4)③ 0.3 2月11 CW 12 S 49 480k(-6)	中京ダ 0 0 0 0 小倉ダ 0 0 1 0 左回り 0 0 0 0 2 3 1 11 0 1 0 2 週24 連29	② 1 2 1 8
4本 同0213 21日 千0000 栗坂 高0010 34 S 右0000 距-6 0 2 2 4	4/10 2阪神⑥ 500万下 [6] 1200 ダ -9 1121 14ト6ケ⑦ 岡田祥 57 4 3 3 中 0.2 前35.1(34.6) H -2.7 ウエスタンラ 後37.0(37.3)⑧ 1.2 2週19 栗坂 21 S 49 608k(+6)	4/30 1新潟① 500万下 [2] 1200 ダ +10 1112 14ト2ケ⑬ 岩崎翼 56 9 6 6 内 0.0 前34.4(33.7) H -3.8 ストロングト 後36.8(37.5)① -0.1 2週14 栗坂 22 S 53 590k(-18)	5/21 1新潟⑦ 500万下 [2] 1200 ダ 9 1118 15ト1ケ① 岩崎翼 56 6 12 9 最 0.0 前35.6(34.5) M -2.8 マーシレス 後36.2(37.2)① -0.4 2週17 栗坂 0 S 52 596k(+6)	5/28 3京都⑪ 500万下 [3] 1400 ダ -7 1248 16ト13ケ⑯ Mデム 57 7 7 7 中 0.3 前36.1(35.5) M -1.2 トレジャース 後36.5(36.7)③ 0.6 連闘 17 栗ブ 0 S 50 600k(+4)	中京ダ 0 0 1 0 小倉ダ 0 0 0 0 左回り 0 2 1 1 1 2 2 6 0 0 0 0 週9 連27	③ 0 2 2 6
3本 同1114 33 A 千0000 栗坂 高0005 20日 右1001 距14 2 1 1 11	3/27 2阪神② 500万下 [1] 1200 ダ -8 1122 15ト8ケ④ 小牧太 57 6 6 6 内 前35.5(34.6) H -3.0 ダイシンバル 後36.7(37.6)⑥ 0.8 4週29 栗坂 32 S 52 426k(-2)	4/16 1福島③ ラジオ福 1000 [5] 1150 ダ 0 1089 16ト10ケ⑪ 津村 54 14 14 13 最 0.4 前35.9(34.9) M -1.7 ショウラプラ 後36.1(36.6)① -0.2 2週25 栗坂 22 A 52 422k(-4)	6/11 3阪神③ 500万下 [11] 1200 ダ -13 1121 16ト7ケ④ 小牧太 57 4 7 10 内 1.3 前35.7(35.0) M -0.8 ウエスタンラ 後36.4(35.8)⑪ 1.6 7週17 栗坂 29 S 43 426k(+4)	6/25 3阪神❼ 500万下 [2] 1200 ダ -22 1109 16ト6ケ④ 浜中 57 9 9 5 中 0.1 前35.0(34.4) H -2.0 コパノリスボ 後35.9(36.4)① -0.1 1週14 栗坂 38 S 53 426k(0)	中京ダ 0 0 0 4 小倉ダ 1 0 0 0 左回り 0 0 0 4 2 1 1 15 0 1 1 1 週11 連15	④ 0 1 1 7
8本 同0001 20日 千0000 栗坂 高1002 28日 右0000 距-11 2 1 0 5	1/24 1中京④ 500万下 [1] 1400 ダ 2 1252 16ト13ケ⑬ 北村友 56 3 3 3 中 -0.0 前34.9(34.7) H -3.6 ウェイトアン 後38.0(38.0)③ 0.5 2週23 栗坂 27 A 51 512k(-2)	2/7 2京都④ 1000万下 [8] 1400 ダ 5 1256 16ト15ケ⑮ バルジ 57 7 6 7 外 0.5 前36.8(36.1) S -0.7 ライオンズバ 後36.6(36.8)⑨ 1.3 1週23 栗坂 35 A 54 512k(0)	4/3 3中山④ 1000万下 [15] 1200 ダ -16 1134 16ト13ケ⑧ 北村友 57 4 6 8 内 1.5 前35.0(34.5) S -2.9 ガッサンブレ 後38.4(37.4)⑮ 3.0 7週21 CW 35 A 42 512k(0)	初0001 12/19 3中京④ 次0101 1400 芝A -6 関35 31 18 279 500万下 [10] 18ト4ケ⑪ 2 9 10 44 7月26 CW41 516k(+18) 最	中京ダ 1 0 0 0 小倉ダ 0 0 0 0 左回り 1 0 0 1 2 1 0 6 0 0 0 0 週0 連33	⑤ 1 0 0 3
2本 同2113 41 A 千0000 栗坂 高0001 27日 右0000 距13 2 1 1 5	1/30 2京都❶ 1000万下 [13] 1200 ダ -25 1118 13ト12ケ⑥ フォー 54 9 10 10 外 1.0 前36.2(35.3) M -0.3 ルミナスパレ 後35.6(35.3)⑪ 0.8 2週20 栗坂 25 A 45 476k(-4)	4/16 1福島③ ラジオ福 1000 [11] 1150 ダ 0 1095 16ト3ケ⑫ 丸山元 52 14 14 16 外 1.0 前36.0(34.9) M -1.7 ショウラプラ 後36.7(36.6)⑤ 0.6 2月13 栗坂 28 A 46 472k(-4)	6/19 3阪神❻ 500万下 [2] 1200 ダ -19 1105 16ト16ケ⑯ 国分優 55 14 13 13 大 0.0 前35.6(34.0) H -2.5 ブロンズテー 後34.9(36.5)① -0.4 8週22 栗坂 33 S 53 472k(0)	7/2 3中京① 500万下 [3] 1200 ダ -12 1114 16ト16ケ⑩ 国分優 55 9 10 9 外 0.4 前35.4(34.1) H -2.8 テイクウォー 後36.0(36.9)① -0.3 1週26 栗坂 34 S 51 468k(-4)	中京ダ 0 0 1 0 小倉ダ 0 0 0 0 左回り 0 0 1 0 2 1 2 6 0 1 0 2 週18 連27	⑥ 1 1 1 1
2本 同0002 17日 千0000 栗坂 高0011 0日 右0000 距-4 0 0 1 3	1/31 1中京⑥ こぎょう 1000 [12] 1200 ダ -10 1143 14ト2ケ⑫ 丸山元 56 4 5 5 最 1.9 前36.0(35.5) S -1.4 メイショウカ 後38.3(36.9)⑭ 2.0 2週14 栗坂 11 A 27 490k(-6)	2/21 2京都❺ 500万下 1400 ダ 14ト2ケ❶ 川島 56 取消 左前球節炎の為、出走取消。 2週9 栗坂 22	5/22 3京都⑩ 500万下 [15] 1200 芝D -10 1109 16ト5ケ⑯ 酒井学 56 1 1 2 内 2.3 前34.3(34.3) M 0.0 ファインニー 後36.6(34.3)⑯ 2.8 3月8 栗坂 45 A 28 482k(-8)	6/25 3阪神❼ 500万下 [4] 1200 ダ -22 1111 16ト3ケ⑬ 鮫島駿 53 1 1 1 最 0.2 前34.4(34.4) H -2.0 コパノリスボ 後36.7(36.4)⑩ 0.8 4週15 栗坂 8 S 47 488k(+6)	中京ダ 0 0 0 1 小倉ダ 0 0 0 0 左回り 0 0 0 1 1 0 1 9 0 0 0 2 週0 連9	⑦ 0 0 1 5
8本 同0101 39日 千0001 栗坂 高0000 35日 右0000 距-9 0 1 0 2	3/10 園田 不 C2 4 [7] 1230 ダ 1198 12ト4ケ⑩ 竹村達 56 1 1 2 0.7 前( ) ラバンルー 後39.1( ) 471k	3/29 園田 良 C2 4 [1] 1230 ダ 1215 12ト7ケ② 宮下康 56 1 1 1 -0.2 前( ) テンナインズ 後40.2( ) 480k	4/19 園田 良 C1 4 [1] 1230 ダ 1208 12ト8ケ② 宮下康 56 1 1 1 -0.1 前( ) ウォーター 後40.5( ) 483k	初0001 8/23 小倉 稍 次0002 1000 ダ -16 関19 13 22 270 未勝利 [8] 14ト4ケ③ 7 9 8 36 9月28 CW31 460k(-8) 最	中京ダ 0 0 0 0 小倉ダ 0 0 0 1 左回り 0 0 0 0 0 1 0 2 0 0 0 1 週33 連33	⑧ 0 0 0 0
1本 同0 5 3 12 18日 千2100 栗坂 高0001 19 A 右0000 距-2 2 6 3 13	3/5 1小倉⑦ 500万下 [1] 1000 ダ -2 0593 14ト6ケ⑨ バルジ 55 9 4 2 中 -0.0 前34.6(34.3) H -2.3 オリエンタル 後36.1(36.6)② 0.8 2週11 栗坂 7 A 51 420k(0)	5/14 1新潟⑤ 八海山特 1000 [8] 1200 ダ -14 1126 15ト15ケ⑬ 鮫 55 5 6 6 中 0.7 前35.4(35.0) S -1.9 キタサンサジ 後37.2(36.9)⑪ 0.6 2月15 栗坂 29 A 50 420k(0)	6/19 3阪神❻ 500万下 [3] 1200 ダ -19 1108 16ト3ケ⑫ 高倉稜 55 7 8 6 最 0.3 前34.8(34.0) H -2.5 ブロンズテー 後36.0(36.5)⑦ 1.1 4週28 栗坂 35 S 50 426k(+6)	7/2 3中京① 500万下 [2] 1200 ダ -12 1114 16ト14ケ⑦ 高倉稜 55 7 6 6 中 0.4 前35.1(34.1) H -2.8 テイクウォー 後36.3(36.9)② 0.3 1週11 栗坂 0 S 51 426k(0)	中京ダ 0 3 1 2 小倉ダ 2 1 0 0 左回り 0 3 1 4 2 6 3 15 0 1 1 2 週19 連30	⑨ 1 3 1 5
4本 同2214 12日 千0000 栗坂 高0102 19日 右0000 距2 2 3 1 6	3/12 2中京① 500万下 [2] 1200 ダ -2 1127 16ト11ケ⑨ 鮫島駿 54 8 9 8 中 0.2 前35.4(34.6) H -3.3 ディスティン 後37.3(37.9)① -0.2 5週9 栗坂 34 A 48 460k(-12)	4/9 2阪神⑤ 500万下 [2] 1200 ダ -10 1119 15ト5ケ③ 川田 55 2 2 2 内 0.0 前35.6(35.3) M -1.3 ティアップブ 後36.3(36.6)③ 0.4 3週18 栗坂 40 S 52 462k(+2)	5/8 1新潟④ 500万下 [5] 1200 ダ -6 1121 15ト8ケ⑧ 藤岡佑 55 4 3 3 最 0.7 前33.9(33.5) H -4.4 ボンボンキャ 後38.2(37.9)⑨ 1.3 3週18 栗坂 40 S 48 464k(+2)	5/22 3京都⑩ 500万下 [1] 1200 ダ -6 1122 16ト1ケ③ 藤岡佑 55 5 4 3 最 -0.1 前35.9(35.5) S -1.2 メイショウル 後36.2(36.7)② 1.0 1週25 CW 41 A 50 464k(0)	中京ダ 0 2 0 1 小倉ダ 0 0 0 0 左回り 0 2 0 2 2 3 1 9 1 0 0 1 週20 連33	⑩ 1 3 1 7
3本 同1105 21日 千0000 栗坂 高0000 28日 右0000 距-9 1 1 0 5	2/21 2京都❺ 未勝利 [9] 1200 ダ -16 1136 16ト9ケ⑤ 福永 54 3 4 6 内 1.4 前35.2(34.9) H -2.4 ダンツロビン 後38.4(37.3)⑬ 2.7 2週16 栗坂 29 S 26 430k(-8)	4/24 3京都② 未勝利 [1] 1200 ダ -18 1120 16ト1ケ⑥ 荻野極 51 1 1 1 最 -0.5 前34.8(34.8) H -2.4 オルノス 後37.2(37.2)⑥ 0.6 2週14 栗坂 26 A 41 446k(+16)	5/7 3京都⑤ 500万下 [2] 1200 ダ -4 1117 16ト2ケ⑦ 荻野極 51 1 1 1 最 0.1 前35.0(35.0) M -1.6 スミレ 後36.7(36.6)⑦ 1.3 1週20 CW 20 S 48 442k(-4)	6/19 3阪神❻ 500万下 [4] 1200 ダ -19 1109 16ト10ケ② 荻野極 49 2 4 6 大 0.4 前34.7(34.0) H -2.5 ブロンズテー 後36.2(36.5)⑯ 1.3 5週15 栗坂 19 S 45 450k(+8)	中京ダ 0 0 0 0 小倉ダ 0 0 0 0 左回り 0 0 0 0 1 1 0 5 0 0 0 3 週0 連28	⑪ 0 1 0 1
6本 同0323 22日 千0003 栗坂 高0002 36日 右0000 距6 0 3 2 9	2/21 2京都❺ 500万下 [5] 1200 ダ -4 1120 16ト12ケ⑥ 四位 57 4 3 2 内 0.2 前35.4(35.1) M -1.6 アラタマシャ 後36.6(36.7)⑧ 1.1 2週14 栗坂 26 S 48 508k(0)	3/21 2中京④ 500万下 [2] 1200 ダ -4 1124 15ト16ケ③ 幸 57 2 2 2 内 0.6 前35.1(35.0) M -1.8 メモリーレー 後37.3(36.8)⑤ 1.0 3週30 栗坂 35 S 48 508k(0)	3/27 2中京⑥ 500万下 [5] 1200 ダ -5 1125 16ト15ケ③ ルメー 57 4 4 4 大 0.6 前35.4(34.9) M -2.1 アドマイヤリ 後37.1(37.0)⑫ 1.7 連闘 30 栗坂 35 S 46 514k(+6)	5/15 1新潟⑧ 500万下 [15] 1200 ダ -14 1153 15ト14ケ② 鮫島良 57 5 7 7 大 3.5 前34.7(34.0) H -3.8 エイシンバラ 後40.6(37.8)⑮ 4.6 6週14 栗坂 33 S 18 518k(+4)	中京ダ 0 2 1 1 小倉ダ 0 0 0 0 左回り 0 2 2 2 0 3 2 10 0 2 0 3 週7 連20	⑫ 0 2 1 3
1本 同1004 20日 千0000 栗坂 高0002 32日 右0000 距-18 1 0 0 6	4/30 3京都③ 500万下 [5] 1400 ダ -8 1254 16ト10ケ⑧ 和田 56 7 6 3 中 0.8 前35.0(34.5) H -3.3 レッドウィズ 後38.2(36.8)⑦ 1.3 4月19 栗坂 34 A 40 472k(0)	5/15 3京都⑧ 500万下 [8] 1400 ダ -10 1255 15ト13ケ⑲ 和田 56 10 8 7 外 1.5 前35.0(34.1) H -3.6 ヒロブレイブ 後38.5(37.7)⑨ 1.6 1週23 栗坂 29 S 41 468k(-4)	6/11 3阪神③ 500万下 [12] 1200 ダ -13 1122 16ト14ケ⑧ 和田 54 15 14 13 大 1.4 前36.2(35.8) M -0.8 ウエスタンラ 後36.0(35.8)⑨ 1.2 3週29 栗坂 25 A 44 472k(+2)	7/2 3中京① 500万下 [5] 1200 ダ -12 1119 16ト3ケ⑨ 幸 54 9 10 9 内 0.9 前35.4(34.1) H -2.8 テイクウォー 後36.5(36.9)⑤ 0.5 2週7 栗坂 25 A 44 468k(-4)	中京ダ 0 0 0 1 小倉ダ 0 0 0 0 左回り 0 0 0 1 1 0 0 7 0 0 0 2 週13 連12	⑬ 0 0 0 5
2本 同2122 23日 千0000 栗坂 高0102 39日 右0000 距14 2 2 2 4	1/9 1京都② 500万下 [4] 1200 ダ -2 1126 16ト6ケ⑥ ルメー 56 1 1 1 大 0.1 前36.3(36.3) S +0.1 ジャコカッテ 後36.3(36.2)⑥ 0.5 2週28 栗坂 39 S 50 540k(+6)	2/6 2京都③ 500万下 [3] 1200 ダ 1 1122 16ト16ケ⑥ Mデム 57 5 5 5 中 0.3 前35.6(34.9) M -2.1 パッシングブ 後36.6(37.0)④ 1.1 3週27 栗坂 42 S 51 538k(-2)	3/5 1阪神③ 500万下 [1] 1200 ダ -10 1120 16ト11ケ❶ Mデム 57 2 2 2 内 -0.0 前35.4(34.9) M -2.2 ミトノゴール 後36.6(37.1)① 0.0 3週23 栗坂 40 S 53 534k(-4)	6/25 3阪神❼ 500万下 [3] 1200 ダ -22 1110 16ト10ケ② Mデム 57 1 2 3 内 0.2 前34.6(34.1) H -2.0 コパノリスボ 後36.4(36.4)② 0.5 3月20 栗坂 42 S 51 530k(-4)	中京ダ 1 1 0 0 小倉ダ 0 0 0 0 左回り 1 1 0 0 2 2 2 5 0 0 1 0 週9 連36	⑭ 1 1 2 2
4本 同1204 11日 千0000 CW 高0011 29日 右0000 距8 1 2 1 5	1/24 1京都⑧ 500万下 [3] 1400 ダ 7 1261 12ト4ケ⑥ 川田 56 1 1 1 最 0.2 前35.5(34.6) H -3.1 ルイカズマ 後38.5(38.3)④ 1.5 1週14 栗坂 23 S 48 506k(0)	3/27 2阪神② 500万下 [2] 1200 ダ -8 1122 15ト4ケ⑥ 川田 57 2 2 2 内 0.0 前34.9(34.6) H -3.0 ワキノハガク 後37.3(37.6)⑨ 1.4 3週11 CW 19 S 50 504k(-2)	4/10 2阪神⑥ 500万下 [4] 1200 ダ -9 1121 14ト5ケ⑥ 川田 57 1 2 2 内 0.2 前34.9(34.6) H -2.7 ウエスタンラ 後37.2(37.3)⑨ 1.4 1週14 栗坂 18 S 50 500k(-4)	初1000 9/21 2阪神⑥ 次0101 1200 ダ -6 関23 12 18 286 未勝利 [1] 16ト2ケ⑤ 1 1 1 50 7月28 CW24 492k(+10) 最	中京ダ 0 0 0 1 小倉ダ 0 0 0 0 左回り 0 0 0 1 1 2 1 7 0 0 0 2 週18 連27	⑮ 0 2 1 3
2本 同1005 26日 千0000 栗坂 高0001 31日 右0000 距-11 2 0 0 7	4/16 1福島③ ラジオ福 1000 [13] 1150 ダ 0 1101 16ト16ケ⑭ 古川吉 54 10 10 8 大 1.6 前35.5(34.9) M -1.7 ショウラプラ 後37.8(36.6)⑬ 1.7 4月20 栗坂 20 A 43 470k(-16)	5/8 3京都⑥ 1000万下 [14] 1400 ダ -2 1267 16ト11ケ⑯ 小林徹 57 4 3 3 中 2.3 前35.1(34.7) M -2.6 ベプチドウォ 後39.3(37.3)⑭ 3.3 2週32 栗坂 17 A 35 480k(+10)	6/11 3阪神③ 500万下 [7] 1200 ダ -13 1116 16ト11ケ⑨ 坂井瑠 54 7 10 9 中 0.8 前35.8(35.0) M -0.8 ウエスタンラ 後35.8(35.8)② 1.0 4週45 栗坂 28 S 46 490k(+10)	7/2 3中京① 500万下 [4] 1200 ダ -12 1115 16ト15ケ⑤ 和田 57 2 2 2 内 0.5 前34.2(34.1) H -2.8 テイクウォー 後37.3(36.9)⑧ 1.3 2週36 栗坂 27 S 50 486k(-4)	中京ダ 1 0 0 1 小倉ダ 0 0 0 0 左回り 1 0 0 2 2 0 1 11 2 0 0 0 週21 連14	⑯ 1 0 0 4

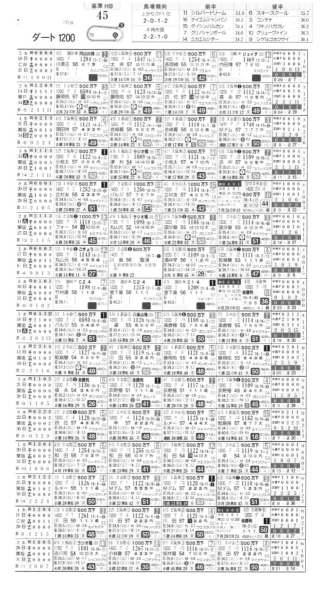

●2016年７月17日
中京８Ｒ
（３歳上500万下、
ダート1200ｍ良）

＜久保の印・予想＞
▲⑪シルバードリーム
（５番人気、10.6倍）
※人気薄の単穴として
コラムで、この馬のみ
取り上げました。

１着⑪シルバードリーム
２着⑩グリューヴァイン
３着⑬ブラックジョー
単⑪1060円　複⑪390円
⑩230円　⑬920円
馬連⑩ー⑪3430円
馬単⑪→⑩8780円
３連複⑩⑪⑬66090円
３連単⑪→⑩→⑬321730円

2016年07月17日（日）
3回中京6日目
8 13:50
３歳上５００万下
定量 指

枠	間隔	馬番	印	父	父の父	馬名	母	母の父	毛色・性齢				馬主	生産者	斤量	騎手	所属		調教師						
1	中7週	1	： ： ：	ダイワメジャー	サンデーサイレンス	フェンガリ (地)	ムーニーボンズ	[illegible]	栗毛 牝5	12	56.6	16	一村 哲也	岡田スタッド	△55.0	再 義英真	西	32 8	栗 高橋亮	42	359	369	0%	11.3 15 10	8%
1	中2週	2	： ： ：	パイロ	プルピット	ナガラブルボン	カンタベリービート	メイショウオウドウ	鹿毛 牡5	10	34.3	13	長良レーシング	グラストレーニン	57.0	初 太宰	西	22 11	栗 高橋亮	49	353	366	58%	3.8 11 9	47%
2	中6週	3	： ： ：	サクラバクシンオー	サクラユタカオー	コンテナ	ベルグラーノ	サンデーサイレンス	鹿毛 牡4	14	6.5	3	住谷 孝一	社台ファーム	57.0	初 武豊	西	7 41	栗 牧浦充	51	354	360	50%	22 14 2	50%
2	中2週	4	▲ ▲ ○	ハーツクライ	サンデーサイレンス	ワキノハガクレ	ホーリーグレイル	ブライアンズタイム	降 黒鹿 牡4	20	7.9	5	脇山 良之	平山牧場	57.0	初 川田	西	3 68	栗 松下武	53	350	362	40%	0.2 8 3	26%
3	3ヶ月	5	： 注 ▲	コマンズ	ダンジグ	ノースウッド	オータムメロディー	キングマンボ	降 鹿毛 牡4	10	28.5	10	H. H. シェイク	ダーレー・ジャパ	57.0	再 藤岡康	西	8 32	栗 野中	52	353	364	37%	1.3 12 6	75%
3	中1週	6	○ ： ☆	パイロ	プルピット	スキースクール	スノーキトゥン	ストームキャット	降 青鹿 牝4	9	6.3	2	H. H. シェイク	ダーレー・ジャパ	55.0	国分優	西	41 5	栗 西浦	51	354	357	55%	22 13 1	22%
4	中2週	7	： ： ：	ネオユニヴァース	サンデーサイレンス	クリノシャンボール	ゲッコウ	キングカメハメハ	黒鹿 牝3	15	51.3	15	栗本 博晴	水上 習孝	☆53.0	鮫島駿	西	18 20	栗 川村	50	346	375	25%	3.4 4 15	75%
4	3ヶ月	8	： ： ：	スニッツェル	リダウツチョイス	ナムラスター (地)	ガーネットスター	エルコンドルパサー	昇 黒鹿 牡4	7	40.0	14	奈村 睦弘	谷川牧場	☆56.0	初 岩崎翼	西	30 8	栗 羽月	30	361	381	0%	23.1 16 16	66%
5	中1週	9	： ☆ △	パイロ	プルピット	シゲルゴホウサイ	シゲルラブスカイ	ボストンハーバー	降 鹿毛 牡4	14	16.0	8	森中 蕃	中央牧場	55.0	高倉稜	西	31 8	栗 森田直	51	348	364	29%	1.7 7 5	45%
5	中7週	10	注 ◎ ：	ゴールドアリュール	サンデーサイレンス	グリューヴァイン	マルティンスターク	シンボリクリスエス	降 栗毛 牝4	5	8.9	6	(有)キャロットF	ノーザンファーム	55.0	初 福永	西	4 48	栗 牧田和	50	351	363	50%	3.2 9 4	58%
6	中3週	11	☆ △ ◎	サウスヴィグラス	エンドスウィープ	シルバードリーム	サザンジュエリー	アフリート	栃栗 牝3	14	7.2	4	南波 壽	木村牧場	▲49.0	荻野極	西	34 8	栗 加用	53	339	369	14%	-0.2 1 11	71%
6	中8週	12	： ： ：	エンパイアメーカー	アンブライドルド	メイショウアバラガ (地)	オールオールオー	アグネスタキオン	鹿毛 牡4	11	30.6	12	松本 好雄	高昭牧場	57.0	再 幸	西	15 22	栗 角田晃	45	348	370	21%	8.1 6 12	64%
7	中1週	13	： ： ：	ディープスカイ	アグネスタキオン	ブラックジョー	ラブレター	ロックオブジブラルタル	青鹿 セ3	12	29.9	11	山内 邦一	笠松牧場	54.0	初 松若風	西	9 31	栗 安達昭	45	352	365	57%	7.9 10 7	14%
7	中2週	14	◎ ○ 注	エンパイアメーカー	アンブライドルド	ミカエルシチー	テンシノキセキ	フジキセキ	降 鹿毛 牡4	14	3.4	1	(株)友駿ホースク	駿河牧場	57.0	Mデム	西	2 77	栗 橋口慎	52	347	366	30%	1.4 5 8	80%
8	3ヶ月	15	△ ： ：	[illegible]	[illegible]	ダイシンバルカン	ダイシンモード	マイネルラヴ	鹿毛 牡4	10	14.4	7	大八木 信行	新冠タガノファー	57.0	初 小牧太	西	12 26	栗 吉田直	47	344	370	22%	6.2 3 13	88%
8	中1週	16	： ： ：	スウェプトオーヴァーボード	エンドスウィープ	テイエムシャンパン	キヘイタウン	スピニングワールド	降 芦毛 牡4	17	19.7	9	竹園 正繼	協栄組合	57.0	和田	西	6 41	栗 山内	49	341	373	33%	3.5 2 14	77%

も取りこぼすことがよくあります。

ミカエルシチーは2走前に勝利し、勝って同条件となった前走では3着を確保するなど確かに有力馬の1頭でした。ただ、近走成績を見ればわかるように、2走前以外は詰めの甘さを露呈し、他の馬に逆転を許しそうな気配です。

2番人気コンテナは同じく4歳馬ですが、このクラスを勝ち上がっているわけでもありません。クラス替えがあって初の出走で、しかも斤量の軽い3歳馬と戦うというマイナス材料もあります。

3番人気グリューヴァインは前走でこのクラスを勝っていますが、牝馬限定戦でのもの。しかも、勝って同条件の馬は実力以上に人気する傾向があるので、馬券的な妙味はありません。

4番人気スキースクールは近走こそ安定して走っていますが、追込脚質なので、基本的に先行有利なダート１２００ｍでは全幅の信頼は置けません。

そこで浮上したのがシルバードリームです。

シルバードリームは初の古馬との対戦となった前走が4着。控える形で崩れなかったのは収穫でしたが、理想は逃げることでしょう。他の人気馬のタイプや脚質を考えると、シルバードリームは先手を奪えば勝てる可能性が高いと判断しました。

斤量も49キロで、売り出し中の新人、荻野極騎手なら馬券的妙味もありそうです。10倍前後のオッズを示していたので、単勝をメインに購入しました。

本来であれば、馬のタイプで単勝を購入するかを検討すべきだとは思いますが、配当的に妙味のある馬や人気薄を軸にするのであれば、単勝は必ず購入しておくのも立派な戦略です。

後述しますが、私は複勝馬券を購入することはほとんどありません。単勝10倍前後の馬が狙いだと思っていても、複勝で3倍未満ということが少なくないからです。単勝であれ複勝であれ、3倍未満の馬券で利益を出すのは結構難しいと思います。

出現率を考えれば、無理に単勝を購入しなくてもいいのかもしれませんが、少なくとも「上位人気馬が勝てないレース＝単勝10倍以上の馬が勝利する25％に該当する」と判断したのであれば、単勝は立派な武器となるでしょう。

単勝馬券の他に、シルバードリームからの馬連も購入しました。前述したように人気馬が怪しいと見て、馬連は総流しで対応しています。シルバードリームのように配当的妙味のある馬から馬券を購入するなら、相手のある馬券は手を広げたほうがいいでしょう。

単勝5000円、馬連15点を1点500円分購入したので、1万2500円の投資です。

単勝がメインの馬券ですが、私は単勝だけで勝負することもほとんどありません。このレースの場合は、人気馬に不安もあり、シルバードリームが2着になった際でも、それなりの配当が見込めるからこそ、馬連総流しを決断したのです。

もちろん、シルバードリームが勝てば、「単勝の払い戻し5万円以上プラスアルファ」が期待できるという胸算用があってのこと。この場合の馬連は、単勝のバリューセットと、2着になった場合の保険という一石二鳥の意味合いがあります。

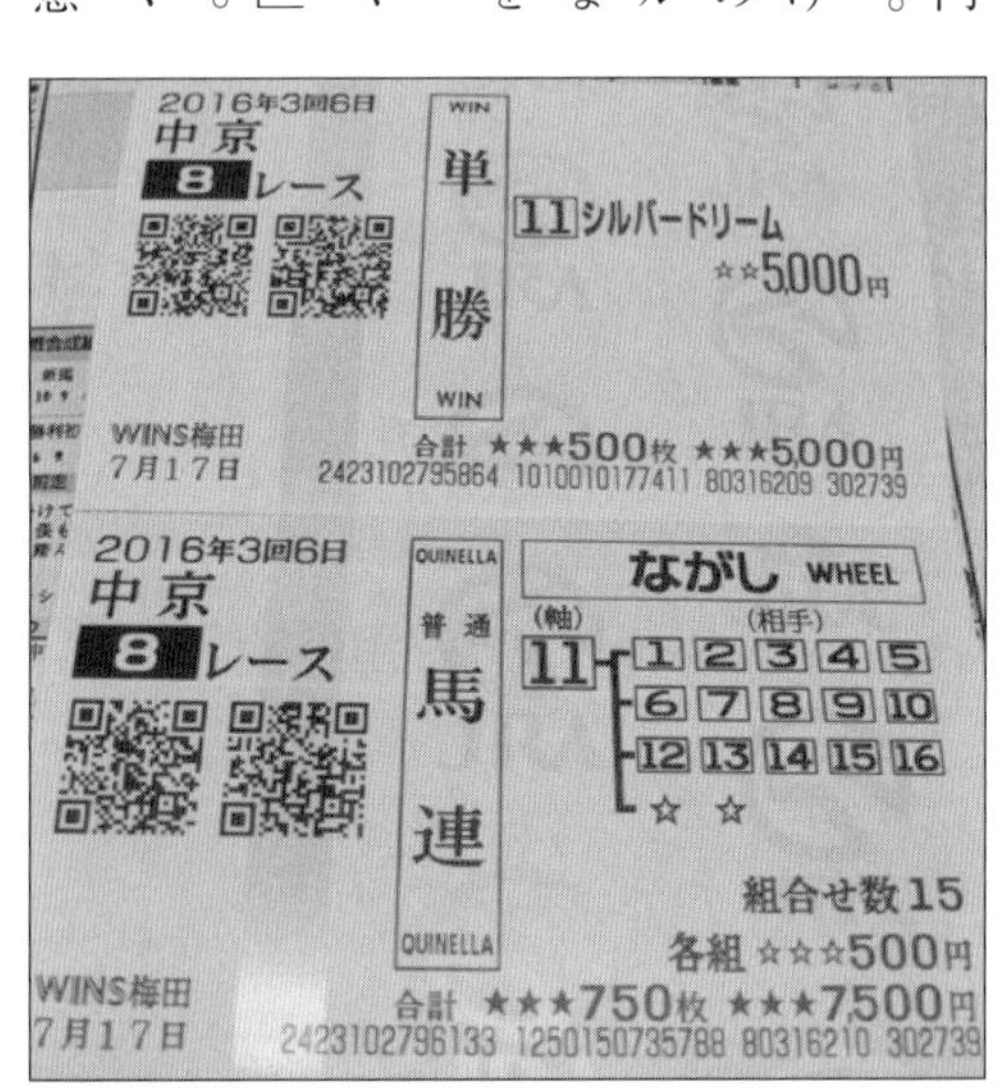

さてレースでは、シルバードリームがハナを取り切ると、そのまま2着馬に差を広げて

ゴールイン。２着にグリューヴァイン、３着に11番人気（34・2倍）⑬ブラックジョーで決着。馬連は３４３０円とそこそこの結果でしたが、単勝の払い戻しと合わせれば７万１５０円という結果になりました。

もちろん、３連複６万６０９０円や３連単32万１７３０円といった馬券が獲れた可能性もありますが、そう簡単に３着馬の人気薄ブラックジョーが捕まえられたかは疑問も残ります。シルバードリームのような馬がきっちりと走った際は、きっちりと単勝で儲けを出すことが重要です。

結果として、馬連総流しはほとんどチャラに近い配当で、払い戻し金額に大きなプラスはありませんでしたが、仮にシルバードリームが２着に敗れていれば、馬連のみの的中でもチャラ以上にはなっていた計算です。

このレースでは、馬券は組み合わせが重要だということを再認識させられましたし、単勝といえども破壊力はあるというのは間違いないでしょう。武器にも保険にもなるのが単勝馬券のメリットだと思います。

単勝は「オッズ3倍以上、1～5番人気から…」

複勝率	単回値	複回値
63.5%	77	83
50.2%	81	82
40.0%	77	79
33.2%	80	78
26.1%	83	75
21.8%	76	78
16.7%	82	76
13.2%	78	77
10.5%	69	76
7.9%	73	70
6.9%	94	75
5.0%	82	70
3.8%	43	60
2.6%	28	56
2.3%	84	63
1.0%	15	32
1.2%	50	51
1.5%	0	72

単勝は馬券の基本中の基本。もっと深く考察してみることにしましょう。

先ほどはオッズごとの勝利数を検討しました。今回は単勝人気による検証です。

前項と同じ集計期間内の５３１４レースのうち、単勝1~3番人気馬の勝利は３３５１勝で勝率は63%にあたります（1着同着を含む）。５番人気まで対象を広げると、４２７７レースで勝率は80%に達しました（表2）。

つまり、単に馬券を当てたいだけなら、**1~5番人気馬の中から勝つ馬を見つければいい**ということになるでしょう。

もちろん、ド人気薄が勝利することもありますが、基本は1~3番人気。対象を広げても、5番人気馬までの5頭から勝つ馬を見つければ的中に近づけるはずです。極端に人気のある3倍未満の馬はあえて狙わないとすると、さらに範囲も狭まることでしょう。

本書を手にされている方は、ほとんどの方が競馬関係以外のお仕事をされていると思います。

表2●単勝人気別成績一覧

人気	着別度数	勝率	連対率
1番人気	1657- 1034- 681- 1942/ 5314	31.2%	50.6%
2番人気	1013- 942- 715- 2644/ 5314	19.1%	36.8%
3番人気	681- 728- 715- 3191/ 5315	12.8%	26.5%
4番人気	517- 608- 641- 3548/ 5314	9.7%	21.2%
5番人気	409- 465- 515- 3925/ 5314	7.7%	16.4%
6番人気	280- 412- 465- 4154/ 5311	5.3%	13.0%
7番人気	217- 305- 366- 4420/ 5308	4.1%	9.8%
8番人気	159- 217- 320- 4594/ 5290	3.0%	7.1%
9番人気	118- 189- 242- 4667/ 5216	2.3%	5.9%
10番人気	86- 123- 191- 4667/ 5067	1.7%	4.1%
11番人気	81- 99- 156- 4526/ 4862	1.7%	3.7%
12番人気	47- 73- 112- 4366/ 4598	1.0%	2.6%
13番人気	24- 56- 79- 4043/ 4202	0.6%	1.9%
14番人気	9- 42- 48- 3685/ 3784	0.2%	1.3%
15番人気	19- 19- 39- 3284/ 3361	0.6%	1.1%
16番人気	3- 6- 17- 2674/ 2700	0.1%	0.3%
17番人気	1- 2- 4- 562/ 569	0.2%	0.5%
18番人気	0- 1- 6- 456/ 463	0.0%	0.2%

人気馬の中から「配当的にも買える馬で、勝つ馬を探すこと」が予想力アップにも、予想時間の短縮にも繋がります。

そういった意味では予想する際に、何かツール（武器）を持つといいでしょう。本書では詳しくはふれませんが、私の武器は「推定前半3ハロン」「推定後半3ハロン」というもの。

これはまず、各レースにおいて前・後半3ハロンの速い馬を算出。コースや距離、レース傾向によって、前・後半3ハロンの速い馬、どちらが該当レースに適しているか判断するのです。例えば、芝のＧＩレースでは「推定後半３ハロン」が効果的。

約６年間のデータを集計してみても、「推定後半３ハロン」１位馬の複勝回収率は、１００％を超えます。

●平地・芝ＧＩの「推定後半３ハロン」１位馬成績
（２０１１年高松宮記念～16年宝塚記念）

【26―23―12―49】勝率23・６％　連対率44・５％　複勝55・５％
単勝回収率86％　複勝回収率１０１％

単純に「推定後半３ハロン」１位馬を購入しているだけでも、複勝回収率が１００％を超えるのはまずまずといっていいでしょう。単勝回収率が物足りなく映るかもしれませんが、３倍未満のオッズの馬を購入しなければ、単勝回収率１００％、複勝回収率１０９％までアップします。

少なくともＧＩレースにおいて、「推定後半３ハロン」１位馬が３倍以上であれば馬券を買う価値はあるといっていいでしょう（もちろん、勝ち切れるかどうかもチェックしてください）。

16年5月29日の日本ダービーは、「はじめに」でも紹介したように、単勝がさっちりとハマってくれたレースでした（馬券はP2、馬柱は4章）。

ダービーは前年までの過去10年のうち、8頭が上がり3ハロン2位以内で勝利しています。近代競馬の象徴的ともいえるレースで、速い上がりの脚が使えないと勝てないのです。11年オルフェーヴル、13年キズナ、14年ワンアンドオンリー、15年ドゥラメンテと、5年間で、「推定後半3ハロン」1位馬が4勝していました。

16年のダービーで「推定後半3ハロン」1位になったのが③マカヒキ。皐月賞で2着に敗れはしましたが、皐月賞馬で1番人気の①ディーマジェスティを上がり3ハロンで上回っていました。

さらに、過去4戦すべてで上がり最速をマークしており、瞬発力はこのメンバーなら最上位の可能性が大と判断。よって「推定後半3ハロン」はマカヒキが最上位。次いで皐月賞上位のディーマジェスティ、⑧サトノダイヤモンドの2頭と続きます。加えて、京都新聞杯を使ってダービーへ出走してきた⑩スマートオーディンも、ハイレベルな皐月賞組に割って入る瞬発力を秘めているというのが事前の見立て。

過去のダービーの傾向から、マカヒキから3連単の「1着固定」「2着固定」でほぼイケると判断。ただし、上位人気同士の馬券は思ったよりも配当が安く、あまり馬券的な妙味がないと感じました。ということで、3連単で3着候補を広げて、人気薄の割り込みに期待しました。

その際に、マカヒキの単勝も購入。1番人気ディーマジェスティ、2番人気サトノダイヤモンドを逆転する可能性があって、単勝オッズが4倍ついているのであれば購入しておく価値があると判断したのです。

記憶に新しいところだと思いますが、レースは、マカヒキとサトノダイヤモンドが大接戦。わずか8センチの差で、マカヒキが凌ぎ切り勝利しました。

単勝以外の券種（P46）も購入していたので、払い戻しは賭け金の2倍強（購入7万6000円、払い戻し16万6000円）だったのですが、ダービーで単勝を当てることの気持ちよさは格別。や

単回値	複回値
79	88
51	82
59	81
102	100
160	102
0	0

〜16年宝塚記念）

単回値	複回値
79	88
51	82
64	81
85	93
101	86
98	96
94	78
89	86
93	72
67	74
97	83
0	53
37	59

表3●芝GIレース1番人気馬の単勝オッズ別成績

単勝オッズ	着別度数	勝率	連対率	複勝率
1.0～1.4	6- 2- 0- 2/10	60.0%	80.0%	80.0%
1.5～1.9	5- 7- 0- 5/17	29.4%	70.6%	70.6%
2.0～2.9	9- 7- 7-14/37	24.3%	43.2%	62.2%
3.0～3.9	10- 6- 6-11/33	30.3%	48.5%	66.7%
4.0～4.9	4- 1- 1- 5/11	36.4%	45.5%	54.5%
5.0～6.9	0- 0- 0- 2/2	0.0%	0.0%	0.0%

表4●芝GIレース単勝オッズ別成績一覧（11年高松宮記念

単勝オッズ	着別度数	勝率	連対率	複勝率
1.0～1.4	6- 2- 0- 2/10	60.0%	80.0%	80.0%
1.5～1.9	5- 7- 0- 5/17	29.4%	70.6%	70.6%
2.0～2.9	10- 7- 7- 15/39	25.6%	43.6%	61.5%
3.0～3.9	15- 15- 8- 23/61	24.6%	49.2%	62.3%
4.0～4.9	13- 9- 6- 29/57	22.8%	38.6%	49.1%
5.0～6.9	16- 15- 14- 54/99	16.2%	31.3%	45.5%
7.0～9.9	12- 10- 10- 77/109	11.0%	20.2%	29.4%
10.0～14.9	12- 11- 16-124/163	7.4%	14.1%	23.9%
15.0～19.9	8- 7- 11-118/144	5.6%	10.4%	18.1%
20.0～29.9	5- 11- 9-174/199	2.5%	8.0%	12.6%
30.0～49.9	7- 10- 14-228/259	2.7%	6.6%	12.0%
50.0～99.9	0- 4- 8-304/316	0.0%	1.3%	3.8%
100.0～	1- 2- 7-419/429	0.2%	0.7%	2.3%

はり競馬予想をマスコミで公開している身としては、ダービーと有馬記念は当てたいレースですから。

私は3連複、3連単など高配当を狙える馬券にももちろんチャレンジしていますが、ここまでの例で、単勝を当てる効果を理解してもらえたのではないでしょうか。

と同時に、単勝馬券が買える条件を満たした際は、しっかりと購入しておくことをオススメします。なんといっても、ダービーのようにゴール前の接戦を制した際の勝利は格別ですし、単勝は競馬の原点ともいえるからです。

皆さんが使われている予想方法はそれぞれ異なると思いますが、**単勝3倍以上で5番人気以内の馬**の中から勝利するであろう馬を探すことが、的中への一番の近道であるのは間違いありません。

事実、芝のGIレースでは1番人気馬は、単勝オッズ1・5倍以上〜3倍未満のゾーンよりも、3倍以上のほうがオイシイのは明白。表3は芝GIにおける1番人気馬のオッズ別成績です（P38〜39。表4も芝レースのみ）。

勝率ベースでは、3倍以上の際が1・5倍以上〜3倍未満を上回っているのがわかります。GIの攻略ポイントについては、別に項目を立ててお

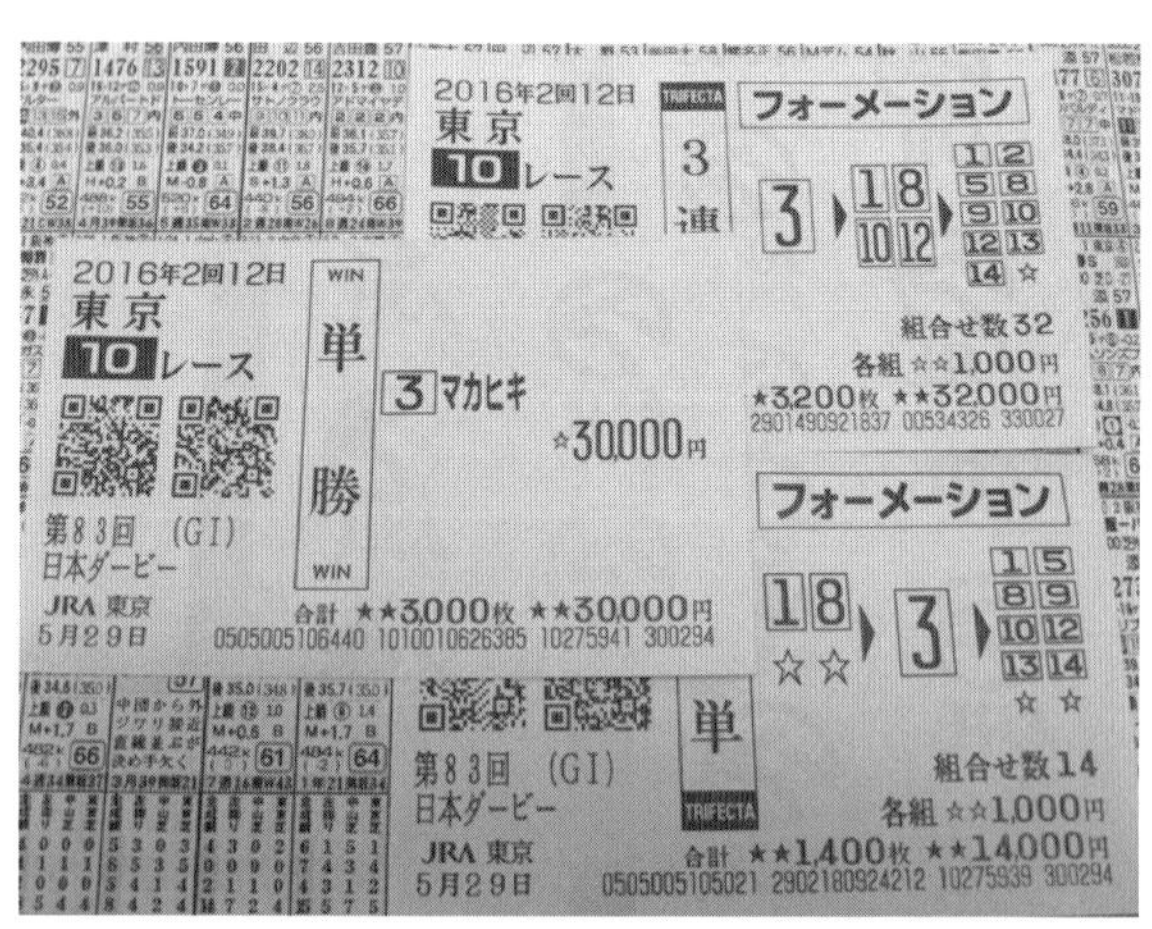

話することにしたいと思いますが、単勝を購入する際は3倍以上の馬というのが、理解できるひとつのデータではないでしょうか。

また参考までに、GIにおけるすべての単勝オッズ別成績（表4）も掲載することにしましょう。

単勝3倍台の馬は、2倍台の馬と比較して勝率こそやや見劣りしますが、連対率、複勝率は上回ります。3倍以上〜10倍未満の単複回収率は全体の中では高い値を示していることがわかるでしょう。単純にオッズだけを見ていても、単勝を買えるゾーンだということがわかります。

私が複勝を買わない理由をお教えしましょう

複勝馬券のメリットといえば、なんといっても全券種で一番的中しやすいということでしょう。

3頭（7頭立て以下は2頭）が馬券の対象となるのであれば、使い方次第では効果的な儲け方もあるのかもしれません。しかし私は、複勝購入はメリットのほうが少ないと断言します。

的中しやすい分、配当面で恵まれないことが大半で、馬券の買い方が難しいからです。複勝のみ購入するという方は、ほとんどいないと思います。複勝を購入する場合、単勝とセット、他の券種とセットで馬券を購入されていることでしょう。

しかし、単勝の項目でも述べたように、3倍未満の配当は馬券を購入するうえではリスクのほうが目立ちます。

データ集計期間内の5314レース中、複勝圏内に入った馬は1万5954頭いました。レース数×3とならないのは、7頭立て以下では2頭のみが対象となること、また同着になるケースもあったからです。

そのうち複勝配当100~290円となったのは、1着が4064頭、2着が3626頭、3着が3156頭で合計1万846頭。約68%の馬が複勝3倍未満の馬だったのです。レースによっては、1本被りの1番人気馬が吹っ飛び、4、5番人気馬の複勝でも3倍以上の配当となったケースはあるでしょう。一般的に考えれば複勝3倍以上つく馬というのは穴馬といっていいはず。せっかく**穴馬を見つけて、複勝のみの的中ではもったいない**といわざるを得ません。

また、3倍未満の複勝を購入する際に、投資金額をいくらに設定するのかも困った問題です。他の券種を購入し、複勝だけの的中に終わった場合にでも、元金をキープしようとすると、1点あたりの金額は大きくなってしまうはず。メインで買う馬券でもないのに、複勝を購入する金額ばかりが増えてしまうということになりがちです。

単複セットで、単勝20〜30％、複勝70〜80％というバランスで買われている方が結構多いのではないでしょうか。確かにこれなら単勝が外れても、複勝が的中すればプラスにはなるでしょう。しかし、よほどの穴馬でも見つけない限りは、複勝のみ当たってもチャラ程度ということのほうが目立つように思います。

仮に5倍の馬がいたとして、単勝を2000円、複勝8000円購入したとしましょう。単勝5倍前後の馬であれば、複勝の下限オッズは1・2倍前後。上限オッズは2倍前後というところでしょう。

そこで約1・5倍の払い戻しだとすると、単勝が不的中の際の払い戻しは1万2000円。単勝が的中しても2万2000円といったところ。1万円を投資し単勝が的中しても2倍を少し超える程度で、複勝のみの的中なら2000円のプラス。1万円を投資するリスクに比べて、リターンがあまりに少ないといっていいでしょう。

仮に単勝のみの購入であれば、的中すれば2000円が5倍の払い戻しで1万円に。もし外れても2000円のマイナスで済みます。リスクとリターンのバランスを考えると、少なくとも人気馬の複勝は買う必要がないといえるでしょう。

軸候補として考えている馬が、騎手や馬そのもののタイプで2、3着向きという場合でも複勝を購入する必要はありません。他の券種で回収率を高くする方法はいくらでも存在します。**人気馬を軸に据えようと考えているのであれば、なおさら複勝を購入することはムダなのです。**

例えば、2016年7月10日福島11R七夕賞。「推定後半3ハロン」1位の④ダコールは5番人気（単勝7・1倍）という状況でした。

ダコールは脚質的に取りこぼすタイプの馬もあり、七夕賞の行なわれる小回りの福島コースでは、単勝向きというよりは複勝向きの馬かもしれません。実際、福島での成績は【0―1―1―2】というもの。勝ち切れてはいませんが、すべて5着以内で4戦とも上がり2位の脚を使っていて、複勝圏内なら……といったところです。

ただ、単勝オッズが7倍以上つくのであれば、単勝を購入するのは長い目で見てプラスとなります。まずは同馬の単勝を5000円購入。そして、同馬から次の馬たちとの馬連を購入しました。

・⑯シャイニープリンス…1番人気、5・8倍
「推定前・後半3ハロン」ともに5位以内

・⑧アルバートドック……3番人気、5・9倍
「推定後半3ハロン」3位

・⑩ルミナスウォリアー…2番人気、5・9倍
「推定後半3ハロン」2位

・⑫オリオンザジャパン…11番人気、27・5倍
「推定後半3ハロン」5位※大穴候補

ダコールの脚質を考えると、3着も十分に考えられます。そこでダコールを1軸目に、馬連の相手に取り上げた4頭を2軸目に、ヒモは総流しという3連複フォーメーション馬券を複勝の代わりに購入しました。

3連複フォーメーション馬券を購入する際は、競馬場に置いてある赤いマークシートを活用しています。1頭―4頭―15頭のフォーメーションで50点です。こちらを1点500

WIN5 5

16頭

芝 A 2000

基準HB
68

馬場傾向	前半			後半		
上がり3F1位	3	メイショウナルト	35.6	4	ダコール	34.9
3-1-0-1	2	クリールカイザー	36.0	10	ルミナスウォリアー	35.0
4角先頭	7	ヤマニンボワラクテ	36.0	8	アルバートドック	35.2
1-2-0-2	1	マイネルラクリマ	36.1	16	シャイニープリンス	35.2
	16	シャイニープリンス	36.2	12	オリオンザジャパン	35.2

成績	4走前	3走前	2走前	前走	条件別	
4 本 同2 1 2 2 24 日 芙1 3 0 4 南W 三1 0 0 1 32 日 芙1 1 2 5 選-12 6 5 5 13	11/2 4東京⑨ 天皇賞秋 GI 11 2000 芝B -20 2002 18ト16ヶ⑬ 柴田大 58 2 2 2 内 0.5 前36.6(36.4) S +1.8 スピルバーグ 後35.0(34.6)⑯1.3 4週61南W 36 B 67 484k(+4)	2/28 2中山② 中山記念 GII 10 1800 芝A -14 1477 11ト4ヶ⑨ 柴田大 56 2 3 5 最 1.8 前36.8(36.5) S +1.8 ドゥラメンテ 後36.3(34.9)⑯2.7 1年16南W 32 S 60 494k(+10)	4/3 2阪神④ 大阪杯 GII 10 2000 芝B -14 2006 11ト10ヶ⑨ 丹内 56 3 3 3 内 1.3 前37.1(36.8) S +3.2 アンビシャス 後34.5(33.6)⑪1.2 4週20南W 36 A 64 474k(-20)	5/29 2東京⑫ 目黒記念 GII 16 2500 芝C -24 2325 18ト7ヶ⑰ 柴田大 575 6 10 13 外 1.9 前36.9(36.1) M +1.2 クリプトグラ 後35.9(34.9)⑯0.8 7週18南W 38 B 60 472k(-2)	福島芝 2 1 1 0 新潟芝 1 1 1 0 右回り 5 3 2 8 6 5 5 13 2 1 1 0 週0 ヽ連37	① 5 5 5 13
6 本 同2 0 0 2 23 日 芙1 1 1 2 美坂 三2 2 1 2 19 日 芙0 0 0 0 選-6 6 7 4 16	3/28 3中山① 日経賞 GII 10 2500 芝A -16 2312 12ト5ヶ⑨ 吉田豊 57 2 2 2 内 1.0 前36.1(35.7) H +0.6 アドマイヤデ 後35.7(35.0)⑩1.7 8週24南W 39 A 66 494k(+2)	5/3 3京都④ 天皇賞春 GI 16 3200 芝外A -15 3178 17ト9ヶ⑫ 田辺 58 1 1 2 最 3.1 前36.1(36.1) H +0.8 ゴールドシッ 後38.4(35.0)⑯4.0 4週21南W 32 B 54 488k(-6)	4/23 2東京① メトロS OP 5 2400 芝A -27 2269 6ト1ヶ④ 石川裕 575 1 1 1 最 0.7 前36.7(36.7) M +1.7 モンドインテ 後35.7(35.0)⑥1.4 1年21美坂 34 B 64 484k(-10)	5/29 2東京⑫ 目黒記念 GII 15 2500 芝C -24 2318 18ト11ヶ⑫ 田辺 575 5 5 4 外 1.2 前36.8(36.1) M +1.2 クリプトグラ 後35.8(34.9)⑮1.0 4週23美坂 25 B 63 482k(-2)	福島芝 0 0 0 1 新潟芝 0 0 1 0 右回り 5 3 1 10 6 7 4 16 1 1 2 0 週3 ヽ連39	② 1 2 2 10
3 本 同2 1 2 12 18 日 芙2 1 0 6 CW 三2 1 0 1 37 日 芙0 0 1 1 選-13 6 4 3 23	11/15 3福島⑥ 福島記念 GIII 15 2000 芝B 16 2053 16ト10ヶ⑤ 幸 57 5 9 16 内 2.8 前35.9(35.3) H -2.4 ヤマカツエー 後39.9(37.7)⑭2.5 6週16 CW 37 B 53 454k(+6)	12/12 5阪神③ チャレC GIII 18 1800 芝外A -6 1484 18ト18ヶ⑯ 幸 57 2 2 2 内 2.3 前36.1(35.9) S +0.8 フルーキー 後37.3(35.1)⑯3.2 3週20 CW 39 B 51 450k(-4)	5/8 1新潟④ 新潟大賞 GIII 15 2000 芝外B -8 1593 16ト7ヶ⑮ 勝浦 56 2 2 2 中 1.5 前35.5(35.3) M +0.6 パッションダ 後36.2(34.8)⑯2.2 4月15 CW 35 B 60 466k(+16)	6/4 3阪神① 鳴尾記念 GIII 8 2000 芝A -28 1581 14ト1ヶ⑤ 武豊 56 1 1 1 最 0.5 前35.9(35.9) M +0.8 サトノノブレ 後35.6(35.1)⑬1.2 3週26 CW 40 B 64 460k(-6)	福島芝 1 0 1 3 新潟芝 0 0 0 4 右回り 6 3 3 17 6 4 3 24 0 0 0 3 週0 ヽ連27	③ 2 2 3 16
6 本 同4 2 3 10 19 日 芙0 3 2 1 栗坂 三0 0 0 2 38 日 芙1 3 1 0 選20 7 11 8 16	11/1 4東京⑨ 天皇賞秋 GI 14 2000 芝B -10 1594 18ト4ヶ⑱ 三浦皇 58 12 11 12 外 1.0 前37.7(36.4) S +2.4 ラブリーデイ 後34.3(33.1)⑪0.3 7週27栗坂 32 B 68 472k(-14)	1/17 1京都⑥ 日経新春 GII 4 2400 芝外A -21 2263 12ト8ヶ⑨ 小牧太 58 1 2 2 内 0.4 前36.1(36.1) S +1.0 レーヴミスト 後34.6(35.1)⑨1.5 2月22栗坂 30 B 68 494k(+22)	2/21 1小倉④ 小倉大賞 GIII 2 1800 芝A -5 1467 16ト1ヶ⑥ 小牧太 58 15 12 11 外 0.0 前37.6(35.5) H +0.2 アルバートド 後34.6(35.3)②0.2 4週15栗坂 34 B 68 480k(-14)	5/8 1新潟④ 新潟大賞 GIII 4 2000 芝外B -8 1583 16ト14ヶ⑮ 小牧太 58 10 11 8 外 0.5 前36.6(35.4) M +0.6 パッションダ 後34.4(34.8)③0.4 2月14栗坂 33 B 69 478k(-2)	福島芝 0 1 1 2 新潟芝 1 0 1 4 右回り 6 9 5 9 7 11 8 16 0 1 2 1 週14 ヽ連42	④ 2 3 4 14
6 本 同6 1 3 4 28 日 芙1 0 1 3 栗坂 三0 0 0 0 23 日 芙0 1 0 5 選-6 7 2 4 12	1/5 1京都① 京都金杯 GIII 9 1600 芝外A -14 1337 17ト13ヶ⑪ フォー 57 13 10 10 外 0.7 前36.4(35.4) M 0.0 ウインブリメ 後34.0(34.6)⑧0.6 2月18 CW 32 B 62 456k(+16)	2/7 1東京④ 東京新聞 GIII 7 1600 芝C -27 1346 14ト8ヶ⑫ フォー 58 10 10 10 内 0.5 前37.0(36.0) S +2.5 スマートレイ 後33.1(33.5)⑤0.3 4週26 CW 27 B 68 448k(-8)	4/24 3京都② マイラC GII 11 1600 芝外C -20 1335 15ト10ヶ⑬ 藤岡佑 56 15 15 15 中 0.9 前35.4(34.1) H -0.6 クルーガー 後34.6(34.7)⑥0.6 2月22栗坂 29 B 61 448k(0)	前1 1 0 1 次2 1 0 3 前52 37 37 339 4/24 3京都② 1600 芝外C -20 マイラC GII 11 15ト10ヶ⑬ 15 15 15 61 2月22栗坂29 448k(0) 中	福島芝 0 0 0 0 新潟芝 1 0 0 0 右回り 5 2 4 8 7 2 4 12 0 1 1 1 週4 ヽ連36	⑤ 2 1 0 5
3 本 同0 2 1 5 16 日 芙1 0 0 5 CW 三0 0 0 0 43 A 芙2 1 1 4 選-12 3 5 2 16	12/5 4中京① 金鯱賞 GII 9 2000 芝A -10 1598 12ト6ヶ⑨ 森一馬 56 10 10 8 内 1.0 前37.3(35.4) H +0.5 ミトラ 後35.3(34.9)⑨0.9 3週19 CW 39 B 62 500k(+2)	1/5 1京都① 京都金杯 GIII 11 1600 芝外A -14 1338 17ト10ヶ⑫ 森一馬 56 14 14 14 中 0.8 前36.7(34.6) M 0.0 ウインブリメ 後33.8(34.6)③0.4 3週20 CW 31 B 60 496k(-4)	5/21 3京都⑨ 平安S GIII 13 1900 ダ -6 1586 15ト1ヶ⑥ 森一馬 56 13 11 10 最 2.4 前38.1(36.7) M -0.5 アスカノロマ 後38.6(37.2)⑫2.7 4月14 CW 45 S 54 500k(+4)	6/4 3阪神① 鳴尾記念 GIII 5 2000 芝A -28 1579 14ト9ヶ⑦ 森一馬 56 10 9 9 外 0.3 前37.6(35.9) M +0.8 サトノノブレ 後34.7(35.1)③0.3 1週11 CW 26 B 67 496k(-4)	福島芝 0 0 0 1 新潟芝 0 2 0 2 右回り 2 3 0 12 3 5 2 17 0 0 0 1 週22 ヽ連29	⑥ 0 5 2 15
7 本 同3 0 2 4 25 日 芙0 0 0 1 栗坂 三1 2 0 1 33 日 芙0 0 0 0 選9 5 5 4 9	1/24 1中山⑧ AJCC GII 5 2200 芝外C -21 2123 16ト13ヶ⑮ 藤懸 56 6 6 6 大 0.3 前37.0(36.3) M +0.9 ディサイファ 後35.2(35.4)⑦0.7 1週32栗坂 37 B 68 488k(+2)	3/12 2中京① 中日新聞 GIII 4 2000 芝A -12 2015 18ト16ヶ⑤ 藤懸 55 2 2 2 内 0.2 前37.0(36.8) S +1.9 サトノノブレ 後35.0(34.9)⑯1.2 6週22栗坂 33 B 66 484k(-4)	4/10 1福島⑥ 福民報杯 OP 3 1800 芝A -16 1594 16ト16ヶ⑨ 藤懸 56 3 2 3 内 0.5 前35.6(35.2) M -0.9 シャイニーブ 後36.2(36.1)⑧0.7 3週26栗坂 35 A 65 474k(-10)	5/1 3京都④ 天皇賞春 GI 17 3200 芝外C -17 3188 18ト12ヶ⑦ 丸山元 58 2 2 3 内 3.5 前37.7(37.5) S +2.5 キタサンブラ 後36.4(35.0)⑰4.1 2週33栗坂 23 B 54 478k(+4)	福島芝 2 1 1 0 新潟芝 0 0 0 0 右回り 3 4 3 7 5 5 4 10 0 1 0 0 週8 ヽ連41	⑦ 0 0 1 3
4 本 同1 1 1 2 35 日 芙2 1 0 2 CW 三0 0 1 0 40 日 芙0 0 1 1 選6 4 2 3 7	2/21 1小倉④ 小倉大賞 GIII 1 1800 芝A -5 1467 16ト2ヶ⑧ 川田 55 13 16 14 最 -0.0 前37.1(35.5) H +0.2 ダコール 後34.4(35.3)①-0.2 8週34 CW 40 B 65 482k(-8)	3/12 2中京① 中日新聞 GIII 18 2000 芝A -12 2028 18ト10ヶ⑦ 松若風 57 17 17 18 外 1.5 前38.8(36.8) S +1.9 サトノノブレ 後34.8(34.9)⑬1.3 2週36 CW 41 B 58 478k(-4)	4/24 3京都② マイラC GII 5 1600 芝外C -20 1330 15ト12ヶ⑭ 幸 56 14 13 12 外 0.4 前35.4(34.1) H -0.6 クルーガー 後34.4(34.7)④0.4 5週36栗坂 37 B 67 480k(+2)	6/12 3東京④ エプソC GIII 7 1800 芝C -18 1470 18ト6ヶ⑤ 三浦皇 56 12 12 11 内 0.8 前37.9(36.3) S +2.4 ルージュバッ 後33.4(33.9)⑥0.6 6週25栗坂 49 A 64 480k(0)	福島芝 0 0 0 0 新潟芝 0 0 0 0 右回り 4 2 3 5 4 2 3 7 0 0 0 0 週0 ヽ連37	⑧ 2 0 3 6
7 本 同0 0 1 1 29 日 芙1 0 0 0 南W 三0 0 0 0 42 日 芙0 0 0 0 選12 1 0 1 1	2/6 1東京③ 白嶺S 1600万 9 1600 ダ -7 1371 14ト14ヶ⑪ 石川裕 54 10 8 9 外 0.7 前35.7(34.9) H -2.7 サノイチ 後37.4(36.1)⑦1.0 3週19南W 45 B 55 496k(+2)	3/27 3中山② 常総S 1600万 4 2000 芝A -16 1596 14ト6ヶ⑬ 吉田豊 54 8 9 11 中 0.0 前37.1(35.6) M +0.1 アデイインザ 後34.4(35.5)②0.2 6週20南W 42 S 59 488k(-8)	4/24 2東京② 府中S 1600万 3 2000 芝A -27 1598 16ト11ヶ④ 吉田豊 57 16 16 16 内 0.5 前37.8(35.3) H -1.3 レアリスタ 後34.6(35.0)⑤0.4 3週24南W 47 A 60 486k(-2)	5/29 2東京⑫ むらさき 1600万 1 1800 芝C -24 1450 18ト13ヶ⑦ 吉田豊 55 9 9 9 外 -0.1 前36.1(34.4) H -1.2 ストレンジク 後34.2(35.6)③0.7 4週29南W 41 B 62 490k(+4)	福島芝 0 0 0 0 新潟芝 0 0 0 0 右回り 0 0 0 1 5 2 8 14 0 0 0 0 週7 ヽ連24	⑨ 0 0 0 0
1 本 同4 2 0 3 21 日 芙0 1 0 0 南W 三1 2 0 0 16 日 芙0 0 0 0 選21 5 7 1 3	12/20 4中京⑥ 名日刊ス 1600万 2 2200 芝A -13 2152 10ト3ヶ① 津村 57 3 1 2 外 0.2 前38.2(37.3) S +2.1 ザトゥルーエ 後35.3(35.2)④0.5 7週13南W 21 A 57 472k(0)	2/6 1東京③ 箱根特別 1000万 2 2400 芝C -27 2269 13ト5ヶ① 戸崎圭 57 8 8 9 外 0.1 前38.7(37.2) S +2.9 ジュンスパー 後33.8(34.3)①-0.1 6週16南W 37 B 58 482k(+2)	3/5 1阪神③ 千里山特 1000万 1 2000 芝A -21 1593 13ト3ヶ① 戸崎圭 57 9 9 5 中 -0.3 前37.4(36.1) S +0.5 ヒルノドンカ 後34.8(35.3)①-0.1 3週16南W 21 A 61 472k(-10)	6/18 3東京⑤ ジューS 1600万 1 2000 芝C -25 1581 13ト7ヶ④ 柴山雄 57 7 7 8 中 -0.2 前36.8(35.8) M +0.5 エアアンセム 後34.8(35.3)①0.0 3月16南W 26 A 65 474k(+2)	福島芝 2 0 0 0 新潟芝 2 0 0 0 右回り 2 2 0 2 5 7 1 3 週25 ヽ連75	⑩ 0 0 0 0
5 本 同2 2 1 14 23 日 芙2 1 4 4 栗坂 三0 0 0 2 30 日 芙0 1 1 2 選-14 6 4 8 32	2/21 1小倉④ 小倉大賞 GIII 9 1800 芝A -5 1473 16ト13ヶ⑯ 古川吉 52 16 15 14 外 0.6 前37.8(35.5) H +0.2 アルバートド 後35.1(35.3)⑥0.7 4週25 CW 32 B 55 484k(-2)	3/12 2中京① 中日新聞 GIII 17 2000 芝A -12 2021 18ト12ヶ⑱ 鮫島駿 52 17 17 16 最 0.8 前38.9(36.8) S +1.9 サトノノブレ 後34.3(34.9)⑦0.5 4週26栗坂 34 B 56 486k(+2)	5/8 1新潟④ 新潟大賞 GIII 14 2000 芝外B -8 1591 16ト13ヶ⑯ 吉田隼 52 12 12 12 中 1.3 前36.7(35.4) M +0.6 パッションダ 後34.8(34.8)⑪0.8 7週15 CW 33 B 55 488k(+2)	6/4 3阪神① 鳴尾記念 GIII 10 2000 芝A -28 1582 14ト8ヶ⑬ 古川吉 56 11 11 12 中 0.6 前37.6(35.9) M +0.8 サトノノブレ 後34.9(35.1)⑦0.5 3週24 CW 29 B 64 484k(-4)	福島芝 1 0 0 1 新潟芝 0 1 0 6 右回り 6 3 7 20 6 4 8 34 0 1 0 0 週13 ヽ連19	⑪ 1 1 1 27
3 本 同0 0 0 0 20 日 芙0 0 0 1 美坂 三0 0 0 0 25 日 芙0 0 0 0 選-10 0 0 0 1	11/28 5東京⑧ 晩秋S 1600万 6 2100 ダ -9 2109 16ト13ヶ⑯ 勝浦 55 ⑯ 12 8 中 0.7 前38.3(35.7) H -1.8 モズライジン 後37.5(37.5)④0.7 3週24美坂 33 A 57 472k(+2)	4/30 2東京③ 春光S 1600万 1 2100 ダ -8 2110 15ト1ヶ⑥ 田辺 55 15 15 13 大 0.0 前39.5(36.5) H -2.3 トウショウギ 後37.3(38.9)②0.1 5月21美坂 39 B 62 472k(+6)	5/21 2東京⑨ メイS OP 8 1800 芝B -14 1463 15ト12ヶ⑮ 柴田善 53 ⑮ 14 14 外 0.5 前37.8(36.2) S +1.7 ロジチャリス 後33.3(34.5)①-0.2 2週36美坂 33 B 62 466k(-6)	6/11 3東京③ アハルS OP 4 1800 ダ -6 1364 15ト2ヶ⑥ 柴田善 53 ⑮ 15 12 大 0.2 前37.4(35.5) M +1.0 チャーリーブ 後35.6(36.3)②0.5 2週28美坂 35 B 64 464k(-4)	福島芝 0 0 0 0 新潟芝 0 0 0 0 右回り 0 0 0 0 5 6 2 12 0 0 0 0 週28 ヽ連44	⑫ 0 0 0 2
4 本 同4 1 1 2 24 日 芙0 1 1 8 CW 三0 0 1 3 35 日 芙1 0 0 1 選-13 5 3 3 16	11/15 5京都④ エ女王杯 GI 16 2200 芝外B -3 2159 18ト11ヶ⑮ 松山弘 56 1 1 1 最 0.5 前36.1(36.1) M -0.2 マリアライト 後37.3(36.3)⑪1.3 6週25栗坂 37 B 62 452k(+2)	3/13 2中山⑥ 中山牝S GIII 14 1800 芝A -15 1509 16ト3ヶ⑩ 柴田大 53 5 7 11 内 0.6 前35.7(34.7) S +3.3 シュンドルボ 後35.1(35.1)⑪0.8 3週22栗坂 28 B 60 448k(-4)	4/23 1福島③ 福島牝S GIII 11 1800 芝B -22 1484 16ト13ヶ⑬ 松山弘 54 3 3 3 中 0.5 前35.9(35.6) M +1.0 マコトブリジ 後35.3(34.6)⑯1.1 5週18 CW 32 B 59 452k(+2)	6/12 3阪神④ マーメS GIII 8 2000 芝A -19 1598 14ト11ヶ⑬ 松山弘 53 4 3 2 内 0.5 前35.8(34.9) H -0.8 リラヴァティ 後36.1(35.7)⑧1.4 6週27 CW 27 B 59 452k(0)	福島芝 0 0 0 1 新潟芝 0 0 0 0 右回り 5 2 1 13 5 3 3 16 0 0 0 1 週19 ヽ連29	⑬ 0 0 0 5
4 本 同3 2 1 7 28 日 芙0 0 0 2 美坂 三1 1 0 2 24 日 芙0 0 0 0 選-3 6 4 2 18	1/24 1中山⑧ AJCC GII 9 2200 芝外C -21 2129 16ト8ヶ⑯ 蛯名正 56 9 9 9 外 0.9 前37.3(36.3) M +0.9 ディサイファ 後35.5(35.4)⑩1.3 2週25南W 39 B 62 494k(+4)	3/6 1阪神④ 大阪城S OP 10 1800 芝外A -21 1456 16ト3ヶ⑯ 川田 56 6 8 7 中 0.4 前35.5(34.6) H -0.2 テイエムイナ 後34.7(34.8)⑪1.0 5週31南W 41 B 61 490k(-10)	5/8 2東京⑥ ブリリS OP 15 2100 ダ -8 2171 15ト3ヶ⑥ 三浦皇 56 5 8 13 最 6.7 前36.7(35.9) H -2.9 アポロケンタ 後40.4(35.8)⑮6.6 8週21美坂 41 S 24 476k(-8)	6/12 3東京④ エプソC GIII 16 1800 芝C -18 1475 18ト2ヶ⑭ 蛯名正 56 6 8 8 最 1.3 前37.4(36.3) S +2.4 ルージュバッ 後34.2(33.9)⑭1.4 4週33南W 34 A 59 478k(+2)	福島芝 0 1 0 1 新潟芝 0 0 0 1 右回り 3 2 1 9 6 4 2 19 1 0 0 1 週3 ヽ連32	⑭ 1 1 2 14
3 本 同0 2 0 10 17 日 芙4 2 1 3 南D 三1 1 0 3 43 A 芙1 0 0 1 選-12 6 5 1 21	1/4 1中山① 中山金杯 GIII 9 2000 芝C -10 1589 17ト3ヶ⑦ 柴田善 57 13 14 14 内 1.1 前38.3(35.8) S +0.8 ラブリーデイ 後34.2(34.8)④0.3 6週33南P 25 B 63 498k(+4)	3/1 2中山② 中山記念 GII 8 1800 芝A 28 1518 11ト8ヶ⑦ 柴田善 56 9 5 4 外 1.5 前39.0(37.5) S +6.3 ヌーヴォレコ 後37.0(36.1)⑨1.4 7週26南W 38 B 61 492k(-6)	5/10 1新潟④ 新潟大賞 GIII 2 2000 芝外B -8 1598 15ト4ヶ⑬ オール 57 6 6 5 外 0.2 前38.0(37.2) S +3.3 ダコール 後33.3(33.9)⑦0.6 2月20南W 43 B 67 488k(-4)	6/12 3東京④ エプソC GIII 17 1800 芝C -18 1476 18ト14ヶ⑯ 柴田善 59 2 2 2 内 1.4 前36.7(36.3) S +2.4 ルージュバッ 後34.8(33.9)⑯2.0 1年34美坂 10 A 63 488k(0)	福島芝 0 0 0 1 新潟芝 0 2 1 2 右回り 4 2 0 12 6 5 1 22 1 1 0 2 週9 ヽ連32	⑮ 4 3 0 22
6 本 同1 0 1 1 17 日 芙0 2 1 1 南W 三0 0 0 0 24 日 芙2 2 1 14 選21 4 2 2 18	11/15 3福島⑥ 福島記念 GIII 10 2000 芝B 16 2041 16ト3ヶ⑦ 松若風 56 11 11 11 外 1.6 前36.8(35.3) H -2.4 ヤマカツエー 後38.4(37.7)⑨1.0 2週23南W 34 B 59 498k(+2)	3/13 2中山⑥ 東風S OP 4 1600 芝外A -15 1346 13ト1ヶ⑥ 蛯名正 57 7 9 8 最 0.3 前36.4(35.7) S +0.4 インパルスヒ 後34.8(35.3)③0.1 3月26南W 45 S 66 502k(+4)	4/10 1福島⑥ 福民報杯 OP 1 2000 芝A -16 1589 16ト3ヶ⑨ 北村友 57 2 2 2 最 -0.5 前35.5(35.2) M -0.9 ヤングマンパ 後37.5(36.1)②0.2 3週18南W 26 A 69 500k(-2)	5/8 1新潟④ 新潟大賞 GIII 3 2000 芝外B -8 1581 15ト12ヶ⑧ 幸 565 3 4 5 中 0.2 前36.0(35.4) M +0.6 パッションダ 後34.5(34.8)③0.3 3週15南W 42 B 68 500k(0)	福島芝 1 0 0 2 新潟芝 0 0 1 4 右回り 3 1 0 8 6 2 2 19 0 0 0 1 週7 ヽ連27	⑯ 3 2 2 18

●2016年７月10日
福島11Ｒ七夕賞
（ＧⅢ、芝2000ｍ良）

＜久保の印・予想＞
◎④ダコール
（５番人気、7.1倍）
○⑯シャイニープリンス
（１番人気、5.8倍）
注⑩ルミナスウォリアー
（２番人気、5.9倍）
注⑧アルバートドック
（３番人気、5.9倍）
△⑫オリオンザジャパン
（11番人気、27.5倍）

１着⑧アルバートドック
２着④ダコール
３着⑫オリオンザジャパン
単⑧590円　複⑧240円
④230円　⑫720円
馬連④ー⑧2290円
馬単⑧→④4250円
３連複④⑧⑫24200円
３連単⑧→④→⑫96740円

2016年07月10日（日）
2回福島4日目　第52回
11　GⅢ 七夕賞
15:45　3歳以上オープン　ハンデ　(国際)(特指)

枠	間隔	馬番	印	馬名	血統（上段）	毛色性齢	血統（下段）		単勝	人気	馬主	生産者	斤量	騎手		厩舎								
1	中5週	1	： ▲ ：	マイネルラクリマ	チーフベアハート / チーフズクラウン	栗毛 牡 8	ティアドロップス / サンデーサイレンス	15	33.8	12	㈱サラブレッド	武 牧場	57.5	柴田大	東 6 29	美 上原	63	361	358	13%	5.6	4	9	75%
1	中5週	2	： △ ：	クリールカイザー	キングヘイロー / ダンシングブレーヴ　B	栗毛 牡 7	スマイルコンテスト / サッカーボーイ	16	20.8	11	横山 修二	千代田牧場	57.0	田辺	東 4 39	美 相沢	63	360	371	42%	4.8	2	15	60%
2	中4週	3	： ： ：	メイショウナルト	ハーツクライ / サンデーサイレンス	鹿毛 セ 8	スターベスミツコ / カーネギー	12	20.4	10	松本 好雄	鎌田 正嗣	56.0	再 津村	東 17 16	栗 本田優	64	356	373	22%	3.9	1	16	77%
2	中8週	4	△ 注 ▲	ダコール	ディープインパクト / サンデーサイレンス	鹿毛 牡 8	アジアンミーティア / アンブライドルド	14	8.0	3	ノースヒルズ	ノースヒルズマネ	58.0	小牧太	西 12 25	栗 中竹	67	368	349	69%	1.3	10	1	26%
3	2ヶ月	5	： ： ：	マーティンボロ	ディープインパクト / サンデーサイレンス	青鹿 牡 7	ハルーワソング / ヌレイエフ	11	39.1	13	吉田 和美	ノーザンファーム	57.0	初 鮫島駿	西 16 20	栗 友道康	66	368	354	48%	1.9	9	7	44%
3	中4週	6	： ○ ◯	マジェスティハーツ	ハーツクライ / サンデーサイレンス	鹿毛 牡 6	エアラホーヤ / ボストンハーバー	14	9.2	5	㈱ヒダカ・ブリ	藤原牧場	56.0	再 横山典	東 5 31	栗 松永昌	68	384	354	57%	-1.3	16	6	19%
4	中9週	7	▲ ： 注	ヤマニンボワラクテ	キングカメハメハ / キングマンボ	鹿毛 セ 5	ヤマニンカルフール / エリシオ	12	8.0	4	土井 肇	錦岡牧場	55.0	再 藤懸	西 42 5	栗 松永幹	67	360	364	30%	1.6	3	13	69%
4	中3週	8	☆ ◎ △	アルバートドック	ディープインパクト / サンデーサイレンス	鹿毛 牡 4	ゴールデンドックエ / アンユージュアルヒート	13	5.1	2	㈱G1レーシン	社台コーポレーシ	57.0	初 戸崎圭	東 1 99	栗 須貝尚	67	363	352	68%	1.6	6	3	25%
5	中5週	9	注 ： ：	バーディーイーグル	ブライアンズタイム / ロベルト　昇	鹿毛 牡 6	ホームスイートホー / シーキングザゴールド	13	11.0	7	里見 美惠子	千代田牧場	54.0	吉田豊	東 11 23	美 国枝	64	364	360	100%	4.6	7	10	0%
5	中2週	10	○ ： ：	ルミナスウォリアー	メイショウサムソン / オペラハウス　昇	鹿毛 牡 5	ルミナスハッピー / アグネスタキオン	11	10.7	6	㈲サンデーレー	ノーザンファーム	55.0	柴山雄	東 7 28	美 和田一	66	373	350	62%	1.8	14	2	43%
6	中4週	11	： ☆ ☆	メイショウカンパク	グラスワンダー / シルヴァーホーク	黒鹿 牡 9	ダンシングハピネス / ダンスインザダーク	12	48.3	14	松本 好雄	三嶋牧場	51.0	初 江田照	東 29 7	栗 荒川	67	371	362	48%	1.6	13	11	22%
6	中3週	12	： ： ：	オリオンザジャパン	クロフネ / フレンチデピュティ	芦毛 セ 6	バーシャンブルー / サンデーサイレンス	13	15.2	8	平本 敏夫	武 牧場	53.0	初 内田博	東 2 50	美 小西一	64	370	352	100%	4.0	12	5	0%
7	中3週	13	： ： ：	ウインリバティ	ダンスインザダーク / サンデーサイレンス	黒鹿 牝 5	フリーヴァケイション / [illegible]	9	55.9	15	㈱ウイン	コスモヴューファ	52.0	初 石川裕	東 8 26	栗 飯田雄	62	375	363	29%	6.5	15	12	48%
7	中3週	14	： ： ：	ステラウインド	ゼンノロブロイ / サンデーサイレンス	黒鹿 牡 7	ビーウインド / スピニングワールド	12	15.8	9	前田 幸治	杵臼牧場	56.0	蛯名正	東 3 43	美 尾関	60	365	367	30%	8.0	8	14	53%
8	中3週	15	： ： ：	ナカヤマナイト	ステイゴールド / [illegible]	栗毛 牡 8	フィジーガール / カコイーシーズ	9	60.0	16	和泉 信一	沖田牧場	57.0	柴田善	東 21 12	美 二ノ宮	65	369	354	42%	3.4	11	8	42%
8	中8週	16	◎ ： ◎	シャイニープリンス	キングヘイロー / ダンシングブレーヴ	青鹿 牡 6	ダイタクビア / リンドシェーバー	9	3.7	1	小林 昌志	コアレススタッド	56.5	再 北村友	西 13 24	美 栗田博	68	362	352	26%	-1.3	5	4	34%

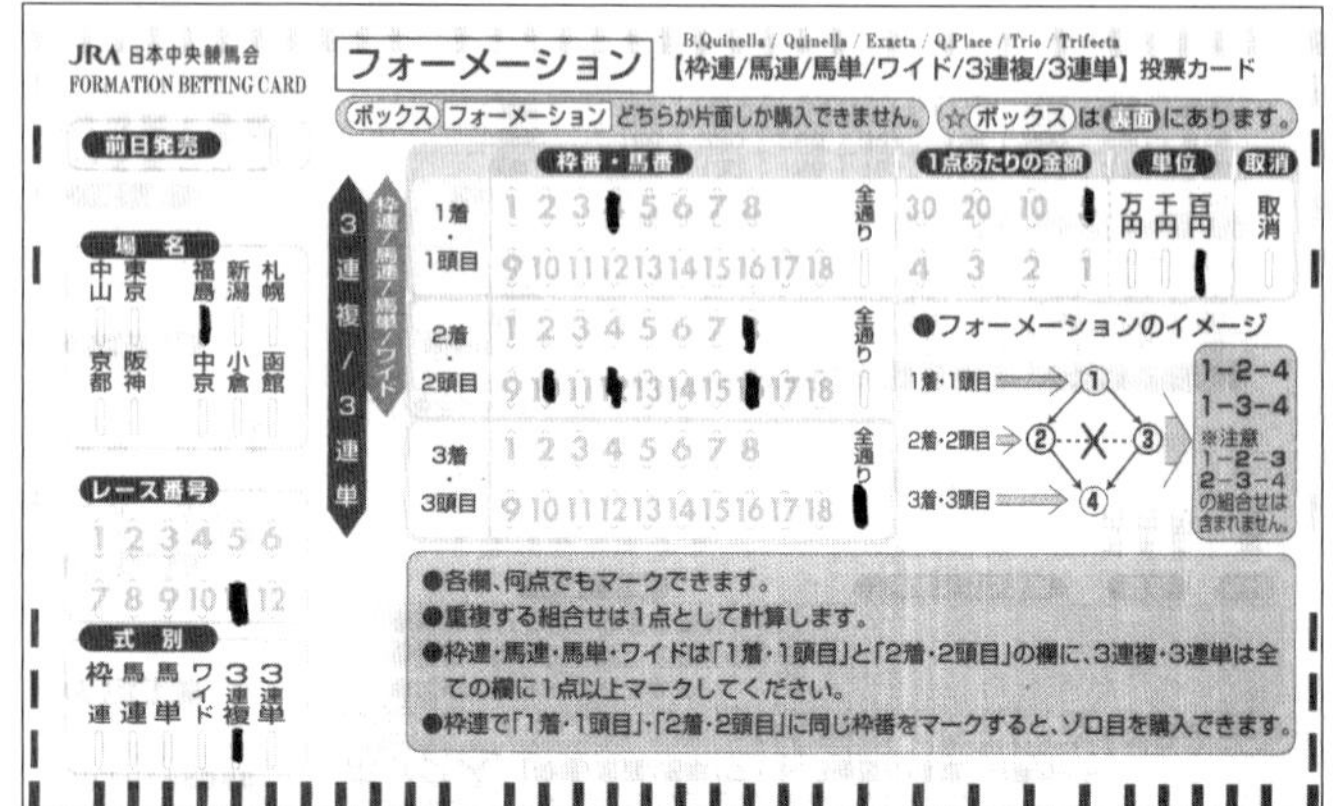
JRA 日本中央競馬会
FORMATION BETTING CARD
フォーメーション
B.Quinella / Quinella / Exacta / Q.Place / Trio / Trifecta
【枠連/馬連/馬単/ワイド/3連複/3連単】投票カード
ボックス　フォーメーション　どちらか片面しか購入できません。　☆ボックスは裏面にあります。
前日発売
場名
中山　東京　福島　新潟　札幌
京都　阪神　中京　小倉　函館
レース番号
1 2 3 4 5 6
7 8 9 10 11 12
式別
枠連　馬連　馬単　ワイド　3連複　3連単
3連複/3連単
枠連/馬連/馬単/ワイド
枠番・馬番
1着・1頭目　1 2 3 4 5 6 7 8　9 10 11 12 13 14 15 16 17 18　全通り
2着・2頭目　1 2 3 4 5 6 7 8　9 10 11 12 13 14 15 16 17 18　全通り
3着・3頭目　1 2 3 4 5 6 7 8　9 10 11 12 13 14 15 16 17 18　全通り
1点あたりの金額　30 20 10 5　4 3 2 1
単位　万円　千円　百円
取消　取消
●フォーメーションのイメージ
1着・1頭目 ⇒ ①
2着・2頭目 ⇒ ② ③
3着・3頭目 ⇒ ④
1-2-4
1-3-4
※注意 1-2-3 2-3-4 の組合せは含まれません。
●各欄、何点でもマークできます。
●重複する組合せは1点として計算します。
●枠連・馬連・馬単・ワイドは「1着・1頭目」と「2着・2頭目」の欄に、3連複・3連単は全ての欄に1点以上マークしてください。
●枠連で「1着・1頭目」・「2着・2頭目」に同じ枠番をマークすると、ゾロ目を購入できます。

七夕賞の３連複は④―⑧⑩⑫⑯―全通りのフォーメーションを選択。

円分購入しました。

レースは、相手に指名したアルバートドックが早めに抜け出し１着。ダコールもレースの上がり２位となる末脚を繰り出して追い上げましたが、２着まで。３着には大穴候補として指名していたオリオンザジャパンが、上がり最速の末脚を繰り出し入線。

配当は別掲の通りでしたが、馬連、３連複が的中です。馬連は１０００円分的中で２万２９００円に。馬連に投じた５０００円が４倍以上になって戻ってきました。

３連複配当はオリオンのおかげで２万４２００円という万馬券に。これが５００円分的中したので、払い戻しは12万１０００円。２万５０００円が約５倍になった計算です（回収率では

４８４％）。単勝こそ外れましたが、総額３万５００
０円の投資が、14万３９００円なら悪くないでしょう
（回収率は４１１％）。

そこで改めて、３連複と複勝を比較してみることにしましょう。

ダコールの複勝は２３０円でした。１番人気馬が飛んで、人気薄のオリオンザジャパンが３着に入ったのにも関わらず３００円未満の配当です。

仮に３連複へ投じた２万５０００円で、全額複勝馬券を購入していたとしても、払い戻し金額は５万７５００円にしかならず、３連複で得られた金額の半分以下の払い戻しでした。

もちろん３連複の場合、相手馬によって配当はかなりブレるので、場合によっては複勝に全額投じた金額

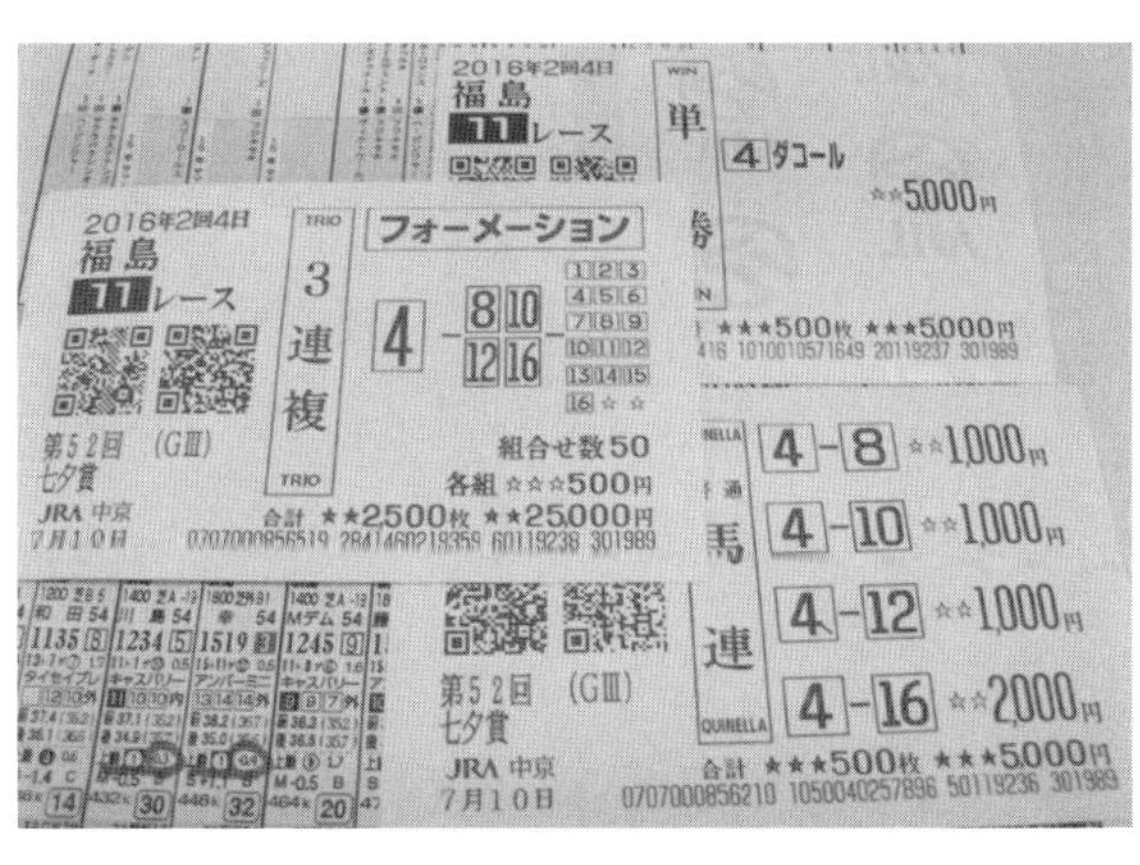

以下の払い戻しになることや、馬券そのものが外れという危険性をはらんでいます。

それでも、ダコールの複勝下限オッズは2・1倍、上限オッズは2・6倍でした。最高でも2万5000円が6万5000円にしかならなかったということを考えると……。

リスクとリターンとのバランスを、どのように考えるか。これは各人の競馬観で異なると思いますが、「複勝購入はプラスにならない」という私の考えも、こうした実例があると多少は理解してもらえたのではないでしょうか。

複勝では、得られる配当に限度があるのは間違いありません。配当妙味のある馬がしっかりと走ったのであれば、複勝に関わらず購入する馬券は転がっているはずです。

特に七夕賞のようなハンデ重賞では、上位人気馬が1〜3着をすべて占めることは、まずありません。レースの性質によって適切な券種は異なるとは思いますが、少なくとも複勝馬券を購入することは考えなくてもいいのではないでしょうか。

やっぱり、複勝より3連複のほうがワリがいい

引き続き、複勝のデメリットについてお話していきます。

人気馬を軸にして、かつ上位人気馬同士で決着することが予測される場合は、3連複で

点数を10点程度（以内）に絞ったほうが、払い戻し金額が投資金額の3倍以上になるケースが大半です。

先ほども指摘しましたが、人気馬の複勝オッズが3倍を超えることはまずありません。3倍未満の馬券で利益を出そうとすると、投資金額を大きく増やさなければならず、リスクとリターンのバランスが取れなくなります。

相手のいる馬券をしとめるのは、確かに外れるリスクも伴います。せっかく軸馬が走っても、相手馬の選定を間違えてしまい、不的中になることは少なくありません。

しかし、リスクとリターンのバランス、レースの性質を考えれば、外れることがあったとしても、複勝ではなく3連複なり他の券種を購入したほうが長い目で見てプラス収支を弾き出せると考えられます。

例えば、２０１6年2月28日の中山記念。1番人気は⑨ドゥラメンテ（単勝2・1倍）、2番人気②リアルスティール（4・2倍）、3番人気⑥イスラボニータ（5・7倍）、4番人気⑩アンビシャス（6・5倍）という状況でした。私の印は次の通りです。

◎⑩アンビシャス
○⑨ドゥラメンテ
▲②リアルスティール
△⑥イスラボニータ
△⑦ラストインパクト
△③ロゴタイプ

◎アンビシャスは「推定後半3ハロン」1位の馬で、15年秋の毎日王冠、天皇賞秋で、まずまずの競馬をしていました。このレースの前までに全8戦中5戦で上がり最速をマークしています。とりわけルメール騎手とのコンビでは3戦すべてで上がり最速というもの。

前年の二冠馬ドゥラメンテが4歳世代でトップの瞬発力の持ち主なのかもしれませんが、斤量面で2キロのアドバンテージがあることを考えると、逆転もあるのでは……と考えました。

リアルスティールは「推定前半3ハロン」5位、「推定後半3ハロン」3位の馬。折り合いに不安があることを懸念されていましたが、中山芝1800m戦であれば、折り合いを気にせず、本来の先行力が活かせるはずと判断しました。

馬券はアンビシャスから3連単の「1着固定」「2着固定」をまず購入。

馬連はドゥラメンテへ1点買いで5000円、3連複はドゥラメンテとアンビシャスとの2頭軸で印の4点に流すというもの。

3連単ではドゥラメンテが飛んだ際の馬券もフォロー。もし3着以内に入っても本線の3連複で分厚く的中します。特に2着以内なら馬連1点買いもズバリという状況です。そもそも11頭立てと、頭数は手頃で、馬券も当てやすいというのが事前の目論見でした。

レースは直線半ばでドゥラメンテが早々と先頭に立ち、リアルスティールが追う展開。そこを差してきたのがアンビシャスでした。

結果は1着にドゥラメンテ、2着が上がり最速の脚を使っ

たアンビシャス、3着にリアルスティールというもの。1番人気→4番人気→2番人気という堅めの決着でしたが、馬券は本線。3連単、馬連、3連複が的中しました。

ここで注目したいのは3連複と複勝との配当です。3連複は全165通り中2番人気でしたが、920円の配当となりました。アンビシャスの複勝は160円。3連複は馬券のように総額1万円の投資で3万6800円の払い戻しとなっています。1万円を複勝に投入していても1万6000円にしかなりません。

中山記念のようにある程度、人気馬同士で決着することが望める場合は、3連複で点数を絞って厚く購入するほうが、複勝を買うよりも効率的に払い戻しを受けることができるのです。少なくとも複勝馬券を買う必要はありません。

人気薄の馬を軸にする場合も、実は複勝を買う必要はありません。

少し古い例ですが、15年7月26日中京記念で検証することにしましょう。

このレースで私の本命は①アルマディヴァンでした。「推定後半3ハロン」1位の馬で、なんと13番人気（単勝27・3倍）という人気薄。13番人気でも単勝が30倍未満という状況からもわかる通り、大混戦レースでした。

アルマディヴァンのような人気薄を本命にした場合、馬券の買い方に悩むところですが、まずは、「推定後半3ハロン」2位で10番人気（20・8倍）の⑦ゴールドベルとの2頭から馬連総流しを敢行。29点を500円ずつ購入しました。

さらにアルマディヴァンを1軸目に、2軸目には「推定後半3ハロン」上位馬を中心に5頭ピックアップ。ゴールドベル以外は「推定後半3ハロン」3位で2番人気（4・9倍）の⑪レッドアリオン、同4位で3番人気（5・5倍）の⑩ダローネガ、同5位で7番人気（14・1倍）の⑮アルバタックス、そして「推定前半3ハロン」1位で11番人気（26・0倍）の⑨ネオウィズダムを加えての、3連複1頭―5頭―総流しのフォーメーション馬券を組み立てました。

主力の馬券は◎アルマディヴァンとゴールドベルの馬連です。そのアルマディヴァンが3着だったときに、3連複でフォローするという目論見でした。

1頭―5頭―総流しのフォーメーションは、16頭立ての場合は60点。3連複で60点というと点数が多い気もしますが、人気薄の馬から馬券を購入する場合、手が広がってしまうのは仕方がないでしょう。

毎レースのように、点数を広げてムダな馬券を購入する必要はありませんが、「軸馬が

WIN5 4

16頭

芝 B 1600

基準HB	馬場傾向		前半			後半		
68	上がり3F1位 5-0-1-1	9	ネオウィズダム	35.6	1	アルマディヴァン	34.1
		3	カレンブラックヒル	35.7	7	ゴールドベル	34.2
	4角先頭 1-0-1-5	4	オリービン	35.8	11	レッドアリオン	34.3
		5	カオスモス	35.9	10	ダローネガ	34.4
		6	スマートオリオン	36.0	15	アルバタックス	34.4

基本	前走①	前走②	前走③	前走④	成績	番
2 本 同 3 3 2 2 19 日 高 2 1 2 3 美坂 芙 0 0 0 0 30 日 天 0 0 0 3 距 8 5 4 4 9	3/22 2中山⑨ 幕張S 1600 [1] 1600 芝外A-18 1341 14ト8ヶ⑤ 勝浦 55 12 12 8 外 -0.1 前36.2(35.3) S -0.6 チェリーヒロ 後34.9(35.9) ③ 0.6 3週 17 美坂 35 A 64 482k (-4)	4/25 1福島⑤ 福島牝S GIII [6] 1600 芝B -21 1462 16ト13ヶ⑧ 勝浦 54 11 11 9 外 0.2 前36.0(34.6) H -0.8 スイートサル 後34.8(35.4) ② 0.6 4週 16 美坂 44 B 66 476k (-6)	5/17 2東京⑧ ヴィクM GI [15] 1600 芝B -15 1334 18ト12ヶ⑰ 勝浦 55 14 14 15 大 1.5 前36.7(34.3) H -0.7 ストレイトガ 後33.6(35.0) ⑧ 0.8 2週 28 美坂 35 B 58 482k (+6)	6/28 3東京⑨ パラダS OP [8] 1400 芝D -16 1211 16ト4ヶ③ 石川裕 54 12 13 12 中 0.6 前36.6(35.0) M +0.9 スマートオリ 後33.4(34.1) ① 0.0 5週 13 美坂 38 B 60 482k (0)	中京芝 1 1 1 1 小倉芝 0 0 0 0 左回り 4 4 4 6 5 4 5 12 0 0 0 0 逃 15 連 34	① 0 0 0 3
10 本 同 1 0 2 7 36 日 高 0 0 0 0 CW 芙 0 0 0 0 25 日 天 3 0 1 2 距 14 6 0 4 11	10/25 4東京⑥ 富士S GIII [14] 1600 芝A -22 1341 16ト1ヶ⑪ ブドー 56 4 8 8 最 0.9 前36.0(35.6) S +1.8 ステファノス 後34.2(33.8) ⑬ 1.4 2週 43 CW 28 B 58 472k (-10)	11/30 5東京⑨ キャピS OP [11] 1600 芝C -6 1343 16ト12ヶ⑩ ブドー 56 2 3 5 中 0.7 前35.8(35.5) S +0.7 シェルビー 後35.2(34.8) ⑮ 1.1 4週 66 CW 39 B 60 476k (+4)	2/22 2京都⑧ 洛陽S OP [3] 1600 芝外B 14 1338 16ト12ヶ③ シュタ 58 7 6 7 外 0.2 前36.1(35.2) S +0.7 レッドアリオ 後34.2(34.5) ③ 0.5 2月 23 CW 38 B 66 484k (+8)	前1 0 1 4 次2 0 1 3 前53 45 58 347 [illegible] 2/22 2京都⑧ 1600 芝外B-14 洛陽S OP [3] 16ト12ヶ③ 7 6 7 66 2月 23 CW 38 484k (+8) 外	中京芝 0 0 0 0 小倉芝 0 0 0 0 左回り 3 0 2 4 6 0 4 11 0 0 0 2 逃 14 連 28	② 4 0 4 11
5 本 同 5 0 0 5 17 日 高 0 0 0 1 栗坂 芙 0 0 0 0 39 日 天 2 0 0 0 距 25 7 0 0 11	1/26 4中京① 金鯱賞 GII [5] 2000 芝A -15 1593 17ト10ヶ⑤ 秋山 57 1 1 1 最 0.5 前35.7(35.7) M +0.3 ラストインパ 後35.9(35.4) ⑫ 1.3 4週 25 栗坂 42 B 68 478k (+10)	2/22 1小倉❸ 小倉大賞 GIII [1] 1800 芝B -2 1483 16ト6ヶ❸ 秋山 58 2 1 1 最 -0.1 前36.2(35.9) M -1.0 コスモソーン 後36.9(36.9) ⑤ 0.7 2月 26 栗坂 47 B 71 482k (+4)	4/5 2阪神④ 大阪杯 GII [8] 2000 芝B 20 2045 14ト6ヶ⑤ 松山弘 57 2 2 2 内 1.6 前37.7(36.6) M -0.5 ラキシス 後38.5(37.1) ⑩ 2.6 5週 31 栗坂 41 A 65 488k (+6)	6/7 3東京② 安田記念 GI [7] 1600 芝C -21 1325 17ト16ヶ⑨ 武豊 58 9 12 10 中 0.5 前35.6(34.3) H -0.4 モーリス 後34.2(34.7) ④ 0.5 8週 19 栗坂 44 B 70 478k (-10)	中京芝 0 0 0 1 小倉芝 1 0 0 0 左回り 2 0 0 7 7 0 0 12 3 0 0 2 逃 5 連 36	③ 5 0 0 12
5 本 同 3 5 0 10 28 日 高 1 1 3 8 栗坂 芙 0 0 0 0 49 日 天 1 1 0 1 距 17 5 7 3 22	12/27 5阪神⑦ 阪神C GII [6] 1400 芝B -4 1210 18ト4ヶ⑩ 岩田康 57 5 5 5 内 0.3 前34.8(34.3) M -0.9 リアルインパ 後35.0(35.2) ⑪ 0.9 2週 41 栗坂 43 B 68 490k (+6)	3/1 1阪神❷ 阪急杯 GIII [11] 1400 芝A 40 1251 16ト7ヶ⑦ 太宰 56 5 5 7 中 1.3 前35.8(34.9) S -1.9 ダイワマッジ 後37.6(36.8) ⑬ 1.5 8週 18 栗坂 47 A 55 484k (-6)	3/29 2中京⑥ 高松宮記 GI [12] 1200 芝A 2 1096 18ト2ヶ⑯ 菱田裕 57 14 14 中 1.1 前35.2(34.0) M -0.5 エアロヴェロ 後34.4(34.5) ⑥ 0.6 3週 42 栗坂 47 B 62 482k (-2)	6/21 3阪神⑥ 米子S OP [2] 1600 芝外B-10 1342 10ト3ヶ⑤ 小牧太 57 1 1 1 最 0.2 前35.5(35.5) S +0.9 スマートレイ 後34.8(34.6) ④ 0.4 2月 18 栗坂 36 A 66 478k (-4)	中京芝 0 1 0 2 小倉芝 0 0 0 0 左回り 0 1 2 6 5 7 3 22 1 0 0 1 逃 16 連 32	④ 2 2 3 17
3 本 同 1 2 1 8 24 日 高 1 2 2 0 栗坂 芙 0 0 0 0 52 日 天 0 0 0 0 距 -6 3 4 4 9	2/1 2京都② シルクS GIII [13] 1200 芝B -6 1093 17ト16ヶ⑧ 池添 56 9 6 6 中 1.4 前34.2(33.9) M -0.1 アンバルブラ 後35.1(34.0) ⑮ 2.0 4週 31 栗坂 53 B 53 518k (+2)	4/5 3中山④ ダ卿CT GIII [9] 1600 芝外B-12 1334 16ト1ヶ⑧ 内田博 56 4 4 4 内 1.2 前35.9(35.6) S +1.4 モーリス 後35.1(34.2) ⑫ 2.1 8週 16 栗坂 54 A 63 508k (-10)	5/3 1新潟② 谷川岳S OP [11] 1600 芝外B-6 1344 16ト7ヶ⑤ 鮫島良 56 1 3 3 最 0.7 前36.7(36.5) S +3.2 サトノギャラ 後33.8(33.3) ⑭ 1.9 3週 26 栗坂 48 A 59 514k (+6)	6/28 3東京⑧ パラダS OP [2] 1400 芝D -16 1206 16ト1ヶ❻ 内田博 56 1 3 3 内 0.1 前35.5(35.0) M +0.9 スマートオリ 後33.8(34.1) ⑥ 0.4 7週 17 栗坂 47 B 66 496k (-18)	中京芝 0 0 0 0 小倉芝 0 0 0 0 左回り 1 2 2 2 3 4 4 10 0 1 0 0 逃 10 連 33	⑤ 0 4 3 9
4 本 同 0 0 0 0 28 日 高 1 0 0 2 南W 芙 0 0 0 0 37 日 天 0 0 0 1 距 -14 6 5 0 10	3/7 2中山③ オーシS GIII [10] 1200 芝外A-4 1092 16ト14ヶ⑯ 三浦皇 56 5 5 7 外 0.5 前34.3(34.0) S -0.7 サクラゴスペ 後34.9(34.7) ⑨ 0.7 2月 22 南芝 31 B 64 506k (0)	4/12 3中山⑥ 春雷S OP [2] 1200 芝外B-6 1085 16ト2ヶ❸ 蛯名正 56 4 4 4 内 0.2 前34.8(34.5) S +0.7 サカジロロイ 後33.7(33.8) ⑦ 0.5 4週 35 南芝 27 B 64 502k (-4)	5/24 1新潟⑧ 韋駄天S OP [6] 1000 芝B -7 0550 16ト7ヶ⑥ 大野 57 13 11 0.3 前33.3(32.8) M +0.3 フレイムヘイ 後32.1(32.5) ② 0.2 5週 30 南芝 44 B 64 508k (+6)	6/28 3東京⑧ パラダS OP [1] 1400 芝D -16 1205 16ト10ヶ⑪ 松岡 56 3 4 3 中 -0.1 前35.6(35.0) M +0.9 カオスモス 後33.7(34.1) ⑤ 0.3 4週 43 南W 43 B 68 502k (-6)	中京芝 0 0 0 1 小倉芝 0 0 0 0 左回り 1 0 0 3 6 5 0 11 1 0 0 1 逃 9 連 50	⑥ 2 2 0 7
1 本 同 2 0 0 7 14 日 高 3 0 3 14 栗坂 芙 0 0 0 0 36 日 天 0 0 0 0 距 -15 5 0 3 21	3/29 2阪神② 心斎橋S 1600 [11] 1400 芝A 16 1228 18ト13ヶ⑭ 国分恭 54 11 13 12 大 0.8 前35.7(34.3) M -1.6 ピークトラム 後35.7(35.9) ⑥ 0.7 8週 8 栗坂 31 A 56 496k (+2)	5/30 3京都⑪ 朱雀S 1600 [5] 1400 芝外D-18 1208 15ト10ヶ⑬ 小牧太 53 13 11 8 最 0.3 前36.6(35.4) S +1.9 ワードイズボ 後33.0(33.5) ② 0.2 8週 15 栗坂 39 B 57 476k (-18)	6/14 3東京④ 多摩川S 1600 [4] 1600 芝C -12 1330 18ト8ヶ⑬ 四位 53 1 1 1 最 0.1 前34.4(34.4) H -0.7 オツウ 後35.2(35.1) ⑪ 1.1 1週 14 栗坂 33 B 57 486k (+8)	7/11 3中京③ 豊明S 1600 [1] 1400 芝A -5 1213 18ト18ヶ⑤ 小牧太 53 16 15 15 大 -0.1 前35.1(33.7) H -2.2 アンブリッジ 後34.8(35.9) ① -0.1 3週 32 栗坂 46 B 63 478k (-8)	中京芝 3 0 0 2 小倉芝 0 0 0 0 左回り 3 0 0 4 5 0 3 21 0 0 0 2 逃 10 連 17	⑦ 0 0 0 0
8 本 同 0 2 1 13 27 日 高 0 0 0 0 栗坂 芙 0 0 0 0 41 日 天 4 2 2 10 距 -11 5 4 4 26	10/12 4東京② 毎日王冠 GII [8] 1800 芝A -22 1456 15ト13ヶ⑭ 丸山元 56 4 4 4 内 0.4 前36.3(35.4) M +1.1 エアソミュー 後34.3(34.3) ⑫ 1.2 3週 49 栗坂 36 B 66 490k (-4)	2/22 1小倉❸ 小倉大賞 GIII [14] 1800 芝B -2 1499 16ト15ヶ⑭ 酒井学 56 7 10 12 中 1.6 前36.6(35.9) M -1.0 カレンブラッ 後37.8(35.9) ⑫ 1.6 4月 27 栗坂 31 B 55 494k (+4)	4/26 3京都② マイラC GII [16] 1600 芝外C-24 1336 18ト14ヶ⑱ 太宰 56 8 9 11 中 1.0 前36.1(35.3) S +2.1 レッドアリオ 後33.5(33.2) ⑰ 1.6 8週 24 栗坂 32 B 61 500k (+6)	前0 0 0 7 次1 1 0 6 前42 43 46 366 [illegible] 2/22 3小倉❷ 1800 芝B -2 小倉大賞 GIII [14] 16ト15ヶ⑭ 7 10 12 55 4月 27 栗坂 31 494k (+4) 中	中京芝 0 2 0 1 小倉芝 0 0 1 2 左回り 0 2 1 9 5 4 4 27 0 0 0 2 逃 3 連 22	⑧ 1 4 2 26
2 本 同 0 0 0 5 22 日 高 4 0 0 4 栗坂 芙 0 0 0 0 42 日 天 1 1 0 1 距 0 5 1 0 10	9/14 3新潟② 京成AH GIII [12] 1600 芝外A-2 1340 16ト14ヶ⑬ 吉田豊 54 2 2 2 中 0.7 前36.1(35.9) S +2.5 クラレント 後34.0(33.4) ⑬ 1.2 5月 15 栗坂 43 A 59 488k (-4)	5/3 2東京④ 晩春S 1600 [6] 1400 芝A -22 1205 17ト2ヶ⑤ 松岡 57 1 3 2 最 0.5 前34.7(34.4) H 0.0 エイシンスパ 後34.5(34.4) ⑮ 1.5 7月 23 栗坂 52 S 61 482k (+4)	5/24 2東京⑩ フリーウ 1600 [1] 1400 芝B -23 1204 14ト6ヶ❸ 福永 57 1 1 1 最 -0.1 前35.3(35.3) M +1.9 マカハ 後33.4(33.4) ⑦ 0.6 2週 36 栗坂 53 A 64 480k (-2)	6/28 3東京⑧ パラダS OP [5] 1400 芝D -16 1208 16ト16ヶ⑯ 川須栄 56 3 2 2 中 0.3 前35.2(35.0) M +0.9 スマートオリ 後34.2(34.1) ⑪ 0.8 4週 17 栗坂 48 B 64 486k (-4)	中京芝 1 0 0 0 小倉芝 0 0 0 0 左回り 4 0 0 5 5 1 0 10 0 0 0 1 逃 0 連 37	⑨ 0 0 0 7
6 本 同 2 3 1 9 23 日 高 0 0 0 4 栗坂 芙 0 0 0 0 35 日 天 2 0 1 4 距 -11 4 3 2 17	12/21 5阪神⑥ 元町S 1600 [2] 1600 芝外A 14 1358 15ト12ヶ⑪ 浜中 57 9 9 9 大 0.0 前36.9(35.4) M -0.9 ヴァンセンヌ 後35.7(35.3) ② 0.2 2週 17 栗坂 34 A 62 494k (+2)	4/19 3中山⑧ 春興S 1600 [2] 1600 芝外B-16 1342 11ト7ヶ⑥ 浜中 57 2 2 2 内 0.0 前37.3(36.5) S +1.7 サトノアラジ 後33.9(34.8) ⑨ 1.2 3月 28 栗坂 36 A 62 500k (+6)	5/10 2東京⑥ 湘南S 1600 [1] 1600 芝A -12 1333 18ト8ヶ⑬ 岩田康 57 11 11 11 最 -0.1 前36.0(34.6) H -0.6 ピオネロ 後34.2(35.2) ⑤ 0.3 2週 25 栗坂 48 A 64 496k (-4)	前1 1 0 4 次2 0 0 6 前24 27 27 320 揉まれた2着 [illegible] 4/19 2中山⑥ 1600 芝外B-16 春興S 1600 [2] 11ト7ヶ⑥ 2 2 2 62 3月 28 栗坂 36 500k (+6) 内	中京芝 0 0 0 0 小倉芝 1 0 1 0 左回り 1 0 1 4 4 3 2 17 0 0 0 3 逃 12 連 26	⑩ 2 1 1 9
4 本 同 5 3 3 10 20 日 高 0 1 0 1 栗坂 芙 0 0 0 0 39 日 天 1 0 0 1 距 12 6 4 3 12	12/20 5阪神❺ リゲルS OP [8] 1600 芝外A 35 1394 9ト5ヶ❶ 小牧太 56 9 9 9 外 2.6 前38.8(35.3) S -0.3 アーデント 後36.7(36.6) ⑧ 0.8 3週 31 栗坂 29 B 39 496k (+2)	2/22 2京都⑧ 洛陽S OP [1] 1600 芝外B-14 1336 16ト13ヶ⑧ 川須栄 56 2 3 2 中 -0.2 前35.7(35.2) S +0.7 ラインスピリ 後34.3(34.5) ⑥ 0.6 8週 22 栗坂 35 B 68 484k (-12)	4/26 3京都② マイラC GII [1] 1600 芝外C-24 1326 18ト15ヶ⑧ 川須栄 56 4 3 3 中 -0.0 前35.9(35.3) S +2.1 サンライズメ 後32.9(33.2) ⑤ 1.0 8週 26 栗坂 35 B 71 484k (0)	6/7 3東京② 安田記念 GI [8] 1600 芝C -21 1327 17ト8ヶ⑦ 川須栄 58 3 3 4 最 0.7 前34.6(34.3) H -0.4 モーリス 後35.1(34.7) ⑭ 1.4 5週 34 栗坂 29 B 68 488k (+4)	中京芝 1 0 0 0 小倉芝 0 0 0 0 左回り 1 0 1 4 6 4 3 12 0 0 0 2 逃 36 連 40	⑪ 3 2 2 11
5 本 同 0 0 1 7 35 日 高 5 5 3 4 栗坂 芙 0 0 0 0 35 日 天 0 0 0 0 距 -6 5 5 4 15	4/12 3中山⑥ 春雷S OP [6] 1200 芝外B-6 1089 16ト10ヶ⑧ 三浦皇 56 10 11 10 外 0.6 前35.3(34.5) S +0.7 サカジロロイ 後33.6(33.8) ④ 0.4 5週 29 栗坂 43 B 60 516k (0)	4/26 3京都② マイラC GII [13] 1600 芝外C-24 1334 18ト12ヶ⑭ ルメー 56 10 10 10 内 0.8 前36.2(35.3) S +2.1 レッドアリオ 後33.3(33.2) ⑫ 1.4 1週 48 栗坂 24 B 63 516k (0)	5/16 2東京⑦ 京王SC GII [7] 1400 芝B -15 1218 18ト4ヶ⑧ 柴田大 56 4 5 4 内 0.2 前36.3(36.0) S +2.3 サクラゴスペ 後33.6(33.7) ⑧ 0.9 2週 25 栗坂 41 B 63 516k (0)	6/28 3東京⑧ パラダS OP [10] 1400 芝D -16 1214 16ト9ヶ⑤ 柴田大 56 13 13 14 大 0.9 前36.7(35.0) M +0.9 スマートオリ 後33.6(34.1) ④ 0.2 5週 23 栗坂 42 B 58 522k (+6)	中京芝 0 0 1 0 小倉芝 0 0 0 0 左回り 4 1 4 4 5 5 4 15 0 0 0 4 逃 34 連 34	⑫ 0 1 3 10
6 本 同 1 1 1 6 33 日 高 0 0 0 2 CW 芙 0 0 0 0 39 日 天 1 0 0 0 距 12 2 1 2 11	12/13 5阪神③ 六甲IS 1600 [9] 1400 芝A -10 1215 15ト13ヶ❶ 四位 57 12 10 7 外 0.5 前34.9(33.8) H -2.2 ミッキーラブ 後35.6(36.0) ⑦ 0.6 3週 26 CW 39 B 58 508k (+2)	4/25 3京都① 錦S 1600 [7] 1600 芝外C-24 1330 8ト5ヶ❸ 四位 57 8 7 8 内 1.0 前36.0(34.0) H -1.3 カバーストー 後34.9(35.3) ④ 0.9 4月 29 CW 50 A 54 510k (+2)	5/17 2東京⑧ BSイ 1600 [1] 1600 ダ -8 1363 16ト14ヶ⑤ 浜中 575 3 1 1 最 -0.3 前35.2(35.1) H -1.2 マノワール 後36.3(36.3) ④ 0.3 2週 25 CW 46 B 68 502k (-8)	6/13 3東京③ アハルS OP [9] 1600 ダ -10 1364 16ト2ヶ❸ 津村 56 5 5 5 内 0.6 前35.7(35.1) H -1.3 キョウエイア 後36.6(36.1) ⑨ 0.9 3週 34 CW 51 A 64 506k (+4)	中京芝 0 0 0 0 小倉芝 0 0 0 0 左回り 1 0 1 4 3 1 2 13 0 0 0 0 逃 63 連 21	⑬ 1 0 2 9
4 本 同 0 0 0 1 20 日 高 0 0 0 1 CW 芙 0 0 0 0 31 日 天 0 0 0 0 距 -11 0 0 0 3	12/28 5阪神⑨ ファイS OP [7] 1400 ダ -5 1240 16ト15ヶ⑤ 幸 56 3 3 4 外 1.1 前35.8(35.6) S +0.1 コーリンベリ 後36.3(35.5) ⑪ 0.8 3週 53 栗坂 37 B 58 492k (+4)	1/12 1京都⑤ 淀短距離 OP [9] 1200 芝A -12 1091 16ト8ヶ⑫ 池添 56 15 12 12 大 0.6 前35.8(34.9) S +1.3 エイシンブル 後33.3(33.6) ③ 0.4 1週 28 栗坂 46 B 62 482k (-10)	5/31 3京都⑫ 安土城S OP [9] 1400 芝外C-18 1199 17ト12ヶ⑨ 池添 55 10 8 8 外 0.9 前35.3(34.0) H 0.0 ウリウリ 後34.0(34.0) ⑪ 1.3 4月 24 CW 40 A 58 482k (0)	6/21 3阪神⑥ 米子S OP [5] 1600 芝外B-10 1344 10ト6ヶ⑨ 幸 56 4 4 5 内 0.4 前36.1(35.5) S +0.9 スマートレイ 後34.7(34.6) ③ 0.3 2週 25 CW 42 A 62 476k (-6)	中京芝 0 0 0 0 小倉芝 0 0 0 0 左回り 0 0 0 0 5 6 3 9 0 0 0 0 逃 17 連 47	⑭ 0 1 2 8
5 本 同 3 2 1 4 21 日 高 0 0 0 0 栗坂 芙 0 0 0 0 40 日 天 2 2 2 5 距 2 5 4 3 11	3/8 1阪神④ 大阪城S OP [7] 1800 芝外A 7 1498 16ト10ヶ❶ Mデム 54 11 10 14 最 1.7 前36.2(35.1) M -0.9 ヒストリカル 後37.0(36.0) ⑥ 1.1 3月 21 栗坂 40 A 54 506k (+6)	3/29 2阪神② 六甲S OP [4] 1600 芝外A 16 1353 17ト6ヶ⑤ シュタ 56 4 5 5 内 0.6 前36.6(35.9) S +0.9 テイエムタイ 後35.1(35.0) ⑦ 0.4 2週 28 栗坂 35 A 64 502k (-4)	5/3 1新潟② 谷川岳S OP [3] 1600 芝外B-8 1339 16ト14ヶ❸ 丸山元 56 8 4 5 中 0.2 前37.1(36.5) S +3.2 サトノギャラ 後33.0(33.3) ⑨ 1.1 4週 25 栗坂 47 A 64 498k (-4)	5/23 2東京⑨ モ大統領 OP [12] 1800 芝B -23 1456 18ト17ヶ⑦ 武豊 54 12 11 12 中 0.9 前36.6(35.3) M +0.2 サトノアラジ 後34.4(35.1) ⑦ 0.9 2週 17 栗坂 33 B 58 494k (-4)	中京芝 1 0 0 1 小倉芝 0 0 0 2 左回り 1 1 1 4 5 4 3 13 0 0 0 1 逃 4 連 36	⑮ 0 0 1 5
3 本 同 2 0 0 4 33 日 高 0 0 1 2 栗坂 芙 0 0 0 0 22 A 天 1 2 0 6 距 -13 4 2 1 12	3/22 2中山⑧ 幕張S 1600 [5] 1600 芝外A-18 1344 14ト1ヶ④ 三浦皇 55 6 6 6 内 0.3 前35.8(35.3) S -0.6 アルマディヴ 後35.6(35.9) ⑥ 1.3 8週 20 栗坂 44 A 59 492k (+8)	4/19 2阪神⑧ 難波S 1600 [7] 1800 芝外B-7 1469 16ト2ヶ❸ 幸 54 6 5 4 内 0.5 前35.1(34.2) H -1.7 タガノエトワ 後35.4(35.9) ⑩ 0.6 3週 41 栗坂 51 A 59 492k (0)	6/14 3東京④ 多摩川S 1600 [1] 1600 芝C -12 1329 18ト18ヶ⑨ 三浦皇 54 5 3 3 中 -0.0 前34.9(34.1) H -0.7 セイクレット 後34.9(35.1) ⑦ 0.8 7週 13 栗坂 53 B 62 490k (-2)	7/5 1函館⑥ 巴賞 OP [4] 1800 芝A -14 1472 8ト4ヶ④ 丸山元 54 2 2 2 内 0.7 前36.3(36.0) M +0.5 マイネルミラ 後35.9(35.5) ⑥ 1.0 2週 33 栗坂 0 B 62 488k (-2)	中京芝 0 0 0 0 小倉芝 0 0 0 0 左回り 1 0 0 2 5 6 1 14 0 0 1 0 逃 0 連 42	⑯ 0 0 1 3

●2015年７月26日
中京11Ｒ中京記念
（ＧⅢ、芝1600ｍ良）

＜久保の印・予想＞
◎①アルマディヴァン
（13番人気、27.3倍）
○⑦ゴールドベル
（10番人気、20.8倍）

１着⑥スマートオリオン
２着①アルマディヴァン
３着⑩ダローネガ
単⑥1220円　複⑥450円
①560円　⑩230円
馬連①ー⑥17070円
馬単⑥→①30130円
３連複①⑥⑩38850円
３連単⑥→①→⑩256590円

2015年07月26日（日）
3回中京８日目　第63回
11　GⅢ 中京記念
15:35　３歳以上オープン　ハンデ　(国際)(特指)

枠	間隔	馬番	印	父	父父	馬名	毛色・性齢	母	母父		単勝	人気	馬主	生産者	斤量	騎手	成績	調教師	指数							
1	中３週	1	：：：	メジロベイリー	サンデーサイレンス	アルマディヴァン	栗毛 牝5	ゲームコンパイラ	メジロライアン	9	47.4	15	コウトミックレ	メイプルファーム	52.0	再 藤岡佑	西 13 位29	美 高橋文	66	369	341	31%	1.0	16	1	27%
1	5ヶ月	2	○注：	ディープインパクト	サンデーサイレンス	トーセンレーヴ	鹿毛 牡7	ビワハイジ	ケーリアン	7	8.9	4	島川 隆哉	ノーザンファーム	57.0	初 バート	香 位4	栗 池江寿	66	365	346	42%	1.9	10	7	38%
2	中６週	3	◎：：	ダイワメジャー	サンデーサイレンス	カレンブラックヒル	黒鹿 牡6	チャールストンハーバー	グラインドストーン	16	4.4	1	鈴木 隆司	ノーザンファーム	58.5	再 秋山	西 19 位17	栗 平田	66	357	362	11%	1.0	2	16	77%
2	中４週	4	注○○	ダイワメジャー	サンデーサイレンス	オリービン	栗毛 牡6	シャンクシー	ジルザル	16	9.1	5	吉田 照哉	社台ファーム	56.0	小牧太	西 11 位33	栗 橋口	67	358	350	21%	0.4	3	11	43%
3	中３週	5	：☆注	マイネルラヴ	シーキングザゴールド	カオスモス	鹿毛 牡5	メアリーズガーデン	フィルブラウ	18	14.6	8	小田 吉男	沖田 忠幸	56.0	初 福永	西 1 位75	栗 森	67	359	348	15%	0.6	4	9	85%
3	中３週	6	：▲▲	グラスワンダー	シルヴァーホーク	スマートオリオン	栗毛 牡5	トロピカルレディー	ウイニングチケット	7	11.6	6	大川 徹	いとう牧場	57.0	再 Mデム	西 6 位45	美 鹿戸雄	67	360	347	14%	0.5	5	8	81%
4	中１週	7	：：：	ステイゴールド	サンデーサイレンス	ゴールドベル	黒鹿 牡6 昇	シルバーベル	レッドランサム	14	23.9	10	松岡 隆雄	下河辺牧場	53.0	初 松山弘	西 9 位30	栗 庄野	66	362	342	44%	1.6	7	2	24%
4	3ヶ月	8	：：：	キングカメハメハ	キングマンボ	ミッキードリーム	栗毛 牡8	フローリッドコート	サンデーサイレンス	7	39.1	14	野田 みづき	ノーザンファーム	56.0	太宰	西 31 位10	栗 音無	60	365	351	28%	7.0	11	15	59%
5	中３週	9	：◎☆	ネオユニヴァース	サンデーサイレンス	ネオウィズダム	鹿毛 牡5	ゴレラ	グレイスウォーロード	14	19.0	9	(有)サンデーレー	ノーザンファーム	54.0	初 ルメー	西 7 位45	栗 矢作	67	356	350	12%	0.9	1	12	81%
5	2ヶ月	10	：：△	ダイワメジャー	サンデーサイレンス	ダローネガ	鹿毛 牡6 昇	カメリアローズ	ホワイトマズル	18	4.8	2	(有)キャロットフ	ノーザンファーム	55.0	再 浜中	西 4 位57	栗 佐々晶	67	367	344	26%	0.8	13	4	34%
6	中６週	11	▲△◎	アグネスタキオン	サンデーサイレンス	レッドアリオン	鹿毛 牡5	エリモピクシー	ダンシングブレーヴ	7	5.4	3	(株)東京ホースレ	エクセルマネジメ	57.5	川須栄	西 23 位15	栗 橋口	67	364	343	52%	-0.4	9	3	44%
6	中３週	12	：：：	フジキセキ	サンデーサイレンス	エールブリーズ	青鹿 牡5	アイリッシュカーリ	ケーリアン	17	24.1	11	(有)社台レースホ	社台コーポレーシ	55.0	再 川田	西 5 位55	栗 鮫島一	63	366	345	31%	4.8	12	6	44%
7	中５週	13	△：：	フジキセキ	サンデーサイレンス	メイケイペガスター	青毛 牡5	ストームホイッスル	ブライアンズタイム	18	28.4	13	名古屋競馬(株)	社台コーポレーシ	56.0	津村	東 17 位16	栗 木原	65	368	350	43%	2.2	15	13	43%
7	中４週	14	：：：	ウォーエンブレム	アワエンブレム	ナリタスーパーワン	鹿毛 牡6	マルセイユキャット	ブレンチザピュティ	16	27.2	12	(株)オースミ	社台コーポレーシ	55.0	幸	西 8 位40	栗 松永昌	63	361	351	66%	4.2	6	14	37%
8	中９週	15	☆：：	キングカメハメハ	キングマンボ	アルバタックス	栗毛 牡5	ダックスシェルター	フジキセキ	18	12.7	7	(有)社台レースホ	社台ファーム	54.0	武 豊	西 3 位60	栗 石坂	65	367	344	39%	2.6	14	5	52%
8	中２週	16	：：：	ハーツクライ	サンデーサイレンス	オツウ	鹿毛 牝5 B	デライトポイント	トウカイテイオー	22	50.6	16	大和屋 暁	ノーザンファーム	52.0	初 中谷	西 34 位7	栗 須貝尚	65	363	349	36%	2.3	8	10	36%

人気薄＝波乱が見込めるレース」では、手を広げて馬券を購入するのは立派な戦略のひとつです。60点に及んだので、1点あたりの金額は最低金額の100円のまま。馬連と併せて約2万円の投資でした。

レースは6番人気（12・2倍）の⑥スマートオリオンが早め先頭から押し切って1着。大接戦のゴール前を後方から追い込んだのが、軸に据えたアルマディヴァン。なんとか2着を確保してくれました。この時点で馬連が的中です。

3着には2軸目に据えたダローネガ。首尾よく3連複も的中させることができました。馬連は1万7070円を500円分、3連複3万8850円は100円分の購入です。約

12万円の払い戻しとなりました。

ここでも3連複と複勝を比較してみましょう。

比較的人気薄の馬が上位を占めたため、アルマディィヴァンの複勝は560円。仮に3連複に投じた6000円を、アルマディィヴァンの複勝に全額投じていた場合の払い戻しは3万3600円となります。たった100円分の購入でも、3連複での払い戻しのほうが複勝に全額投入するよりも多かったのです（若干ですが）。

もちろん、3連複フォーメーション馬券は外れる可能性もありました。3着グローネガと4着⑫エールブリーズはクビ差というもの。着順が入れ替わってしまえば、3連複は不的中でした。

しかし穴馬から相手を4～5頭選び、総流しを敢行すれば、そうそう馬券は外れないはず。また、複勝は人気薄馬を購入していても、配当の上限が見えてしまいます。稀に1000円、2000円を超すような配当の馬もいますが、そういった馬を選び出す予想力をつけるのは大変です。

穴馬でも、5倍前後の複勝オッズでは買う価値があるかどうか。一方、3連複なら1点

100円でも10万円を超す配当に巡り合えることもしばしば。

もちろん、結果として複勝を購入していたほうが払い戻し金額も増える可能性もありますが、人気馬のオッズ次第で券種を使い分けたり、3連複であれば2軸目の頭数を変更すれば点数も絞れるはずです。

穴馬を発見した場合も、複勝を考える必要はなく、他の馬券を検討したほうが儲けやすいはずです。人気の有無に関わらず、複勝は購入する必要がない馬券だと思います。

馬連より、枠連を選ぶべき局面とは…

馬連が始まる以前は、枠連が馬券の主役の時代だったそうです。といっても、その頃の私は競馬とはまだ無縁だったので、枠連しかない時代は知らないのですが……。

枠連時代を知っている方々に聞くと、よく聞く話が「代用品で助かった」「ゾロ目の万馬券を獲った」ということ。

代用品とは、本来狙っていた馬と同じ枠に入っていた別の馬が激走することを意味しています。予想では外れても馬券が的中する可能性を秘めているというのが、枠連のひとつのメリットでしょう。

ゾロ目というのは「1―1」とか「7―7」といったように、同じ枠に入った馬同士で決着すること。枠連しかない時代は、万馬券を獲ろうとするとゾロ目が一番出現しやすかったといいます。

ゾロ目の万馬券で有名なレースが、1987年の有馬記念でしょうか。16頭立て10番人気（単勝24・1倍）のメジロデュレンが勝利し、2着に7番人気（12・7倍）のユーワジェームスと同じ4枠の2頭で決着し、枠連4―4は1万6300円となったそうです。また、このレースの3着馬も14番人気（45・4倍）のハシケンエルドで、大波乱決着の有馬記念でした。

ちなみに、3着ハシケンエルドは1枠でしたが、仮に2着に入ると、枠連1―4は77・1倍というように万馬券ではなかったようです。ハシケンエルドと同枠のミスターブランディも13番人気と人気はなかったようですが、枠連万馬券ではなかったのです。それくらい、枠連万馬券は貴重だったということかもしれません。

馬連が発売されてから一挙にシェアを奪われてしまった枠連。3連複、3連単も定着した現代で、果たして枠連を購入する局面はあるのかを検討したいと思います。

実は枠連、条件を満たせば十分にオイシイ馬券になるというのは確かなようです。

成功例ばかり紹介していたのでは、ただの自慢のように思えてしまうので、枠連を購入しておけばよかったという例を掲載することにしましょう。

２０１６年４月24日京都１Ｒが対象レースです。

このレース、１枠２頭に妙味ありと感じていました。

①シルバードリーム（本章の前半でも登場しました）は「推定前半３ハロン」１位馬で６番人気（単勝11・9倍）、②トチノマドンナは「推定後半３ハロン」１位馬で９番人気（26・4倍）。ともに「推定前・後半３ハロン」の後押しがあるうえに、馬券的妙味のある馬。そこで、この１枠２頭からの馬連フォーメーション（2頭→7頭）の11点買いを敢行したのです。

軸にした2頭以外の相手に選んだのが、⑨オルノス（2番人気、４・2倍）、⑩タイセイアモーレ（7番人気、21・7倍）、⑭グランジュテ（3番人気、５・4倍）、⑮ナイトレスシティ（1番人気、３・9倍）、⑯タマモペンライト（4番人気、５・8倍）でした。

レースの結果を先に記すと、「推定前半３ハロン」１位馬で逃げたシルバードリームが後続に3馬身差をつけて快勝。２着には相手として指名したオルノスが入りました。

馬連は１０００円分的中したのですが、配当２８９０円では、安目を引いた感が濃厚。

1万1000円の投資が3倍未満の配当ではやや物足りません。

相手にした馬番を見てもらえればわかる通り、枠連にしておけば、1―1、1―5、1―7、1―8の4点で済みます。1―1のゾロ目については、予想でズバリの決着があった際のボーナスみたいなものなので、枠連であれば実質3点といえるでしょう。

枠連配当は1―5による決着で1980円というものでした。4点（実質3点）であれば、1点3000円前後は投資できたはず。枠連を1点3000円で投資していれば、6万円近くになって戻ってきた計算です。

このように、**馬連で投資を分散するよりも、枠連に絞って投資したほうが効率がよい場合もあるのです。**

次に枠連が活きる局面として考えられるのは、馬連とのオッズ差がそれほど大きく変わらない場合です。

16年6月4日阪神11R鳴尾記念では「推定後半3ハロン」

2016年3回2日
京都
1レース
QUINELLA
普通
馬連
QUINELLA
フォーメーション
1 2 ☆ ☆ － 1 2 9 10 14 15 16 ☆ ☆ ☆ ☆ ☆
組合せ数11
各組 ☆☆1,000円
合計 ★★1,100枚 ★★11,000円
JRA 京都
4月24日
0808100305994 2502700594730 70128537 301675

馬連①―⑨2890円が的中したが……。

1位⑫ステファノス（2番人気、3・3倍）に◎を打ちました。

相手に指名したのが「推定前半3ハロン」4位、「推定後半3ハロン」2位の③サトノノブレス（3番人気、3・8倍）。▲に⑩ヤマカツエース（1番人気、2・8倍）、注として⑦パッションダンス（4番人気、6・3倍）を挙げました。

単勝オッズを見てもらえればわかる通り、上位3頭がより売れています。当初はステファノスを1、2着にした3連単（3着欄のヒモを広めに購入）と、馬連を購入しようと考えていました。

それで馬連のオッズを確認すると、枠連のオッズと大差がありません。次に挙げるのは最終オッズですが、参考のために掲載します。

●馬連
③サトノノブレス―⑫ステファノス……6・3倍
⑦パッションダンス―⑫ステファノス…12・1倍
⑩ヤマカツエース―⑫ステファノス……5・7倍
●枠連

3—7……………………5・8倍
5—7……………………12・6倍
6—7……………………5・0倍

このうち、ヤマカツエースが思った以上に売れていると判断しました。ステファノスとの組み合わせは3連単でフォローしており、馬連（枠連）ベースでは、あまりオイシクない馬券です。

となると、馬連③—⑫、⑦—⑫の2点が購入対象。オッズを見れば、枠連も馬連も大きな差はありません。そこで枠連3—7と5—7を購入しました。

3枠はサトノノブレスの他に6番人気（23・0倍）の④アズマシャトルもいます。万が一、ステファノスが連対し、サトノノブレスではなくアズマシャトルが1、2着したとしても、枠連であればフォローできます。

馬連と枠連のオッズ差が0・5倍（50円前後）であれば、枠連を買うほうが、昔でいうところの「代用品効果」も期待できて、保険になる可能性もあります。

レースの結果は代用品の心配をすることもなく、サトノノブレスが1着、2着にステフ

基準HB	馬場傾向	前半			後半		
68	上がり3F1位 2-4-5-0	1	メイショウナルト	35.5	12	ステファノス	33.2
14頭		7	パッションダンス	35.7	3	サトノノブレス	33.7
芝 A 2000	4角先頭 0-1-0-10	13	クランモンタナ	36.9	10	ヤマカツエース	34.0
		3	サトノノブレス	37.1	9	マジェスティハーツ	34.1
		10	ヤマカツエース	37.4	5	アクションスター	34.5

3 本 同 2 1 2 11 26 日 大 2 1 0 6 CW 三 2 1 0 1 40 日 天 0 0 1 1 選 -10 6 4 3 22	9/27 4 中山⑦ オールカ GII 6 2200 芝外C -16 2128 15ト13ヶ⑭ 大 野 56 4 3 3 中 0.9 前 36.8 (35.8) M +0.9 ショウナンパ 後 35.5 (34.9) ⑪ 1.4 6週 22 CW 42 A 66 448k (-2)	11/15 3 福島❻ 福島記念 GIII 15 2000 芝B 16 2053 16ト10ヶ⑫ 幸 57 5 0 16 内 2.8 前 35.9 (35.3) H -2.4 ヤマカツエー 後 39.9 (37.7) ⑭ 2.5 6週 16 CW 37 B 53 454k (+6)	12/12 5 阪神③ チャレC GIII 18 1800 芝外A -6 1484 18ト18ヶ⑯ 幸 57 2 2 2 内 2.3 前 36.1 (35.9) S +0.8 ブルーキー 後 37.3 (35.1) ⑱ 3.2 3週 20 CW 39 B 51 450k (-4)	5/8 1 新潟④ 新潟大賞 GIII 15 2000 芝外B -8 1593 16ト7ヶ⑮ 勝 浦 56 2 2 2 中 1.5 前 35.5 (35.4) M +0.6 パッションダ 後 36.2 (34.8) ⑱ 2.2 4月 15 CW 35 B 60 466k (+16)	阪神芝 1 1 0 3 京都芝 1 0 1 3 右回り 6 3 3 16 6 4 3 23 0 0 0 3 遅 0 、 速 27	① 2 2 3 15
2 本 同 0 0 0 1 20 日 大 0 0 1 2 栗坂 三 1 0 4 5 38 日 天 0 0 0 2 選 -11 5 0 8 27	1/5 1 京都① 万葉S OP 6 3000 芝外A -14 3065 11ト4ヶ⑨ 幸 54 5 5 5 内 0.6 前 37.6 (37.2) M +2.6 マドリードカ 後 34.9 (34.6) ⑦ 0.5 3週 35 栗坂 37 B 60 474k (+11)	4/10 2 阪神⑥ 大阪-ハ OP 15 2400 芝外B -10 2278 16ト8ヶ⑯ 蛯名正 53 7 9 11 中 2.4 前 38.5 (35.8) H -1.0 クリプトグラ 後 35.9 (36.8) ⑬ 2.2 3月 16 栗坂 38 B 47 472k (-2)	4/23 2 東京① メトロS OP 4 2400 芝A -27 2267 6ト6ヶ⑤ 松 岡 52 3 2 2 内 0.5 前 38.1 (36.7) M +1.7 モンドインテ 後 35.3 (35.0) ④ 1.0 1週 11 栗坂 31 B 58 466k (-6)	5/14 3 京都⑦ 都大路S OP 7 1800 芝外D -20 1466 11ト5ヶ⑪ 幸 56 7 9 8 中 0.6 前 37.6 (36.2) S +2.5 ナムラアン 後 33.5 (33.7) ❸ 0.1 2週 20 栗坂 35 B 62 470k (+4)	阪神芝 2 0 2 8 京都芝 1 0 4 9 右回り 4 0 8 22 5 0 8 28 1 0 0 2 遅 2 、 速 12	② 0 0 0 8
5 本 同 2 2 2 1 39 日 大 2 1 0 1 CW 三 0 0 0 2 35 日 天 0 0 0 0 選 20 5 4 4 11	12/5 4 中京① 金鯱賞 GII 3 2000 芝A -10 1590 12ト2ヶ④ 和 田 56 6 6 6 中 0.2 前 36.3 (35.4) H +0.5 ミトラ 後 34.6 (34.9) ❸ 0.2 3週 39 CW 32 B 68 518k (+4)	1/17 1 京都⑥ 日経新春 GII 3 2400 芝外A -21 2262 12ト10ヶ④ 武 豊 58 2 3 3 内 0.3 前 36.3 (36.1) S +1.0 レーヴミスト 後 34.3 (35.1) ⑧ 1.2 5週 36 栗坂 28 B 68 516k (-2)	3/12 2 中京① 中日新聞 GIII 1 2000 芝A -12 2013 18ト5ヶ⑬ 川 田 58 5 6 6 中 -0.1 前 37.4 (36.8) S +1.9 ファントムラ 後 34.4 (34.9) ⑯ 0.6 7週 26 CW 29 B 71 516k (0)	5/1 3 京都④ 天皇賞春 GI 11 3200 芝外C -17 3160 18ト14ヶ⑫ 和 田 58 9 12 9 内 0.7 前 38.7 (37.5) S +2.5 キタサンブラ 後 34.9 (35.0) ⑧ 0.6 6週 32 CW 40 B 71 514k (-2)	阪神芝 0 0 2 1 京都芝 2 1 1 3 右回り 3 1 3 6 5 4 4 11 0 1 0 1 遅 13 、 速 37	③ 3 3 4 11
8 本 同 3 1 1 3 24 日 大 0 1 0 2 栗坂 三 0 0 0 1 34 日 天 1 2 0 1 選 6 4 4 1 8	6/6 3 阪神① 鳴尾記念 GIII 3 2000 芝A -10 1592 11ト4ヶ④ 和 田 56 8 7 6 大 0.4 前 37.2 (35.6) M +0.2 ラブリーデイ 後 35.0 (35.4) ❸ 0.3 3週 30 栗P 39 A 68 500k (-12)	7/16 3 中京❺ マレーC 1600 4 2000 芝B 5 2039 17ト7ヶ⑬ 和 田 57 5 7 7 内 0.5 前 38.7 (38.0) S +3.7 リアファル 後 34.5 (34.3) ⑥ 0.3 5週 24 CW 35 A 61 498k (-2)	8/9 2 小倉④ 小倉記念 GIII 1 2000 芝A -17 1580 17ト15ヶ⑥ 松若風 56 12 10 9 大 -0.2 前 35.2 (34.0) H -2.3 ベルーフ 後 35.6 (36.3) ❷ 0.1 2週 28 CW 27 B 69 508k (+10)	初 1 0 0 2 次 0 2 1 1 間 21 14 24 294 中団外追走、直線も大外だが、ジリジリ伸びただけ 5/10 2 新潟④ 2000 芝外B -8 新潟大賞 GIII 12 16ト13ヶ⑧ 7 7 7 63 3月 18 CW 35 512k (+8) 外	阪神芝 0 3 1 2 京都芝 1 1 0 2 右回り 3 4 1 5 4 4 1 8 0 0 0 1 遅 12 、 速 47	④ 2 3 1 7
2 本 同 1 2 0 7 23 日 大 2 1 1 6 栗坂 三 0 0 0 3 35 日 天 0 0 0 2 選 -10 3 3 1 23	3/6 1 阪神④ 大阪城S OP 9 1800 芝外A -21 1455 16ト13ヶ⑪ 北村友 53 8 10 10 中 0.3 前 35.7 (34.6) H -0.2 テイエムイナ 後 34.5 (34.8) ⑦ 0.8 2月 29 栗坂 47 B 58 478k (+4)	3/26 3 中山① 日経賞 GII 6 2500 芝A -16 2374 9ト5ヶ⑨ 大 野 56 4 7 8 中 0.6 前 38.9 (38.3) S +4.4 ゴールドアク 後 34.0 (33.9) ④ 0.2 2週 23 栗坂 31 S 68 470k (-8)	4/3 2 阪神④ 大阪杯 GII 8 2000 芝B -14 2004 11ト5ヶ⑩ 松若風 56 10 10 9 大 1.1 前 38.9 (36.8) S +3.2 アンビシャス 後 33.8 (33.6) ⑦ 0.5 連闘 23 連闘 31 A 65 470k (0)	5/14 3 京都⑦ 都大路S OP 6 1800 芝外D -20 1464 11ト1ヶ⑥ 松若風 56 7 7 8 最 0.4 前 37.5 (36.2) S +2.5 ナムラアン 後 33.4 (33.7) 1 0.0 5週 21 栗坂 35 B 64 470k (0)	阪神芝 2 1 0 8 京都芝 1 1 1 10 右回り 3 3 1 21 3 3 1 23 0 0 0 1 遅 20 、 速 20	⑤ 0 1 0 20
4 本 同 0 1 2 7 15 日 大 1 1 1 1 栗P 三 3 0 0 5 57 A 天 0 0 0 3 選 -16 5 4 3 25	11/21 5 京都⑤ アンドS OP 2 2000 芝C -20 2006 11ト4ヶ⑤ 岩田康 54 3 3 3 最 0.0 前 38.2 (37.7) S +3.4 トーセンレー 後 33.9 (34.3) ⑤ 0.3 4週 43 栗P 33 B 64 502k (+16)	2/14 2 京都❻ 京都記念 GII 10 2200 芝外B 34 2196 15ト11ヶ⑭ ヴェロ 56 13 12 13 外 1.9 前 39.6 (38.0) S +1.3 サトノクラウ 後 37.8 (36.7) ⑦ 1.2 2月 11 栗P 37 A 60 500k (-2)	3/6 1 阪神④ 大阪城S OP 3 1800 芝外A -21 1452 16ト12ヶ⑭ ヴェロ 54 14 14 14 大 0.0 前 36.3 (34.6) H -0.2 テイエムイナ 後 33.7 (31.8) 1 -0.3 2週 17 栗P 31 B 62 500k (0)	4/10 2 阪神⑥ 大阪-ハ OP 7 2400 芝外B -10 2263 16ト15ヶ⑥ ルメー 54 12 12 11 大 0.9 前 39.5 (35.8) H -1.0 クリプトグラ 後 34.4 (36.8) ④ 0.7 4週 11 栗P 40 B 60 498k (-2)	阪神芝 0 0 1 7 京都芝 0 1 2 8 右回り 1 4 3 19 5 4 3 25 0 1 0 5 遅 8 、 速 24	⑥ 0 3 1 9
5 本 同 6 0 0 8 34 日 大 0 0 0 1 CW 三 0 0 0 3 30 日 天 0 0 0 0 選 13 7 0 0 12	12/5 4 中京① 金鯱賞 GII 7 2000 芝A -10 1592 12ト9ヶ⑦ Mデム 56 4 3 2 中 0.4 前 35.9 (35.4) H +0.5 ミトラ 後 35.1 (34.9) ⑦ 0.7 3月 26 栗坂 33 B 67 522k (+10)	1/27 川崎 良 川崎記念 GI 10 2100 ダ 2209 13ト13ヶ⑥ Mデム 57 3 5 5 6.8 前 ( ) 後 44.4 ( ) ホッコータル 20 518k	2/21 1 東京❽ フェブS GI 16 1600 ダ -15 1409 16ト1ヶ⑭ 二浦皇 57 6 12 14 最 6.9 前 35.0 (34.1) H -1.5 モーニン 後 41.1 (35.6) ⑯ 6.4 3週 29 栗坂 42 B 13 518k (0)	5/8 1 新潟④ 新潟大賞 GIII 1 2000 芝外B -8 1578 16ト9ヶ⑩ 津 村 57 3 3 3 中 -0.3 前 35.9 (35.4) M +0.6 ブルーキー 後 34.5 (34.8) ④ 0.5 2月 27 CW 32 B 71 518k (0)	阪神芝 3 0 0 1 京都芝 0 0 0 1 右回り 3 0 0 6 7 0 0 13 0 0 0 0 遅 0 、 速 35	⑦ 3 0 0 12
2 本 同 2 2 1 13 24 日 大 2 1 4 4 CW 三 0 0 0 2 29 日 天 0 1 1 2 選 -17 6 4 8 31	1/17 1 京都⑥ 日経新春 GII 7 2400 芝外A -21 2266 12ト12ヶ⑪ 古川吉 53 11 10 9 外 0.7 前 37.7 (36.1) S +1.0 レーヴミスト 後 34.1 (35.1) ⑤ 1.0 1週 17 栗坂 29 B 57 494k (+10)	2/21 1 小倉④ 小倉大賞 GIII 9 1800 芝A -5 1473 16ト13ヶ⑯ 古川吉 52 16 15 14 外 0.6 前 37.8 (35.5) H +0.2 アルバートド 後 35.1 (35.3) ⑥ 0.7 4週 25 CW 32 B 55 484k (-10)	3/12 2 中京① 中日新聞 GIII 17 2000 芝A -12 2021 18ト12ヶ⑱ 鮫島駿 52 17 17 16 最 0.8 前 38.9 (36.8) S +1.9 サトノノブレ 後 34.3 (34.9) ⑦ 0.5 2週 25 栗坂 26 B 56 486k (+2)	5/8 1 新潟④ 新潟大賞 GIII 14 2000 芝外B -8 1591 16ト13ヶ⑯ 吉田隼 52 12 12 12 中 1.3 前 36.7 (35.4) M +0.6 パッションダ 後 34.8 (34.8) ⑪ 0.8 7週 15 CW 33 B 55 488k (+2)	阪神芝 1 0 3 4 京都芝 2 1 2 8 右回り 6 3 7 19 6 4 8 33 0 1 0 2 遅 14 、 速 19	⑧ 1 1 1 26
1 本 同 0 2 1 4 11 日 大 1 0 0 5 CW 三 0 0 0 0 26 日 天 2 1 1 4 選 -11 3 5 2 15	9/6 2 新潟⑫ 新潟記念 GIII 10 2000 芝外A -1 1591 18ト9ヶ⑰ 森一馬 56 4 3 3 中 0.9 前 36.1 (35.5) M +0.4 パッションダ 後 35.1 (35.1) ⑯ 1.2 2週 23 CW 29 B 62 498k (+2)	12/5 4 中京① 金鯱賞 GII 9 2000 芝A -10 1598 12ト6ヶ⑨ 森一馬 56 10 10 8 中 1.0 前 37.3 (35.4) H +0.5 ミトラ 後 35.3 (34.9) ⑨ 0.9 3月 19 CW 39 B 62 500k (+2)	1/5 1 京都① 京都金杯 GIII 11 1600 芝外A -14 1338 17ト10ヶ⑫ 森一馬 56 14 14 14 中 0.8 前 36.7 (34.6) M 0.0 ウインプリメ 後 33.8 (34.6) ❸ 0.4 3週 20 CW 31 B 60 496k (-4)	5/21 3 京都⑨ 平安S GIII 13 1800 ダ -6 1586 15ト1ヶ⑪ 森一馬 56 13 11 10 最 2.4 前 38.1 (36.7) M -0.5 アスカノロマ 後 38.6 (37.2) ⑪ 2.7 4月 14 CW 45 S 54 500k (+4)	阪神芝 2 3 0 3 京都芝 0 0 0 7 右回り 2 3 0 11 3 5 2 16 0 0 0 1 遅 23 、 速 30	⑨ 0 5 2 14
12 本 同 2 0 1 1 42 日 大 0 0 0 0 CW 三 0 0 0 1 38 日 天 1 0 0 4 選 22 5 1 2 8	11/15 3 福島❻ 福島記念 GIII 1 2000 芝B 16 2025 16ト1ヶ⑦ 津 村 54 8 6 2 外 -0.2 前 36.3 (35.3) H -2.4 ミトラ 後 37.4 (37.7) 1 0.0 2週 33 CW 28 B 68 486k (+8)	1/5 1 中山① 中山金杯 GIII 1 2000 芝C -21 2012 14ト5ヶ⑧ 池 添 56 5 4 2 大 -0.1 前 38.7 (37.2) S +2.9 マイネルフロ 後 33.0 (34.3) ⑤ 0.4 6週 39 CW 34 B 69 492k (+6)	2/14 2 京都❻ 京都記念 GII 5 2200 芝外B 34 2183 15ト1ヶ⑦ 池 添 56 9 8 7 外 0.6 前 39.1 (38.0) S +1.3 サトノクラウ 後 36.9 (36.7) ④ 0.3 5週 34 CW 42 A 69 504k (+12)	初 0 0 0 1 次 2 0 0 0 間 16 16 21 334 好位追走、好位追走も直線はジリジリ 1/17 2 京都⑤ 1600 芝A -8 白梅賞 500 4 9ト6ヶ⑦ 4 3 2 46 3月 48 CW 42 494k (+16) 中	阪神芝 0 0 0 2 京都芝 1 0 0 2 右回り 5 1 1 6 5 1 2 8 1 0 0 1 遅 13 、 速 37	⑩ 3 1 2 6
3 本 同 0 0 1 6 11 日 大 0 1 0 0 栗坂 三 0 0 0 4 37 日 天 6 0 0 9 選 -11 7 1 3 27	3/26 3 中山① 日経賞 GII 5 2500 芝A -20 2307 12ト1ヶ⑦ 横山典 56 1 1 1 最 0.5 前 35.8 (35.7) H +0.6 アドマイヤデ 後 35.6 (35.1) ⑨ 1.6 8週 14 栗坂 40 A 68 498k (0)	11/8 5 東京❷ ア共和杯 GII 17 2500 芝B 8 2363 18ト7ヶ⑬ 高倉稜 57 13 12 11 大 2.3 前 38.8 (37.4) S +3.2 ゴールドアク 後 35.8 (34.2) ⑯ 2.0 7月 19 栗坂 41 B 59 500k (+2)	1/24 1 中山⑧ AJCC GII 8 2200 芝外C -21 2128 16ト12ヶ⑬ 高倉稜 56 16 14 12 最 0.8 前 38.4 (36.3) M +0.9 ディサイファ 後 34.9 (35.4) ❷ 0.4 2月 12 栗坂 34 B 64 504k (+4)	3/26 3 中山① 日経賞 GII 9 2500 芝A -16 2380 9ト1ヶ⑦ 高倉稜 56 7 7 8 最 1.2 前 39.0 (36.3) S +4.4 ゴールドアク 後 34.6 (33.9) ⑨ 0.8 8週 10 栗坂 34 S 65 504k (0)	阪神芝 2 1 3 6 京都芝 0 0 0 2 右回り 3 1 3 15 8 1 3 28 0 0 0 1 遅 60 、 速 22	⑪ 3 0 3 28
13 本 同 0 1 0 1 42 日 大 2 0 2 1 CW 三 0 0 0 1 35 日 天 2 1 0 2 選 15 4 2 2 5	10/11 4 東京② 毎日王冠 GII 7 1800 芝A -21 1461 13ト11ヶ⑥ 戸崎圭 56 10 10 11 外 0.5 前 37.3 (35.9) S +1.9 エイシンヒカ 後 33.2 (34.0) ❷ 0.2 5月 35 CW 40 A 68 478k (+3)	11/1 4 東京⑨ 天皇賞秋 GI 2 2000 芝B -10 1585 18ト14ヶ⑩ 戸崎圭 58 8 8 12 外 0.1 前 37.3 (35.4) S +2.4 ラブリーデイ 後 33.4 (34.0) 1 0.0 2週 48 CW 36 B 75 474k (-2)	12/13 香港 良 香港カッ GI 10 2000 芝 2019 14ト ヶ 戸崎圭 57 1.3 前 ( ) エイシンヒカ 後 ( ) 477k	初 0 1 1 2 次 2 2 0 0 間 75 78 61 400 後方追走、直線はジリジリ伸びきれずに 10/11 東京 良 1800 芝A -21 毎日王冠 GII 7 13ト11ヶ⑥ 10 10 11 68 5月 35 CW 40 476k (+3) 外	阪神芝 1 0 1 0 京都芝 2 1 0 1 右回り 3 1 2 2 4 2 2 5 1 0 0 0 遅 8 、 速 46	⑫ 2 1 2 3
2 本 同 2 4 5 12 19 日 大 1 2 0 5 栗坂 三 2 1 0 2 32 日 天 0 1 0 0 選 -3 5 8 5 20	1/24 1 中山⑧ AJCC GII 13 2200 芝外C -21 2135 16ト5ヶ⑩ 三浦皇 56 5 5 4 最 1.5 前 36.7 (36.3) M +0.9 ディサイファ 後 36.6 (35.4) ⑬ 2.1 4週 29 栗坂 43 B 58 492k (+8)	3/6 1 阪神④ 大阪城S OP 12 1800 芝外A -21 1458 16ト7ヶ⑥ シュタ 54 9 11 12 内 0.6 前 35.9 (34.6) H -0.2 テイエムイナ 後 34.6 (34.8) ⑨ 0.9 5週 28 栗坂 41 B 57 484k (-8)	4/10 1 福島② 福民報杯 OP 4 2000 芝A -16 1595 16ト2ヶ⑫ 松若風 57 11 16 15 最 0.6 前 36.2 (35.2) M -0.9 シャイニーブ 後 35.5 (36.1) 1 -0.2 4週 25 栗坂 33 A 65 482k (-2)	5/14 3 京都⑦ 都大路S OP 8 1800 芝外D -20 1468 11ト8ヶ⑦ 岩田康 57 2 2 2 内 0.8 前 36.5 (36.2) S +2.5 ナムラアン 後 34.4 (33.7) ⑪ 1.0 4週 33 栗坂 44 B 62 482k (0)	阪神芝 1 1 1 3 京都芝 2 2 2 5 右回り 3 6 4 13 5 8 5 20 0 1 0 0 遅 11 、 速 34	⑬ 0 2 1 14
4 本 同 2 2 0 9 28 A 大 1 2 0 4 栗坂 三 0 0 0 2 53 日 天 0 0 0 0 選 -5 4 4 2 24	4/25 2 東京① メトロS OP 11 2400 芝A -24 2254 12ト11ヶ⑪ 松 岡 53 8 8 7 中 0.6 前 38.0 (36.2) M +0.1 ムスカテール 後 35.1 (36.1) ⑥ 1.2 5週 37 栗坂 46 A 59 462k (-12)	8/9 2 小倉④ 小倉記念 GIII 14 2000 芝A -17 1595 17ト9ヶ⑰ 国分恭 53 17 17 15 最 1.5 前 36.6 (34.0) H -2.3 アズマシャト 後 36.4 (36.3) ⑨ 0.9 3月 25 栗坂 43 B 53 478k (+16)	8/23 2 札幌② 札幌記念 GII 13 2000 芝C -14 2005 15ト2ヶ⑬ 藤 田 57 12 13 13 外 1.5 前 36.8 (35.1) H -1.1 ディサイファ 後 36.2 (36.2) ⑨ 1.3 1週 14 函W 15 B 58 468k (-10)	4/23 2 東京① メトロS OP 3 2400 芝A -27 2267 6ト4ヶ⑥ 吉田豊 52 6 6 5 最 0.5 前 38.9 (36.7) M +1.7 モンドインテ 後 34.6 (35.0) ❷ 0.3 8月 10 栗坂 52 B 58 484k (+16)	阪神芝 0 0 0 7 京都芝 2 2 0 1 右回り 2 3 0 16 4 4 2 24 0 0 0 0 遅 26 、 速 23	⑭ 0 0 1 8

●2016年6月4日
阪神11R鳴尾記念
（芝2000m良）

＜久保の印・予想＞
◎⑫ステファノス
（2番人気、3.3倍）
○③サトノノブレス
（3番人気、3.8倍）
▲⑩ヤマカツエース
（1番人気、2.8倍）
注⑦パッションダンス
（4番人気、6.3倍）
☆⑨マジェスティハーツ
（7番人気、33.7倍）

1着③サトノノブレス
2着⑫ステファノス
3着②プランスペスカ
単③380円　複③150円
⑫160円　②2760円
枠連3－7　580円
馬連③－⑫630円
馬単③→⑫1210円
3連複②③⑫33750円
3連単③→⑫→②123600円

2016年06月04日（土）
3回阪神1日目　第69回
11　GⅢ 鳴尾記念
15:35　3歳以上オープン　別定　(国際)(特指)

1	中3週	1	:	:	:	ハーツクライ	サンデーサイレンス	鹿毛 セ 8	メイショウナルト	スターペスミツコ	カーネギー	18	10.8	5	松本 好雄	鎌田 正嗣	56.0	再 武 豊	西 6 35	栗 本田優	59	15.6	355	1	367	14	22%	77%
2	中2週	2	:	:	:	ブラックタイド	サンデーサイレンス	鹿毛 牡 6	プランスペスカ	ダンシングドミニア	ブライアンズタイム	19	41.6	13	山田 信太郎	三嶋牧場	56.0	幸	西 15 18	栗 松永昌	63	11.9	383	14	346	7	32%	50%
3	中4週	3	◎	◎	○	ディープインパクト	サンデーサイレンス	黒鹿 牡 6	サトノノブレス	クライウィズジョイ	トニービン	13	4.8	3	里見 治	メジロ牧場	56.0	再 川 田	西 3 55	栗 池江寿	72	2.9	371	4	337	2	33%	58%
3	10ヶ月	4	△	:	:	ゼンノロブロイ	サンデーサイレンス	鹿毛 牡 5	アズマシャトル	ブレッシング	マルゼンスキー	11	25.3	9	東 哲次	下河辺牧場	56.0	再 和 田	西 7 30	栗 加 用	64	10.6	376	7	345	6	47%	11%
4	中2週	5	:	△	☆	アグネスタキオン	サンデーサイレンス	栗毛 牡 6	アクションスター	レディオブヴェニス	ルーソリテール	18	41.3	12	福井 明	社台コーポレーシ	56.0	再 北村友	西 14 19	栗 音 無	65	9.9	380	11	345	5	46%	16%
4	中7週	6	:	☆	:	マイネルラヴ	シーキングザゴールド	黒鹿 牡 8	トラストワン	イソノスワロー	[illegible]	19	15.2	6	大八木 信行	村下農場	56.0	再 岩田康	西 4 39	栗 庄 野	61	13.5	375	6	348	9	37%	40%
5	中3週	7	注	○	▲	ディープインパクト	サンデーサイレンス	鹿毛 牡 8	パッションダンス	キースパシオン	[illegible]	15	5.9	4	金子真人ホール	ノーザンファーム	56.0	再 Mデム	西 2 01	栗 友道康	70	4.9	357	2	354	12	15%	78%
5	中3週	8	:	:	:	グラスワンダー	シルヴァーホーク	黒鹿 牡 9	メイショウカンパク	ダンシングハピネス	ダンスインザダーク	7	64.5	14	松本 好雄	三嶋牧場	56.0	再 古川吉	西 20 13	栗 荒 川	55	19.9	380	12	349	10	49%	22%
6	中1週	9	:	:	:	ハーツクライ	サンデーサイレンス	鹿毛 牡 6	マジェスティハーツ	エアラホーヤ	ボストンハーバー	11	36.2	11	㈲ヒダカ・ブリ	藤原牧場	56.0	森一馬	西 50 1	栗 松永昌	59	15.5	378	9	341	4	56%	20%
6	3ヶ月半	10	○	注	注	キングカメハメハ	キングマンボ	栗毛 牡 4	ヤマカツエース	ヤマカツマリリン	グラスワンダー	14	3.4	1	山田 和夫	岡田牧場	56.0	池 添	西 10 23	栗 池添兼	69	5.4	374	5	340	3	37%	56%
7	中9週	11	:	:	△	デュランダル	サンデーサイレンス	鹿毛 牡 9	フラガラッハ	スキッフル	トニービン	13	21.5	7	㈲キャロットF	社台コーポレーシ	56.0	初 浜 中	西 24 11	栗 松永幹	65	9.8	377	8	346	8	50%	15%
7	5ヶ月半	12	▲	▲	◎	ディープインパクト	サンデーサイレンス	鹿毛 牡 5	ステファノス	ココシュニック	クロフネ	8	3.8	2	㈲キャロットF	ノーザンファーム	56.0	戸崎圭	東 1 76	栗 藤原英	75	-29	378	10	332	1	76%	15%
8	中2週	13	:	:	:	ディープインパクト	サンデーサイレンス	芦毛 牡 7	クランモンタナ	エアトゥーレ	トニービン	16	30.4	10	㈲社台レースホ	社台ファーム	56.0	再 松若風	西 9 25	栗 音 無	62	12.6	369	3	350	11	42%	57%
8	中8週	14	☆	:	:	[illegible]	[illegible]	栗毛 牡 7	フレージャパン	ジョウノビクトリア	サンデーサイレンス	13	22.6	8	難波 澄子	三城牧場	56.0	再 福 永	西 5 36	栗 森	58	16.5	380	13	357	13	58%	26%

ァノス。枠連3―7が的中しました。7000円分の購入だったので、払い戻しは4万6000円となりました。枠連に投じた1万円が4万6000円のリターンなら、まずまずでしょう。

痛恨だったのは3連単。3着にくい込んだ13番人気（252・7倍）の②プランスペスカを切っていました。3着欄で削ったのは、たった4頭だったのですが……。

3連単は紹介したように、ステファノスを1、2着に、相手を3頭にした1頭→3頭→9頭（24点）、3頭→1頭→9頭（24点）の合計48点を1点500円分購入していました。仮に3着欄を総流ししていたとしても、1→3→13（36点）、3→1→13（36点）だったので、合計点数は72点です。

結果論ですが、1点300円に落としていたとし

ても総流しのほうが無難だったのかもしれません。3連単12万3600円は予想では的中できなくても、買い方でカバーできた馬券だったといえます。

この3連単はともかくとして、枠連で点数を絞って的中させることができれば、保険以上の馬券となることは間違いないのです。

枠連のほうが馬連より配当がつく――オッズの死角

枠連を購入できるケースとしては、いわゆる「ゾロ目の場合、馬連が枠連の配当を上回るケースが少なくない」という説についても、検証してみることにしましょう。

2015年1月4日〜16年7月31日に行なわれゾロ目決着になったレースにおいて、配当が枠連＞馬連となったケースを、別掲の囲み（P70）にまとめてみました。

すると、1―1、2―2、3―3、4―4、5―5、6―6のケースについては、枠連の配当が馬連の配当を上回るケースが60〜70％程度ありました。

7―7と8―8については、ときに3頭いることもあり、必ずしも枠連＞馬連の配当とはならないようです。6枠までのゾロ目を購入しようとする場合、枠連と馬連のオッズは確認したほうがいいでしょう。

枠連は万馬券なのに、馬連は80倍台というようなレースは結構ありました。

16年2月21日東京2Rでは1着が③サムワンライクユー（9番人気、単勝42・6倍）、2着が④ケイツートール（3番人気、4・5倍）。枠連は2―2で1万2540円という配当でしたが、馬連③―④は8730円という具合で、約3800円も配当が下回ってしまったのです。

同じく16年1月16日中京3Rでは、1着④アイムユアドリーム（6番人気、10・1倍）、2着③ウエスタンユーノー（8番人気、26・7倍）で決着。枠連1万9470円と2万円近い万馬券でしたが、馬連はなんと1万130円という具合で、約9300円も配当が異なっていました。

1～6枠のゾロ目に関しては、代用品による的中でもなく、枠連でも馬連でも同じ意味でしかない馬券なのに、

●枠連ゾロ目の出現数と馬連配当の比較

・1－1　25回（配当・枠連＞馬連…16レース）
・2－2　31回（配当・枠連＞馬連…20レース）
・3－3　31回（配当・枠連＞馬連…20レース）
・4－4　38回（配当・枠連＞馬連…26レース）
・5－5　44回（配当・枠連＞馬連…27レース）
・6－6　56回（配当・枠連＞馬連…34レース）
・7－7　46回（配当・枠連＞馬連…20レース）
・8－8　69回（配当・枠連＞馬連…21レース）

枠連のほうが配当も高いケースがあるということは覚えておいて損することはありません。狙いの馬が2頭、同枠だったりしたらオッズをチェックする必要はありそうです。

枠連はなかなか購入する機会の少ない券種かもしれませんが、ケースによっては馬連以上の破壊力をもたらすこともあるということには注目すべきです。枠の偏りによっては、点数も絞れて厚く馬券を購入することもできます。

まとめると、枠連が買える条件は次の3パターンでしょう。

①馬連よりも点数が絞れて、配当効率が高い
②馬連（少点数）と枠連の配当に大差がない
③1枠~6枠を中心としたゾロ目（オッズのチェックは必要）

個人的な話をすれば、最近、JRA主催の初心者セミナーに講師として呼ばれることも増えてきました。

そこでは、当然、実践を行ないながら馬券指導を……となるのですが、初心者の皆さんには、とにかく的中してもらうのが重要だと思っています。特に競馬経験のない方は、当

てないと面白くないですし、長く続けようとも思わないでしょう。

もちろん、穴馬を買う勇気も出しましょうとも指導しますが、そうそう簡単に当たるものではありません。枠連は、そういった意味で的中しやすいというのはメリットだと思います。

枠連を3～5点くらいで購入していれば、1日12レースだとすると、何レースかは的中させることも可能なはず。配当面はともかくとしても、的中する喜びが味わえるのではないでしょうか。

もちろん、的中だけなら単複馬券のほうがより当てやすいのかもしれませんが、競馬の醍醐味である馬連、3連複、3連単といった相手まできっちりと選び抜くという馬券に対応する準備段階としては、枠連は最適な券種かもしれません。

単複馬券で10倍以上の馬を狙うのは、初心者にとっては難しくても、枠連で10倍以上なら引っかかるケースも多くなるでしょう。

初心者だけではなく、ここまで説明してきたように、局面次第では枠連も十分、武器になり得ます。常に正しい券種を選択することが難しいのは確かですが、馬連と比べて枠連のオッズは、どのくらいの差があるのかということを意識するだけでも、馬券の買い方についての意識が変わってくることでしょう。

　実際、私も枠連に助けられたというシーンもありました。16年4月17日の皐月賞です。

　皐月賞の話はＧＩレース回顧のページで行なうとして、枠連も使い方次第では立派な武器であるということを覚えておいてもらえればと思います。

えっ!?ワイドは人気馬同士で買うのが最も賢い

　ワイドは1、2着でも、1、3着でも、2、3着でも的中するという馬券で、馬連よりは配当は見劣るものの、複勝よりも配当がつくケースが多い馬券です。

　買い方によっては、1点だけではなく2点、

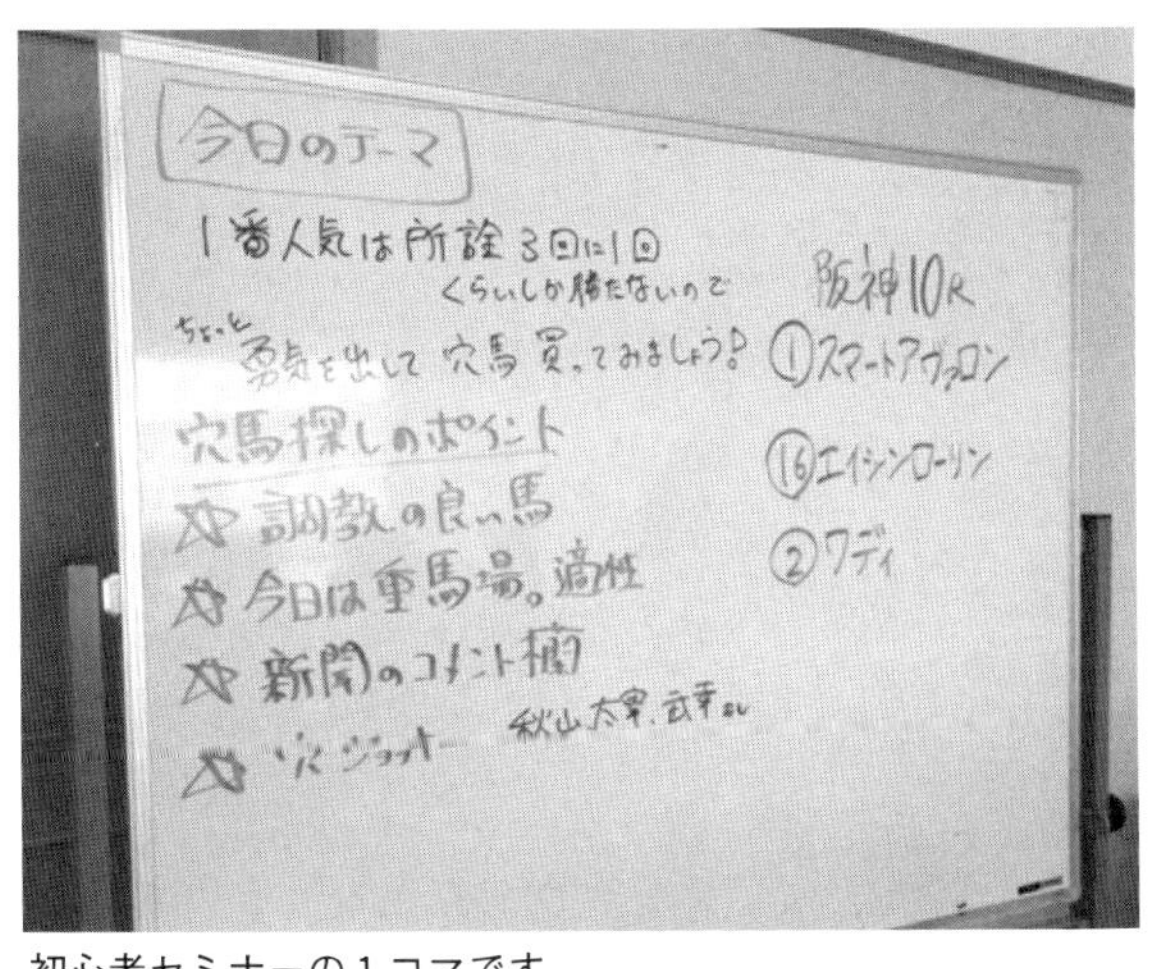

初心者セミナーの１コマです。

3点すべて的中する可能性もあります。また、その応用形となるのが3連複馬券でもあり、ワイドはそれなりに魅力的な馬券に映ります。

しかし、ワイドを購入する局面はよく検討しないといけません。3連複やその他の馬券で代用できてしまうことがしばしばあるし、上限の配当も見えているからです。複勝に似た特徴を持っているといっていいでしょう。

ワイドの平均配当は、先述のデータ集計期間内では2091円でした。確かにこれだけの数字を見ると、ワイドも十分武器となりそうです。期間内に行なわれた53314レースで、ワイド馬券は1万5966点出ているのですが、単純にレース数×3倍とならないのは同着などにより、点数が増えているケースもあるからです。

表5を見ればわかるように、1万5966点中、1万2015点が2000円未満の配当でした。ワイドの75％は平均配当以下で、残りの25％の配当が平均を引き上げているのです。

5000～	1万～	平均配当
35	13	1552円
35	31	1834円
7	3	2063円
3	4	1737円
22	16	2452円
240	174	2170円
33	14	1600円
16	5	1683円
275	135	2200円
127	69	2139円
58	24	2084円
42	26	2483円
429	235	2059円
464	279	2123円
893	514	2091円

表5●ワイド条件&配当別出現本数

条件	レース数	100〜	500〜	1000〜	2000〜
2歳・新馬	292	289	244	169	126
2歳・未勝利	353	448	268	175	102
2歳・500万	36	42	28	18	10
2歳・オープン	32	33	26	23	7
3歳・新馬	112	69	85	80	64
3歳・未勝利	1512	1450	1185	846	651
3歳・500万	281	296	240	153	109
3歳・オープン	99	98	70	67	43
古馬・500万	1387	977	1101	936	741
古馬・1000万	673	508	497	460	362
古馬・1600万	285	185	216	219	155
古馬・オープン	252	134	167	213	174
芝	2614	2191	2037	1697	1269
ダート	2700	2338	2090	1662	1275
全体	5314	4529	4127	3359	2544

つまり、相手が存在している馬券を購入するリスクがあるのに、リターンが見合っていない可能性があるのが、ワイドのデメリットでもあるといっていいでしょう。馬連や3連複に比べて的中しやすい分、配当にも恵まれないケースが多いのです。

単勝オッズ10倍未満を人気サイドの馬（以下、人気馬）、単勝オッズ10倍以上〜30倍未満を中穴、単勝オッズ30倍以上を大穴としましょう。

その際、1〜3着馬は別掲のように、9通りに分類できます（ワイドは1〜3着に入ればいい馬券なので、着順不同とします）。

ワイドの出現分布を考えれば、75％のレースがケース1～4に収まることを示しています。自分自身が軸にしようと思っていた馬の人気次第で、ワイドを購入するかどうかを検討したほうがいいということは間違いありません。

人によって考え方はさまざまだと思いますが、**私がワイドを購入していい局面だと思っているのはズバリ、ケース1（1～3着がいずれも人気馬）にあてはまる場合です。**

人気馬同士のワイドは面白くないし配当妙味がないと考えがちですが、その分、リスクも少なくなるのは間違いありません。これも実践例を元に考えてみることにしましょう。

16年4月17日阪神11R難波Sは、11頭立てと頭数も手頃な条件。阪神芝1800m戦の外回りコースであ

★ケース1…1着人気馬、2着人気馬、3着人気馬
★ケース2…1着人気馬、2着人気馬、3着中穴馬
★ケース3…1着人気馬、2着中穴馬、3着中穴馬
★ケース4…1着人気馬、2着中穴馬、3着大穴馬

★ケース5…1着人気馬、2着大穴馬、3着大穴馬
★ケース6…1着中穴馬、2着中穴馬、3着中穴馬
★ケース7…1着中穴馬、2着中穴馬、3着大穴馬
★ケース8…1着中穴馬、2着大穴馬、3着大穴馬
★ケース9…1着大穴馬、2着大穴馬、3着大穴馬

れば、「推定後半3ハロン」1位の⑥ダノンムーンが軸でいいでしょう。

ただし、1番人気で2・3倍と人気サイドの馬。1600万下のクラス実績が【0－2－1－0】ということを考えると、1着というよりも2、3着の可能性が高そうです。少なくとも7歳馬で上積みがあるとも考えられませんし、1着付けの馬券は狙いたくありません。

「推定後半3ハロン」2位の⑨レッドオリヴィアの逆転はありそうですが、こちらも1600万下における成績は【0－1－2－3】と勝ち切れず、2、3着というイメージ。しかも、3番人気で単勝6・4倍と、これまた妙味があるとはいい難い。

そこでダノンムーンとレッドオリヴィアのワイドのオッズを確認すると、2・8～3・2倍。だいたい3倍前後だと思っておけば間違いないでしょう。下限オッズに近づけば3倍未満の配当になってしまうので、買いづらいところですが、1点買いで3倍前後なら、なんとか買えるオッズだと判断しました。

ダノンムーンとレッドオリヴィアをセットにした3連複や3連単2頭軸マルチなども考えましたが、少頭数にも関わらず、単勝万馬券になる馬もいるし、70倍以上の馬も見受けられます。

つまり、力差がハッキリしているレースに分類することができます。3連複や3連単では、リスクのワリにオッズに恵まれないケースが大半でした。そこで、ダノンムーンとレッドオリヴィアのワイドを1点1万円だけ購入したのです。

レースは、⑤トーセンビクトリー（2番人気、4・3倍）が勝利。2着レッドオリヴィア、3着ダノンムーンという順で入線しました。ケース1にあてはまる通り、1〜3着を上位人気馬が独占するレースとなったのです。

ワイド⑥―⑨の配当は下限オッズである2・8倍と、3倍を割ってしまいましたが、ギリギリ買える範囲だったと思います。

このワイドも他の券種とも比較してみることにしましょう。ダノンムーンの複勝は110円。10万円購入しても1万円しか増えない馬券ではリスクが高

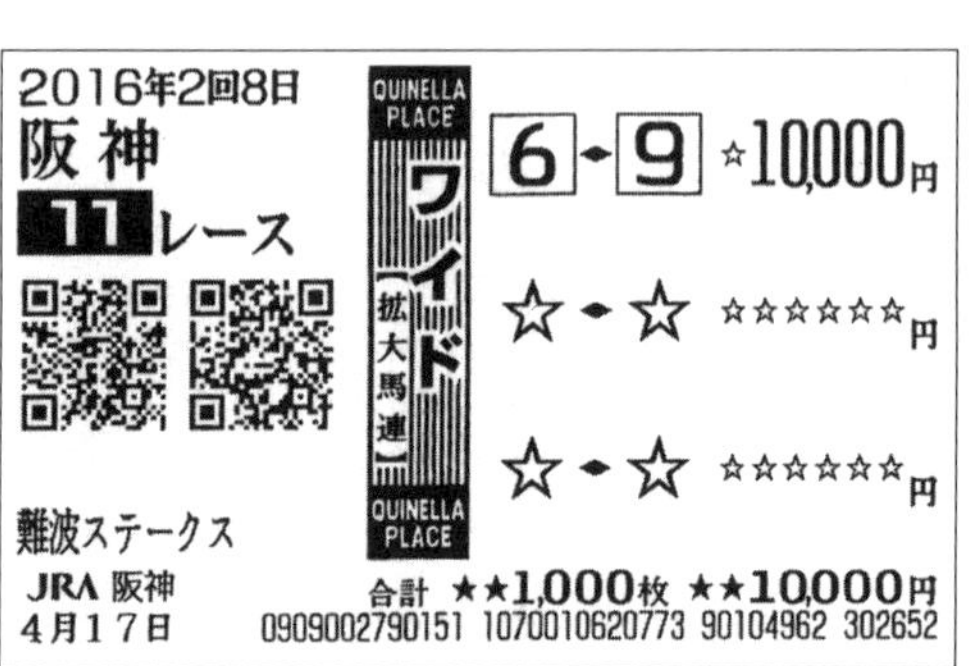

2016年４月17日阪神11Ｒ難波Ｓ（４歳上1600万下、芝1800ｍ稍重、11頭立て）。ワイド⑥—⑨280円（払い戻し２万8000円）。

すぎます。3連複は1000円でした。こちらは、3～5点以内でかつ金額をうまく配分できれば、ワイドよりオイシイ馬券だったかもしれません。

しかし、このレースでは「推定後半3ハロン」1、2位馬の2頭が馬券圏内に来る、しかしおそらく2頭とも1着ではないというのが予想のキモ。相手馬をきっちりと絞れていたわけではありません。

仮に1万円を均等買いで3連複で5点購入していたとすると、1点あたりの投資金額は2000円。10倍の配当では2万円の払い戻しということになります。先のワイドの払い戻し以上にするには、3000円程度の投資が必要になり、他の目とのバランスを取るのも難しくなることでしょう。

ただ反省するとすれば、3連単が7770円という具合に、上位人気3頭による決着のわりに、そこそこついたという点です。

ダノンムーンのような馬は2、3着を繰り返し、おそらく次走も勝ち切れないはず。そういった馬を軸にする場合は「2着固定」「3着固定」の3連単は一考の余地があるのかもしれません。

相手馬の点数次第ですが、「2着固定」「3着固定」を合わせて数十点以内に収まるのであれば、3連単1点500円といった投資もありでした。少なくともワイドにプラスして3連単を購入することはできたはずです。

とはいえ、本命サイドの3連複、3連単を購入するときは、相手馬まできっちりと絞れていなければ、必要以上に購入金額が膨らんでしまうばかり。必要以上に購入金額が膨れ上がるのであれば、ワイド1点に絞るのも有効だったというのが難波Sの結論。

つまり、ケース1における人気馬同士の決着が濃厚、かつヒモの馬が絞れていないケースでは、ワイドが一番シンプルな馬券で買える可能性が高いといえるかもしれません。

ケース2～4も同様で、人気馬同士とか人気馬と中穴馬のワイドでも20倍未満の配当が濃厚のときは、頭数、予想によってワイドが有効な局面も存在すると覚えておくといいでしょう。

逆にいうと、ワイドで一番買ってはいけないのは、中穴馬同士や中穴馬と大穴馬の組み合わせ、大穴馬同士、ワイドの多点買いなどです。これも、次項で解説&検証をしてみます。

あの超波乱ヴィクトリアMのワイドを考えてみよう

まだ記憶に新しいところだと思いますが、2015年ヴィクトリアマイルは大波乱の結果となりました。

1着が⑤ストレイトガール（5番人気、単勝14・1倍）、2着⑦ケイアイエレガント（12番人気、47・4倍）、3着⑱ミナレット（18番人気、291・8倍）。馬連3万6880円、馬単7万3990円、3連複286万4800円、3連単2070万5810円という仰天配当でした。

馬連、馬単なら的中する可能性があったかもしれませんが（それでも十分に難しい馬券です）、3連複、3連単は配当から明らかなように、予想して簡単に当てられる馬券でもないでしょう。

さて、大波乱の主役となったのは最低人気馬ミナレットの激走によるところが大きいのですが、同馬絡みの複勝、ワイドは一体どのような配当だったのでしょうか。

1〜4番人気馬がすべてコケており、しかも、2着には二ケタ人気のケイアイエレガントが入ったので、ミナレットの複勝は8500円という記録的な配当になりました。その複勝オッズは48・1〜91・3倍を最終的に示していたので、ほぼ上限に近いオッズです。85倍もつけばもちろん複勝でも十分かもしれませんが（苦笑）、最低人気馬である同馬の複勝を買おうという気にはほとんどならないはず。この馬を軸にして購入していた人は少ないのではないでしょうか。

ミナレット絡みのワイドは2点的中馬券がありました。1着となったストレイトガールとのワイド⑤―⑱は8万6300円、2着となったケイアイエレガントとのワイド⑦―⑱は8万6580円。8万円台のワイドという配当自体、超高額配当だといっていい馬券だとは思います。

しかし、ここでビックリしたのは、5番人気の馬とのワイドでも、12番人気馬とでも配当に大差がないことです。

先ほどの分類に直せば、⑤―⑱は中穴馬と大穴馬、⑦―⑱は大穴馬同士のワイドということになりますが、配当を見る限り、2点の差はほとんどありません。

ケイアイエレガントとミナレットの場合は、同じ脚質の逃げ先行タイプの馬であり、セットで買われたということはあるかもしれませんが……それでも単勝人気を考えると、明らかに⑦―⑱の配当は恵まれていないでしょう（あくまでも⑤―⑱との比較の問題ですが……）。

また、ミナレット絡みのワイドを2点ゲットしても、1点100円の投資であれば17万円強にしかなりません。これって、3連複配当の286万円とは雲泥の差といえませんか。

ＧⅠレースの中では売り上げの低いヴィクトリアＭですが、平場戦などに比べれば資金も投入されているのは説明するまでもありません。それでも、３連複、３連単ともなると、「極端に人気のない馬が馬券に絡むと買い切れない」ということを示唆しています。

簡単にいえば、ワイドで、ストレイトガールやケイアイエレガントから総流しをしている人はいたとしても、３連複、３連単で１頭軸総流しをしている人は、かなり少ないということです。

ワイドであれば、１頭を軸にして総流ししても18頭立てであれば17点で済みます。ところが、１頭軸相手17頭の３連複では１３６点、３連単では８１６点。１点１００円でも１万３６００円、８万１６００円という投資金額が必要になります。

このレース、３連複総流し程度なら行なった方もいることでしょう。なぜなら３連単は人気順通りに決まっているのに、３連複の６倍以上の配当になっているからです。５番人気→12番人気→18番人気で決着し、３連単は３連複の約７倍にあたる金額でした。

通常、人気順通りに入ると、３連単は３連複の６倍未満というケースがザラです。推測になりますが、ストレイトガールやケイアイエレガントからの３連複１頭軸総流しをしていた人は、それほど多くはないけど「いた」と思われます。

場合によっては複勝を購入するよりも、3連複総流しのほうが払い戻しも多くなる可能性が高いからです。

結果論ですが、15年ヴィクトリアMのようなレースでは、人気馬同士による決着を望むほうが難しいでしょう。1番人気の⑮ヌーヴォレコルトは前年のオークス馬ですが、久しぶりのマイル戦だったというように、順当に決着する公算は限りなく少ないレースだったと思います。

人気馬同士による決着が望めない場合は、3連複フォーメーションを考えるべきだと思います。特に穴馬からワイドを購入しようと思ってらっしゃる方には、改めて3連複フォーメーションのほうが有効と指摘しておきます。

毎回、適切な馬券を選択するのは難しいことですが、穴馬を軸にワイドをしとめようとするのであれば、3連複フォーメーションのほうが、長い目で見て、受け取る金額が大きくなるはず。

ヴィクトリアMの場合、1~3着馬のどの馬を軸にしていても、ワイド1点買いで馬券をしとめるのは難解だと思います。しかし、ストレイトガールやケイアイエレガントを軸に、「1頭─3頭─総流し」や「1頭─5頭─総流し」という3連複フォーメーションを採用していれば、的中した可能性もあったのでは……。

また、ストレイトガールとケイアイエレガントのワイドは5410円でした。もちろん、ワイドで5410円なら立派な配当なのですが、この2頭の3連複2頭軸ヒモ総流しであれば、286万馬券に手が届きます。

ミナレットの激走が読めなくても、レースが波乱になると判断できれば、総流しなど買い方次第でフォローできることもあるということです。

特に穴馬を軸にするのであれば、払い戻しにおける上ブレ、つまり**スーパーボーナスの可能性を高めておくことが重要でしょう。**上限が見えてしまうワイドよりも、3連複、3連単の買い目を考えたほうが的中した際のリターンは大きくなるはずです。

私自身もこのヴィクトリアMを外してしまいましたが、ケイアイエレガントは「推定前半3ハロン」2位、ミナレットは「推定前半3ハロン」3位だった馬。マイル以上のGIでは特に「推定後半3ハロン」上位馬を軸にすることが多いので仕方がないのですが、この東京開催は前週も前日も前残り馬場でした。レース後のラップ分析をする人は結構いますが、それと同様、**馬券の買い方も振り返って、「適切な買い方」を検証すること**は重要です。

ちなみに、1~3着馬がすべて6番人気以下で決着した平地レースは15年1月4日~16年7月31日の間で、97レースありました。この期間内に平地レースは5314レース行なわれているので、約2%の出現率です。

そのうちの51レースでワイド万馬券が飛び出しています（1~3点）。3連複はというと、そのうち49レースまでが10万馬券以上の配当でした。つまり、ワイドで万馬券を獲るよりも、3連複をしとめたほうが配当効率は高くなるのは間違いありません。

点数が広がる3連単は難しくても、ワイドで万馬券が出るような波乱模様のレースでは、3連複を購入していたほうがよりビッグチャンスが広がるということ。**人気薄の馬を軸にしようと考えたのであれば、ワイドは購入すべき馬券ではないのです。**

例えば、15年12月19日中山11RターコイズS（牝馬のハンデ重賞）を見れば、3連複>ワイドというセオリーがいっそうハッキリします。

このレースは⑯シングウィズジョイ（11番人気、単勝22・8倍）が1着、⑨ダンスアミーガ（16番人気、50・6倍）2着、⑭オツウ（15番人気、49・8倍）3着で決着。16頭立ての最低人気とブービー人気馬が馬券になるという、とんでもない波乱レースでした。

当然、馬連5万4690円、馬単9万6370円、3連複54万6240円、3連単295万4680円という特大万馬券が飛び出しました。

ワイドも、ダンスアミーガーシングウィズジョイが1万3070円、オッウーシングウィズジョイが1万1880円、ダンスアミーガーオツウが1万8740円で、3点ともすべて万馬券でした。

この組み合わせの3連複が獲れたかどうかは別にしても、ワイドとの配当差はかなり目につきませんか。

ブービー人気と最低人気馬の組み合わせでも、ワイドは2万円を超えないのです。ところが、3連複では50万円超の払い戻し。この3連複が獲れたかどうかは別にしても、穴馬同士のワイドを狙うのが、本当に効率的なのかどうかを考えるキッカケにはなることでしょう。

穴馬を見つけて軸にする際は、激走時にきっちりと馬券に結びつけるべきだとは考えていますが、だからといって、配当の低い馬券に安易に飛びつくのは間違いなのです。

ここまで単勝、複勝、枠連、ワイドという、配当面では過度な期待はできないが、比較的、的中しやすい馬券のメリット・デメリットを私なりに解説してきました。次章から高配当が狙え、現在のＪＲＡではポピュラーな馬券に属する馬連、馬単、３連複、３連単にスポットを当てていきます。

第2章

馬連から3連単まで高配当が期待できる馬券の活用法

馬連・馬単
3連複・3連単
――馬券を買う前に
コレだけは覚えておきましょう!

馬連の適切な点数と資金配分の問題

積極的に活用したい馬券のひとつが馬連です。

人気サイドの馬券でも10倍前後になることは結構ありますし、点数を絞るケースや広げていいケースを覚えておくと、さらに活用方法が広がります。

複勝、ワイドに比べて、少ない投資金額でも的中すれば破壊力はあります。おおよそ馬連の平均配当は6000円。もちろん、超特大万馬券やガチガチの堅い馬券を入れての平均配当ですが、**意外と馬連の配当は悪くない**というのは理解してもらえるのではないでしょうか。

また、極端に堅い馬券を除けば、人気サイドの馬券でも意外と配当効率はいいのも間違いありません。

2016年7月30日小倉3Rを例に説明してみることにしましょう。

このレースで私が本命（正確には中心馬）としたのが、⑫ヒワラニでした。1番人気（単勝1・8倍）と人気でしたが、この2戦は安定して2着に入り、強いメンバーも不在、牝馬限定戦かと見間違うほどのレースだったので、おそらく勝ち負けになるでしょう。

「ハイブリッド指数」（編注・久保氏が主宰するハイブリッド競馬新聞オリジナルの指数。

過去のスピード指数から算出された調整値に、今走の「追切指数」、「乗込指数」などを加味してつけられた予想指数とのことで、ハイブリッド競馬新聞の中心的存在）でも、ダントツの値を示していました。

単勝1・8倍と被った1番人気馬ですが、ここはヒワラニを中心視してよさそう。

相手には「推定前半3ハロン」「推定後半3ハロン」でともに5傑入りした①クールマギー（3番人気、8・1倍）、「推定前半3ハロン」3位で内目の枠を引いた⑤ギャディス（4番人気、9・5倍）、短距離戦ですが「推定後半3ハロン」1位の⑩ホワイトパンドラ（5番人気、15・5倍）が相手というところ。

ヒワラニ絡みの馬連オッズを比較すると、①—⑫が10・1倍、⑤—⑫10・6倍、⑩—⑫11・9倍と、いずれも10倍前後のオッズを示しています。

この中で、①—⑫は最終オッズで10倍を超えていましたが、私がオッズをチェックしたときは9倍台と買われていました。

このあたりは予算や狙い方の戦略ひとつだと思っていますが、1点買いとはならない以上、10倍未満の馬連を購入する必要があるのかは考えておいたほうがいいでしょう（このレースの場合は、最終的に10倍を超えているので、買っておくのが正解だったかもしれま

基準HB	馬場傾向	前半			後半		
40	上がり3F1位	12	ヒワラニ	32.9	10	ホワイトパンドラ	34.8
	2-3-2-7	6	ベイビーズブレス	33.3	11	エイシンミント	35.0
	4角先頭	5	ギャティス	33.4	1	クールマギー	35.2
	4-1-1-8	1	クールマギー	33.5	8	レイホーロマンス	35.2
		9	ジャストセーブラブ	33.5	14	ミサキ	35.3

18頭

芝 A 1200

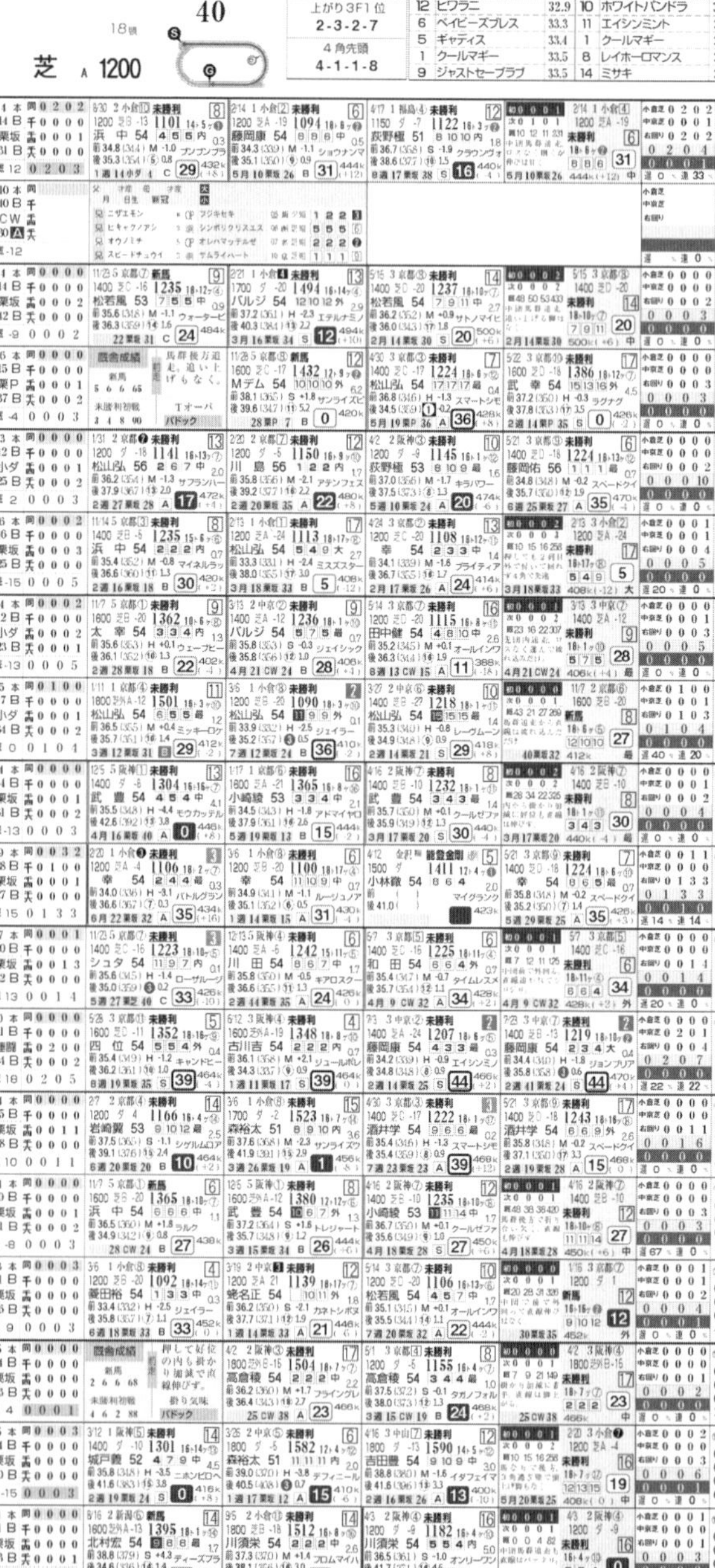

●2016年７月30日
小倉３Ｒ
（３歳未勝利、
芝1200ｍ良）

＜久保の印・予想＞
注⑤ギャディス
（４番人気、9.5倍）
注①クールマギー
（３番人気、8.1倍）
注⑩ホワイトパンドラ
（５番人気、15.5倍）
〇⑫ヒワラニ
（１番人気、1.8倍）

１着⑫ヒワラニ
２着⑩ホワイトパンドラ
３着⑨ジャストセーブラブ
単⑫180円　複⑫120円
⑩280円　⑨830円
馬連⑩ー⑫1190円
馬単⑫→⑩1630円
３連複⑨⑩⑫19270円
３連単⑫→⑩→⑨67080円

2016年07月30日（土）
2回小倉1日目

3　３歳未勝利

10:55　馬齢　㊜指

1	3ヶ月	1	▲ 注 ：	キンシャサノキセキ	フジキセキ	クールマギー	鹿毛 牝 3	ツルマルオトメ	タイキシャトル	川上 哲司	駿河牧場	11	7.6	3	▲51.0	荻野極	西 30 位 9	栗 清水調	27	16.9	335	4	352	3	0%	80%
1	中 週	2	： ： ：	オレハマッテルゼ		オドラニャソンソン	栗毛 牝 3	ナゾ	スターマン	小田切 有一	中地 康弘	12	15.2	6	56.0	武 豊	西 7 位 43	栗 佐々晶	14	30.0	347	16	368	16	0%	0%
2	2ヶ月	3	： ： ：	クロフネ	フレンチデピュティ	ブラボーウォーム	芦毛 牝 3	ブラボーサンライズ	サンデーサイレンス	松岡 隆雄	ヤナガワ牧場	11	45.8	13	54.0	松若風	西 9 位 36	栗 音 無	21	22.6	344	15	356	8	0%	50%
2	中9週	4	： ： ☆	ディープインパクト	サンデーサイレンス	サダムノンノ	鹿毛 牝 3	ショウナンカラット	ブライアンズタイム	大西 定	桑田牧場	11	97.8	18	54.0	初 国分優	西 37 位 7	栗 中尾秀	31	13.0	351	18	360	12	33%	0%
3	中9週	5	： ○ 注	ハーツクライ	サンデーサイレンス	ギャディス	鹿毛 牝 3	ロックトニック	ムーンロケット	加藤 誠	カナイシスタッド	11	15.3	7	56.0	初 バルジ	伊 位 14	栗 中 竹	34	9.4	334	3	353	6	0%	100%
3	3ヶ月	6	： ： ：	シンボリクリスエス	クリスエス	ベイビーズブレス	鹿毛 牝 3	コントローリング	ダンジグ	ノースヒルズ	ノースヒルズ	13	20.3	8	54.0	再 浜 中	西 15 位 24	栗 鈴木孝	24	19.4	333	2	366	15	0%	80%
4	2ヶ月	7	： ： ：	メイショウボーラー	タイキシャトル	メイショウウララカ	黒鹿 牝 3	メイショウキスゲ	シンボリクリスエス	松本 好雄	中脇 一幸	10	55.2	15	54.0	初 藤岡佑	西 11 位 31	栗 坂口則	23	20.8	342	12	361	14	0%	80%
4	4ヶ月	8	△ ☆ △	ハービンジャー	ダンシリ	レイホーロマンス	鹿毛 牝 3	スズカローラン	サンデーサイレンス	永井 啓弍	辻 牧場	11	9.0	4	54.0	初 岩田康	西 5 位 51	栗 橋 田	33	10.3	338	8	352	4	20%	40%
5	3ヶ月	9	： ： ：	フレンチデピュティ	デピュティミニスター	ジャストセーブラブ	鹿毛 牝 3	ハギノフェリーチェ	サンデーサイレンス	ノースヒルズ	ノースヒルズ	9	65.8	16	☆53.0	初 岩崎翼	西 31 位 8	栗 小 崎	28	15.7	335	5	357	9	0%	100%
5	中9週	10	注 △ ▲	キャプテントゥーレ	アグネスタキオン	ホワイトパンドラ	芦毛 牝 3	ベンテンヒカル	ウォーニング	北前 孔一郎	中原牧場	12	22.2	9	54.0	幸	西 16 位 23	栗 目 野	35	8.9	343	14	348	1	14%	85%
6	2ヶ月半	11	○ ▲ ○	ジャングルポケット	トニービン	エイシンミント	鹿毛 牝 3	エイシンブイブイ	サンデーサイレンス	㈱栄進堂	[illegible] 洋	10	4.6	2	54.0	和 田	西 6 位 43	栗 今野貞	37	6.7	337	7	350	2	20%	40%
6	連闘	12	◎ ◎ ◎	ディープインパクト	サンデーサイレンス	ヒワラニ	鹿毛 牝 3	ブリスクウェザー	クロフネ	名古屋友豊㈱	高橋 修	10	2.7	1	54.0	藤岡康	西 10 位 34	栗 木 原	44	-6.7	329	1	355	7	14%	85%
7	中9週	13	： ： ：	マイネルラヴ	シーキングザゴールド	ソラーレ	青鹿 牝 3	アルクトゥルス	アドマイヤベガ	阿部 東亜子	能登 浩	11	40.8	12	54.0	酒井学	西 28 位 11	栗 羽 月	28	15.1	341	11	358	10	0%	0%
7	3ヶ月	14	： ： ：	ワークフォース	キングズベスト	ミサキ	鹿毛 牝 3	ワイキューブ	アグネスタキオン	原 禮子	岡田スタッド	10	37.8	11	△52.0	初 義英真	西 34 位 8	栗 平 田	27	16.6	339	9	353	5	0%	0%
7	[illegible]	15	☆ ： ：	スタチューオブリバティ	ストームキャット	ダンガンウーマン	鹿毛 牝 3	アルセイド	アグネスタキオン	ロイヤルパーク	まるとみ冨岡牧	9	9.0	5	54.0	初 川 田	西 3 位 73	栗 岡 田	20	24.0	340	10	359	11	0%	33%
8	3ヶ月	16	： ： ：	タイキシャトル	デヴィルズバッグ	テレチャウ	栗毛 牝 3	ショコラン	グラスワンダー	有イクタ	ムラカミファーム	10	26.6	10	54.0	高倉稜	西 32 位 8	栗 福島信	22	21.2	349	17	361	13	0%	100%
8	3ヶ月	17	： ： ：	ヴァーミリアン	エルコンドルパサー	コンスタンシー	青鹿 牝 3	コンフィデンファ	バブルガムフェロー	永田 和彦	エムエム、ヤマダ	9	91.1	17	54.0	再 松山弘	西 14 位 24	栗 鈴木孝	19	25.0	336	6	369	17	0%	66%
8	9ヶ月半	18	： ： ：	ニューイングランド 初	サンデーサイレンス	ウララ	芦毛 牝 3	パールレディ	クロフネ	吉澤 克己	青南ムラカミファ	11	48.4	14	54.0	初 北村友	西 12 位 27	栗 森田直	21	22.8	342	13	379	18	0%	50%

せんが……）。

結局、⑤―⑫、⑩―⑫の2点のみ馬連を購入。他に、ヒワラニを1頭軸とし相手を6頭にした3連複（15点）を購入しました。

1番人気馬から馬連を購入する際は、おおむね5点以内に収めるようにしましょう。ヒワラニのように1倍台であれば、2～3点に留める必要があります。

メンバーやレースの性質次第だとは思いますが、1番人気馬を軸にする場合、馬連は絞って購入することがひとつのポイント。逆にいうと、1番人気馬を軸にして馬連の点数が絞れない場合は、2、3着に人気薄馬が来ることを予想していると思いますので、馬連にこだわる必要はないのです。

レースはヒワラニが2着馬に1馬身4分の1差をつける快勝。2着は相手馬の1頭に指名したホワイトパンドラ。3着はクビ差で13番人気（82・1倍）のジャストセーブラブが入り、狙っていたクールマギーは4着に敗れてしまいました。

残念ながら3連複は不的中となってしまいましたが、馬連は的中。2000円分の購入だったので、2万3800円の払い戻しに。3連複が外れてしまった分、大儲けとはなりませんでしたが、馬連に投じた金額だけを見れば、約6倍の払い戻しです。

3連複1万9270円も工夫次第で獲れたレースだとは思いますが、馬連だけの的中でも、ある程度の利益を出すことはできました。

このレースでは、馬連の2点とも金額配分を同じ（1点2000円）にしましたが、馬連を購入する場合に悩ましいのが投資金額の設定でしょう。

配当に関わらず1点の投資金額を同じにするのか、本線だと思っている馬券を厚く張り、点数ごとに差をつけて金額を配分するのかというテーマがついて回ります。

このレースでは2点ともさほどオッ

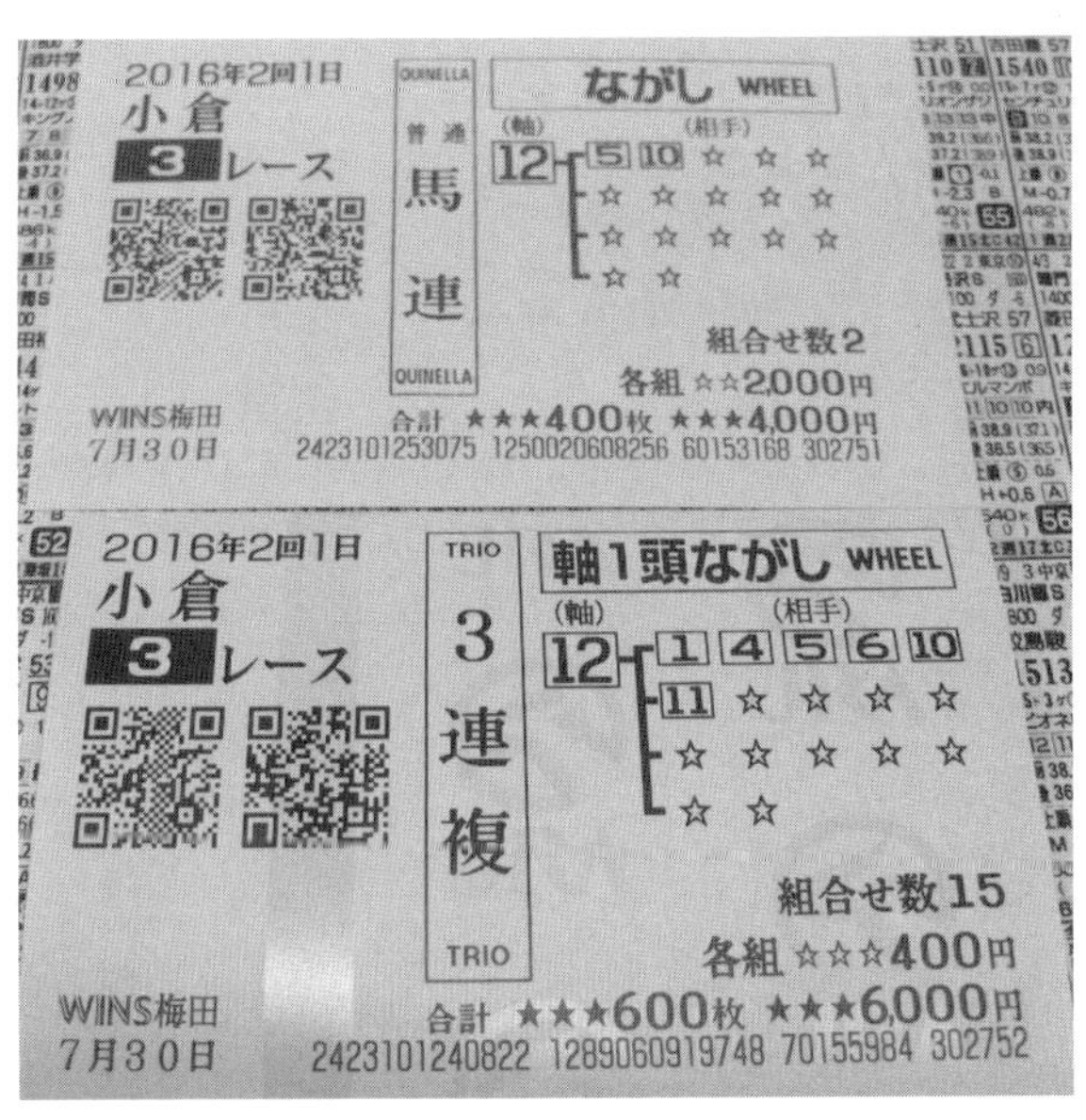

ズ差がなく10倍前後を示していたこと、予想上、明確な差がなかったため同額で購入しました。1点あたりの投資金額を同じに設定するのと、差をつけて配分（以降、**傾斜配分**）するのでは、どのような問題が生じるかを検証しましょう。

傾斜配分をせず、均等購入した場合は、オッズ差がある馬券で払い戻しが大きく異なることが予想されます。

例えば、馬連を3点購入するとして、1点目が3倍、2点目が10倍、3点目が20倍だったとしましょう。1点1000円と仮定すると、1点目の的中では元返し、2点目、3点目の的中では投資金額以上の払い戻しとなりますが、1万円、2万円とでは倍違います。

軸馬から3点とも差がない予想であれば、仕方がないのかもしれませんが、オッズ差がありすぎると、儲からないことや、ときにはトリガミの問題が浮上します。仮に1点目が2・5倍の場合、同額で3点購入してしまうと、せっかく的中してもトリガミです。

傾斜配分も2パターンに分類することができます。

ひとつは払い戻し総額を同じようにする場合。最近、流行りの「合成オッズ」という言葉でも表現されているように、オッズによって1点あたりの投資金額を変えていくというものです。

この場合、予想の自信度と金額の配分は関係ありません。1点目3倍、2点目10倍、3点目20倍の場合、合成オッズは約2倍です。総額3000円の投資なら、1点日に2100円、2点目に600円、3点目に300円という配分になります（合成オッズの計算式については説明すると長くなりますので割愛します）。

つまり、3000円の投資がどの目で的中しても、払い戻しが6000円前後になるという計算です。

1点1000円の均等購入に比べて、3倍の馬券でもきっちりと利益が出るものの、10倍、20倍の馬券では収益が大幅に減ってしまいます。馬券が的中した際に、必ず資金を増やすという意味では、合理的な買い方だと思いますが、ちょっと無味乾燥にも映るのは私だけでしょうか……。

また、合成オッズを使用する際は、PCやタブレットを駆使しオッズを読み込んでおくのは必須条件。一日中ネットに張り付いて馬券が買える環境が整っていないとうまくいかないでしょう。

私のように、競馬場やウインズで実際の馬券を購入して勝負する身にとっては、使い勝手がいいとは限りません。払い戻し総額を揃える傾斜配分の方法は、在宅競馬向きといってよさそうです。

では続いて、自分の予想の自信度によって傾斜配分する場合についても考えてみることにしましょう。

自分の予想と、馬連の傾斜配分のコツ

傾斜配分といってもあまり、差をつけすぎるのは考えもの。**本線の馬連や、他の目に比べて倍率がどうしても低い際に1点や2点ほど厚く買うことを**オススメします。

2016年2月14日京都7Rを例に解説をします。

このレースで1番人気（単勝2・4倍）だったのが①ツーエムマイスターでした。ただ、「ハイブリッド指数」「推定前半3ハロン」では3位という具合で、1番人気になるほどではなさそう。信頼度が高くないわりに、人気に推されている感じがします。

2番人気（4・3倍）が⑫メンカウラー。ところが、クラス実績は【0－0－1－11】という具合で、これまた信用の置けない人気馬といっていいでしょう。前走で3着に入っていますが、少なくとも勝ち切るイメージは沸きません。

そこで軸にしたのが、⑩プレフェリートです。4番人気（6・4倍）なら妙味もあるはず。一度勝利している条件でもあり、「ハイブリッド指数」1位、「推定前半3ハロン」5位、「推定前半3ハロン」2位と、両方とも5傑入り。加えてそこそこ馬券妙味もあるなら軸でいいでしょう。

相手は3番人気（5・5倍）の⑨アヴェーヌモンです。同馬は「推定前半3ハロン」1位でした。このクラスでも連対はあるし、少なくともツーエムマイスターよりは前に行ける可能性も高いと判断。基本的に**ダート短距離戦は「推定前半3ハロン」上位馬を狙うのが得策**です。

レースは1番人気ツーエムマイスターが逃げられず。「推定前半3ハロン」1位となったアヴェーヌモンがハナを奪い逃げ込みを図るところを、プレフェリートが差し切って1着となりました。2着アヴェーヌモン、3着メンカウラーの順で決着。

馬券はプレフェリートから、ツーエムマイスター、ウエスタンラムール、レンズフルパワー、アヴェーヌモンの馬連4点を購入。本線である⑨—⑩の馬連のみ2000円購入し、他は1点1000円ずつとしました。

本線⑨—⑩の馬連配当は2190円。2000円の購入だったので、5000円の投資

基準HB
45

16頭

ダート1200

馬場傾向
上がり3F1位
4-2-0-2
4角先頭
4-0-1-3

前半			後半		
9	アヴェーヌモン	34.8	7	レンズフルパワー	36.1
6	リリーヴィクトリー	35.0	10	ブレフェリート	36.4
1	ツーエムマイスター	35.1	16	アシドベリー	36.5
5	スリーチアサウス	35.2	12	メンカウラー	36.6
10	ブレフェリート	35.2	9	アヴェーヌモン	36.7

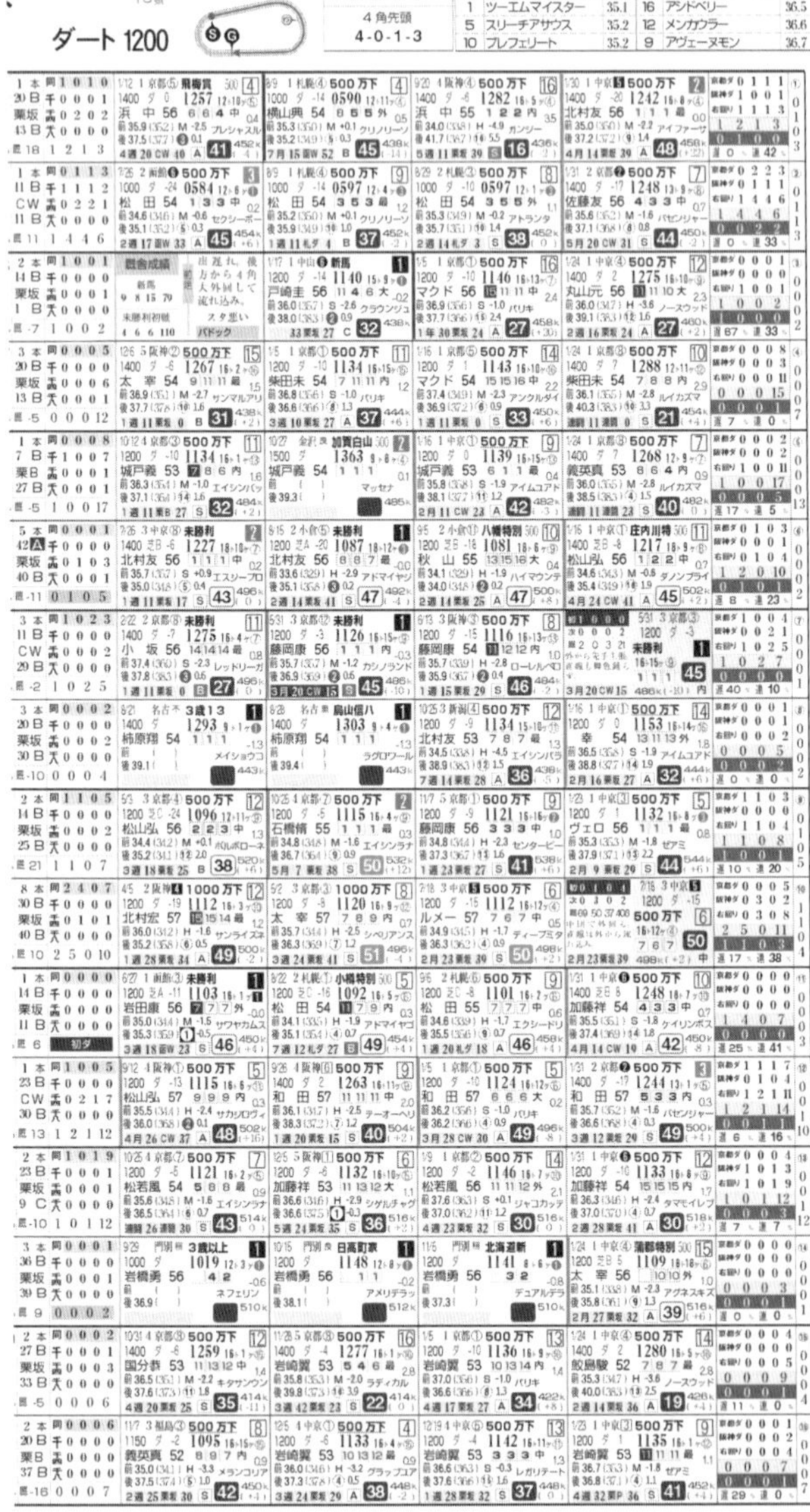

●2016年2月14日
京都7R
（4歳上500万下、
ダート1200m不良）

1着⑩プレフェリート
2着⑨アヴェーヌモン
3着⑫メンウカラー

単⑩640円　複⑩210円
⑨210円　⑫170円
馬連⑨ー⑩2190円
馬単⑩→⑨4680円
3連複⑨⑩⑫2010円
3連単⑩→⑨→⑫15730円

2016年02月14日(日)
2回京都6日目

7　13:20

4歳上500万下

定量　(混)(指)

1	中1週	1		○ 注 ▲	ツーエムマイスター	メイショウボーラー	タイキシャトル	アウロラハート	ゴールドアリュール	黒鹿 牡4	57.0	初 藤岡佑	西 0	栗 本田優	水谷 昌晃	丸幸小林牧場	12	2.5	1	48	1.9	351	3	373	10	57% 100%
1	中1週	2		△ ▲ △	ウエスタンラムール	クロフネ	フレンチデピュティ	ウエスタンクィーン	エルコンドルパサー	黒鹿 牡4	57.0	初 高倉稜	西 27 2	栗 崎山	西川 賢	ウエスタンファー	13	23.2	7	43	6.9	354	7	372	8	6% 93%
2	中2週	3		: : :	サンマルスカイ	アルデバラン	ミスタープロスペクター	ジョウノオーロラ	サンデーサイレンス	鹿毛 牡4	57.0	初 内田博	東 4 0	栗 牧浦充	相馬 勇	三城牧場	12	61.3	12	25	24.8	356	10	377	13	33% 0%
2	中2週	4	(地) B	: : :	アイファーハート	サムライハート	サンデーサイレンス	ニシノマズルカ	ウォーニング	黒鹿 牝4	55.0	柴田未	西 60 0	栗 坪憲	中島 稔	川上牧場	15	63.5	13	26	23.7	365	16	368	6	16% 8%
3	中2週	5		: : ☆	スリーチアサウス	サウスヴィグラス	エンドスウィープ	チャームカーニバ	アサティス	鹿毛 牝5	55.0	初 水口優	西 34 1	栗 大橋	永井商事㈱	グランド牧場	11	45.8	11	42	8.1	352	4	375	11	5% 55%
3	中3週	6		: : :	リリーヴィクトリー	マンハッタンカフェ	サンデーサイレンス	マルヴァーンスプリ	シルヴァーデピュティ	黒鹿 牡4	57.0	再 池添	西 7 7	栗 池添兼	土井 孝夫	三嶋牧場	11	24.1	8	35	14.8	350	2	378	14	0% 100%
4	8ヶ月	7		: : :	レンズフルパワー	エンパイアメーカー	[illegible]	キャロルブラボー	キャロルハウス	鹿毛 牡4	57.0	再 小坂	西 37 0	栗 奥村豊	田畑 富子	宮内牧場	13	31.4	10	41	8.3	355	8	361	1	87% 12%
4	中3週	8	(地)	: : :	ネオヴォーグ	スウェプトオーヴァ	エンドスウィープ	プラチナキャスト	ティンバーカントリー	芦毛 牝4	55.0	初 荻野琢	西 42 1	栗 平田	小林 仁幸	メイプルファーム	13	164.9	16	31	19.0	356	9	379	15	0% 25%
5	中2週	9	(外)	◎ ◎ 注	アヴェーヌモン	[illegible]	[illegible]	プリンセスメリッサ	マークドトー	鹿毛 牡4	57.0	初 岩田康	西 5 7	栗 中竹	加藤 誠	Justice	13	4.2	3	44	6.2	348	1	367	5	11% 88%
5	7ヶ月	10	降	注 △ ◎	プレフェリート	ヘンリーザナビゲーター	キングマンボ	パンドゥッチ	ロッシーニ	鹿毛 牡5	57.0	初 ヴェロ	仏 5	栗 安田隆	金子真人ホール	千代田牧場	13	8.0	4	50	-0.9	352	5	364	2	29% 52%
6	中1週	11		: : :	サウンドドゥイット	コンデュイット	[illegible]	シージョー	フジキセキ	鹿毛 牡4	57.0	初 小牧太	西 10 6	栗 吉田直	増田 雄一	三嶋牧場	14	15.0	5	33	16.4	357	11	383	16	0% 0%
6	中1週	12	(外) B	▲ ○ ○	メンカウラー	テイルオブザキャット	ストームキャット	ティズメントーブ	ティズナウ	黒鹿 セ5	57.0	和田	西 9 6	栗 小崎	前田 幸治	Caroline	11	4.1	2	49	0.9	357	12	366	4	43% 25%
7	中1週	13		: : :	ゴマスリオトコ	オレハマッテルゼ	サンデーサイレンス	アッチッチ	アフリート	黒鹿 牡4	57.0	初 田辺	東 6 6	栗 音無	小田切 有一	高野牧場	11	30.0	9	29	21.1	362	14	368	7	28% 21%
7	中2週	14	(地)	☆ : :	トップオブテーラー	タイキシャトル	デヴィルズバッグ	プレアデス	ラストタイクーン	鹿毛 牡4	57.0	初 田中勝	東 43 0	栗 石橋守	中西 浩一	北田 剛	12	19.1	6	34	15.8	354	6	376	12	0% 100%
8	中2週	15	(地)	: : :	イチザラブ	タイムパラドックス	ブライアンズタイム	リトルラブソング	マイネルラヴ	鹿毛 牝4	55.0	初 鮫島良	西 62 0	栗 坪憲	奈良崎 孝一郎	小野瀬 晃司	12	66.0	14	26	23.9	364	15	372	9	0% 16%
8	中2週	16	(地)	: ☆ :	アシドベリー	スウェプトオーヴァ	エンドスウィープ	ワイルドベリー	フジキセキ	鹿毛 牝4	55.0	初 酒井学	西 23 3	栗 柴田光	(有)橋本牧場	橋本牧場	12	124.6	15	39	10.4	357	13	365	3	0% 28%

が4万3800円に。他に3連複20・1倍を500円分購入していたので、総額1万4500円の投資が5万4300円になりました。馬連が本線で決まったため、利益を上積みすることができたのです。

傾斜配分の際は、このように「本線のみ、やや厚く張る」という方法がオススメです。

このレースの場合、馬連に投じた総額は5000円。それを本線である⑨―⑩に3000円や4000円といった金額で配分するのはヤリすぎです。本線以外の馬券が的中した際に、妙味が薄くなってしまうからです。

2016年2回6日
京都
7 レース
普通 馬連 QUINELLA
1 - 10 ☆☆1,000円
2 - 10 ☆☆1,000円
7 - 10 ☆☆1,000円
9 - 10 ☆☆2,000円
馬単 EXACTA
10 ▶ 1 ☆☆1,000円
☆ ▶ ☆ ☆☆☆☆☆☆円
☆ ▶ ☆ ☆☆☆☆☆☆円
JRA 京都
2月14日
合計 ★★★600枚 ★★★6,000円
0808101014387 1056410772374 10061565 301670

2016年2回6日
京都
7 レース
TRIO 3連複 TRIO
フォーメーション
10 - 1 9 - 1 2 5 6 7 9 11 12 13 16
☆ ☆
組合せ数17
各組 ☆☆☆500円
JRA 京都
2月14日
合計 ★★★850枚 ★★★8,500円
0808101014168 2841200482257 50061564 301670

もっと本線を厚く張りたいのであれば、1点勝負でもよかったはず。1点では勝負できない中での本線馬券の役割と意味をよく考えてみてください。

ここまで紹介してきたように、馬連馬券は皆さんが思っている以上に戦略性の高い馬券です。

1番人気馬から馬券を購入する際に、馬連が有効活用できるということも再確認できました。1点あたりの投資金額も、予想や考え方で変わってくることでしょう。

それでは、1番人気以外の「2～5番人気」というような、ある程度上位の人気馬から馬連を購入する場合、どのようにしたらいいのでしょうか。

基本は先の京都7Rのように、点数を5点以内に収められるかがポイントです。

ただし、1番人気―2番人気の組み合わせの馬連は、なるべく購入しないようにしましょう。上位2頭による馬連を購入するときは、1点に絞れるとか配当妙味が思った以上にあるというような場合に限られます。

京都7Rも1、2番人気が飛んだとはいえ、3、4番人気馬の1、2着でした。ともに、単勝一ケタオッズに支持されているわりに、馬連2190円という配当は妙味があったと判断することができます。

　ある程度、上位人気馬同士の連対でも、配当妙味のある馬券が馬連なのです。1番人気馬が連対を外すと、上位人気馬同士による決着でも10～20倍前後の馬券がハマります。


　2016年3月20日阪神12Rは、⑭サウススターマンが1番人気（4・0倍）でした。しかし、「ハイブリッド指数」5位、「推定前半3ハロン」「推定後半3ハロン」もともに5傑入りしていますが、やや人気になりすぎている感があります。単勝オッズが4倍の1番人気というように、混戦ムードのレースだったのです。

　そこで、軸にしたのが4番人気（6・0倍）の⑬ペプチドウォヘッドです。「推定後半3ハロン」1位の馬でもあり、ダート1400m戦なら差しが決まっても不思議はありません。ひと叩きされての上積みも期待できます。

　3歳時はオープン馬相手でも善戦していた馬ですし、ペースが少しでも速くなれば上位も期待できるという状況。

　そこでペプチドウォヘッドから、「推定後半3ハロン」2位の②サンライズマーチ（3番人気、5・1倍）、「推定前半3ハロン」1位の④マズルファイヤー（5番人気、6・2

倍）、⑨アイアムナチュラル（7番人気、17・8倍）、「ハイブリッド指数」1位、「推定前・後半3ハロン」ともに5傑入りの⑮リリーウイナー（2番人気、5・1倍）、そして一応、1番人気のサウススターマンの5点を馬連で購入しました。

配当は次の通りです。

・②サンライズマーチ―⑬ペプチドウォヘッド……26・6倍
・④マズルファイヤー―⑬ペプチドウォヘッド……24・2倍
・⑨アイアムナチュラル―⑬ペプチドウォヘッド…68・4倍
・⑬ペプチドウォヘッド―⑭サウススターマン……15・4倍
・⑬ペプチドウォヘッド―⑮リリーウイナー……18・7倍

アイアムナチュラルとの組み合わせは50倍を超えますが、他の組み合わせは10～20倍台でした。そこで、5点の中でも有力だと思っていた②―⑬、⑬―⑮をまず2000円ずつ購入。⑬―⑭は1番人気の⑭サウススターマンを信用しているわけではありませんが、配当も15倍前後を示していたため、本線と同様に2000円配分。残りの2点は1000円ずつの購入です。

レースは「ハイブリッド指数」1位が示していたように、前で押し切ったリリーウイナーが1着。2着に直線一気に追い込んだペプチドウォヘッド、3着がマズルファイヤーという結果でした。馬連⑬―⑮18・7倍を2000円分的中し、3万7400円をゲットです。

10～20倍台の配当を、一撃必殺で10万円や20万円にするのは難しいものの、点数をある程度絞り込んで購入してさえいれば、的中＝コツコツと資金が増えていくことに繋がるのは間違いありません。

この阪神12Rの場合、混戦模様といっても、人気薄を含めたうえでの混戦というよりは、上位人気馬同士での組み合わせが難解だったレースといっていいでしょう。

上位人気馬が割れていて、1番人気以外を軸にする際の馬連は、このレースのように意外とオイシイ馬券になりがちなのです。

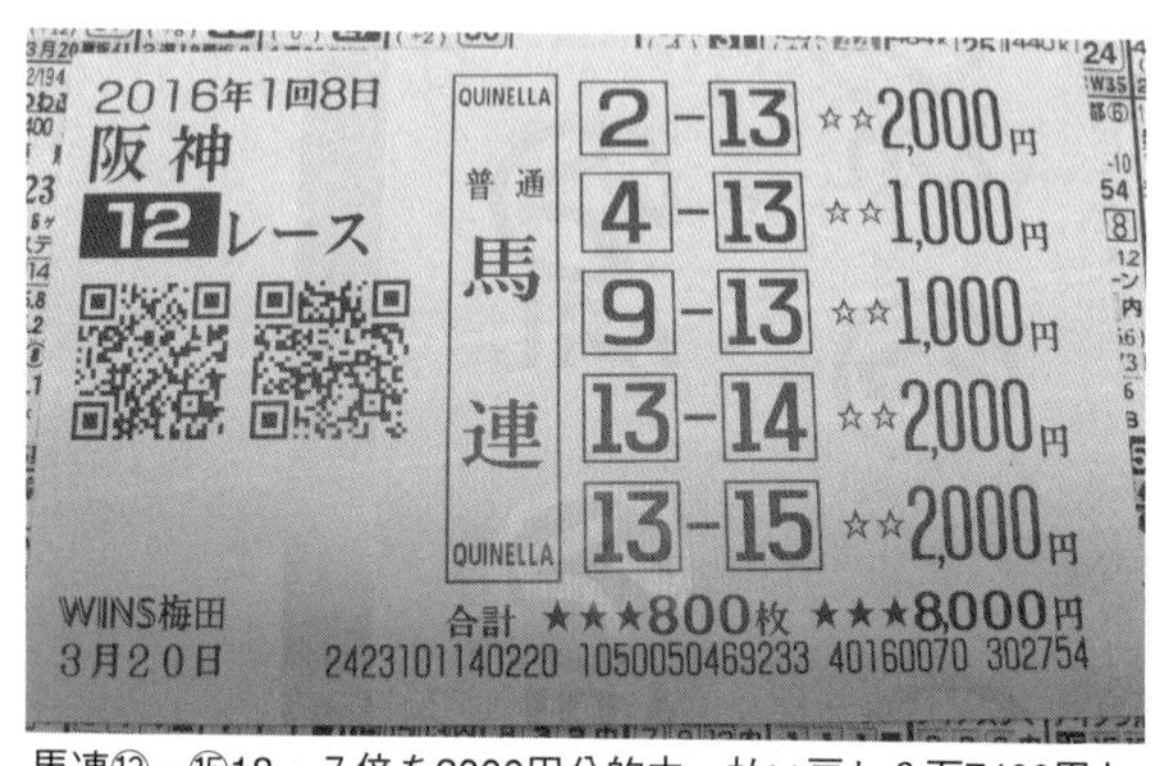

馬連⑬ー⑮18・7倍を2000円分的中。払い戻し3万7400円となりました。

軸にする馬の人気次第で買い方に変化をつけられ、柔軟な対応ができるのが、馬連のメリットだと思います。次項ではさらに検証してみましょう。

軸馬が6番人気以下の人気薄なら、馬連総流しも辞せず

6番人気以下の人気薄馬を軸に馬連を購入する際は、基本的に多点買いが賢明です。今までのように5点以内に収める必要はありません。いや、正確に記せば、手広く流さないと痛い目を見るレースが増えると思います。

そもそも、6番人気以下の馬が軸だと思ったということは、そのレースが波乱となる確率が高いと判断したからでしょう。少なくとも上位馬に何かしらの不安があると考えたはずです。

6番人気以下の2頭で連対決着したレースは、2015年1月4日～16年7月31日で、280レースありました。全体のレースの約5％です。

出現率が高いというわけではありませんが、土日で24レースなら1週間に1本強の計算。2場開催なら1日どこかの競馬場で1本強、3場開催なら2本弱飛び出す計算になるので、思いのほか目にすると思います。

参考までに、1、2着馬が6番人気以下で決着したレース数を、別掲に掲載しておきましょう。やはり、レース数の多い2、3歳の未勝利戦、500万下条件で飛び出すケースは多くなりますが、確率的にはGⅢ、1600万条件の高額条件のほうが高く出現します。

人気薄（=6番人気以下）を軸に馬連を購入する際、総流しや手広く流すべしと主張するのは、馬連でも一撃必殺が可能だからです。

集計期間内の馬連の平均配当は約6000円ですが、6番人気以下の2頭で決まった280レースの馬連平均配当は約3万6000円。仮に18頭立てで総流しを敢行しても17点です。

もちろん、6番人気以下の馬から流しても1～5番人気馬が相手になってしまうケースもあるとは思いますが、上位人気馬が飛んだ際の配当はやはり強烈なインパクトがあるもの。私は毎回、総

●6番人気以下の2頭で連対したレース数（クラス別）

クラス	レース数	総レース数	出現確率
・新馬	23	(404)	5.7%
・未勝利	73	(1865)	3.9%
・500万下	107	(1706)	6.3%
・1000万下	38	(673)	5.6%
・1600万下	20	(285)	7.0%
・オープン特別	7	(185)	3.8%
・GⅢ	9	(110)	8.1%
・GⅡ	2	(55)	3.6%
・GⅠ	1	(33)	3.0%

（　）の数字は期間内における総レース数、その右は出現確率

らです。

流しを提唱しているわけではなく、軸馬の人気によっては有効な戦略のひとつと考えるか

残念ながら馬券は的中させることはできませんでしたが、「こんな決着でも馬連は凄くつく！」という例が夏競馬で出現していました。

16年7月30日小倉11RのKBC杯です。

1着は6番人気（単勝8・9倍）の⑧サンライズホーム。そして⑫テイエムジンソク（1番人気、4・4倍）が2着に粘ろうとしたところに、⑯イクラトロ（12番人気、105・0倍）が差し込みました。

6番人気と12番人気馬の決着であり、万馬券にはなると思いましたが、なんと馬連は6万6280円という超配当に！

サンライズホームは6番人気といっても、10倍未満のオッズの馬であり、軸にしていた方も多いのではないでしょうか。配当から推測すると、2着のイクラトロが抜けてしまったことでしょう。ただ、1番人気で結果的に3着となったテイエムジンソクの単勝が4・4倍というように、オッズ的に波乱ムードが漂っていたのも確かです。

仮にサンライズホーム―テイエムジンソクの2頭で決まった際の馬連は16・3倍。サン

ライズホームが連対すれば、総流し（15点）をしても、ほぼチャラ以上が見込める状況でした。

また、仮にイクラトロを軸にしていた人がいるとしましょう。単勝万馬券の馬が馬券に絡めば、上位人気馬が相手でも高配当が望め、ついつい点数を絞りたくなることでしょう。

データ上、1〜5番人気のうち1頭は95％のレースで連対するからです。

12番人気イクラトロから1番人気テイエムジンソクとの馬連でも340倍ありました。以下、2番人気⑨メイショウヒコボシ（5・0倍）との馬連が400・6倍、3番人気①パワーポケット（5・3倍）との馬連が458・6倍、4番人気⑮サージェントバッジ（6・5倍）との馬連が434・6倍、5番人気⑥クラウンシャイン（6・6倍）との馬連が483・3倍というもの。

上位人気5頭に流すだけでも、300倍以上の馬連であれば魅力的です。95％のレースで1〜5番人気馬のうちの1頭が連対することを考えると、5点に収めたくなるのも事実。しかし、このレースのように、たった1点ケチってしまったがために662・8倍を逃すケースも少なからず存在するのです。

6番人気以下の2頭で1、2着するケースは5％しかありませんが、その中には凄いお宝が眠っていることも少なくありません。人気薄を軸にして馬連を購入する際は、総流しか手広く流すのがベターでしょう。総流しをしておいて、本線と思う馬や気になる馬を少し厚く買う方法もあるはずです。

6番人気以下の2頭で1、2着した280レース中236レースが万馬券による決着。人気薄を軸にして馬連を購入する際は、「さらに人気薄を連れてきて！」とか「300倍以上！」ということを願っても、欲張っているとはいえないのです。

とはいっても、なかなか人気薄の馬を1頭ピックアップし馬券を購入する

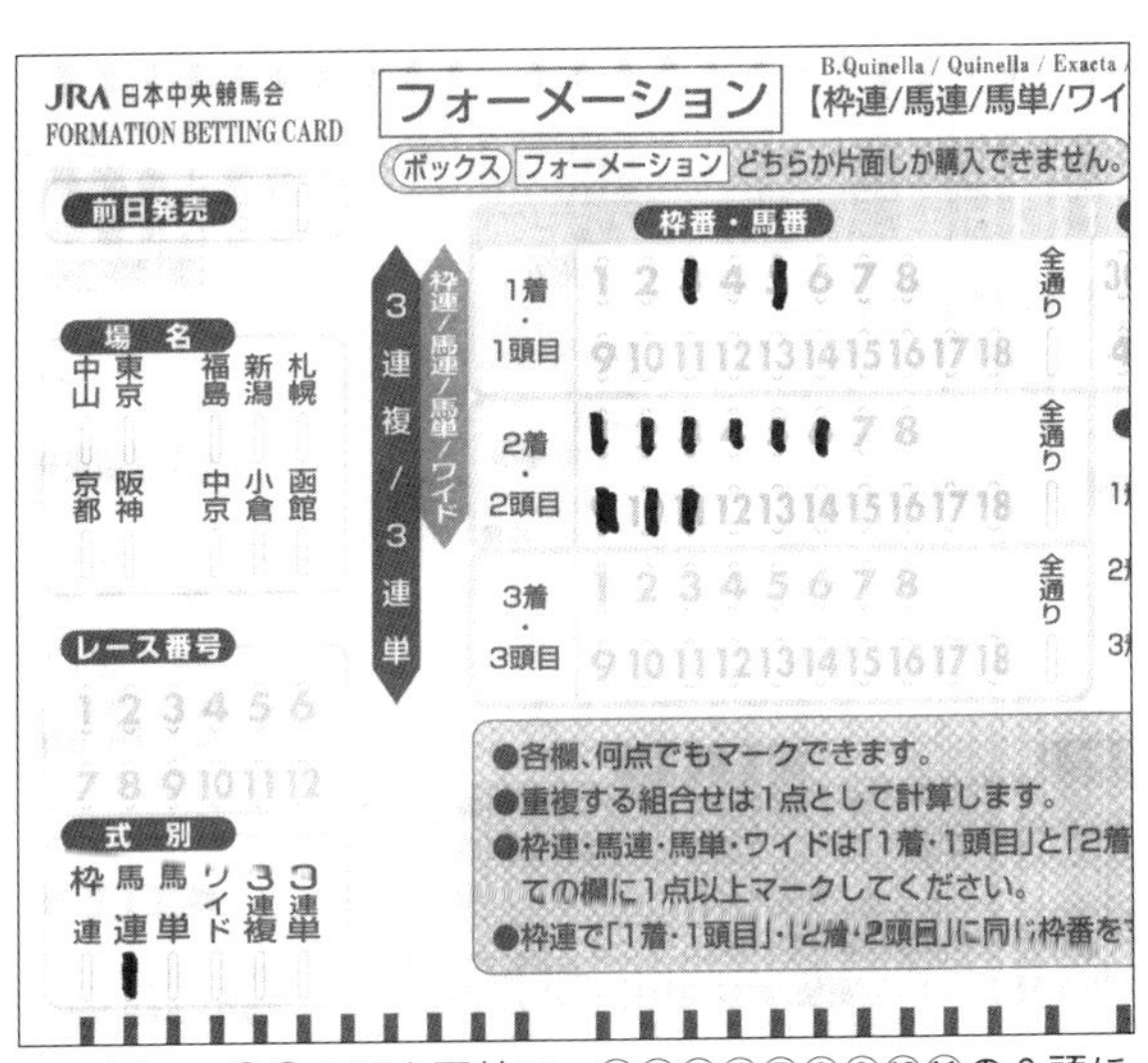

この例は、③⑤2頭を両軸に、①②③④⑤⑥⑨⑩⑪の9頭に流したもの。総点数は15点となる。

のは難しいもの。そこで私が提案するのが、馬連の軸を2頭ピックアップする方法です。馬連フォーメーション（赤いマークシート）の1頭目に2頭、2頭目に気になる馬を数頭マークします（P111の例参照）。

18頭立ての場合で、仮に2頭から総流しをかけると33点になりますが、2頭のうちの1頭は人気のない馬を意識していれておくと、高配当を獲ることが可能です。ぜひ、覚えておいてほしい買い方なので、次にじっくりと解説することにしましょう。

馬連2頭軸流しのパターンとボックス馬券

馬連2頭軸流しのフォーメーションというと、点数が増えてしまうと思われるかもしれませんが、先述したように18頭立てのフルゲートで総流ししても33点です。軸にした2頭にプラス5頭（1頭目2頭、2頭目7頭のマーク）なら11点で済みます（各券種のフォーメーション点数等はJRAホームページでも確認できます）。

少し古い例ですが、成功例から紹介することにしましょう。

2015年11月23日京都10R花背特別（3歳上1000万下）は、8番人気（単勝19・8倍）の⑨アドマイヤシャイが狙い馬の1頭でした。3歳馬の昇級戦ですが、即通用する

「レースレベル」で勝ち上がってきた馬（編注・ハイブリッド新聞のレベル分類による）。

昇級初戦の馬は、即通用するタイプ、叩かれつつ通用するようになるタイプ、まったく通用しないタイプの3パターンに分かれます。ハイブリッド新聞では過去の「レースレベル」から通用するかしないかを判断することができます。

宣伝はこれくらいにして？　1番人気（3・7倍）に推されていた⑪バスタータイプも3歳馬で昇級戦でした。同馬も通用するレースレベルによる昇級でしたが、同じような状況下であれば、当然、配当妙味のある馬が狙いとなります。

もう1頭、人気薄で気になったのが、4歳馬で昇級戦の⑤メジャーシップ。11番人気（41・0倍）とまったく人気がありません。こちらも即通用する「レースレベル」

WIN5 3　16頭

ダート 1800

基準HB **53**

馬場傾向	
上がり3F1位	3-5-1-2
4角先頭	5-3-1-2

前半			後半		
12	ジューンロディ	36.4	2	エアカミュゼ	36.1
10	ヒラボククラウン	36.6	14	クールエイジア	36.2
3	コパノチャーリー	36.6	4	スズカルパン	36.4
9	アドマイヤシャイ	36.6	7	タガノプリンス	36.5
11	バスタータイプ	36.8	8	トウケイウイン	36.6

馬	4走前	3走前	2走前	前走	成績	
1 本 同0 0 0 1 21日 左0 0 0 6 栗坂 右1 3 2 3 30日 芝0 0 0 0 馬 -5 1 3 2 12	5/16 2東京⑦ 秋川特別 1000 [10] 1800 芝B -15 1346 13+10ヶ⑪ 柴山雄 57 11 12 10 中 0.9 前36.5(35.3) M +0.5 パロンドゥフ 後34.9(34.8) ④ 0.9 2週 20 栗坂 48 A 51 446k(-12)	6/28 1函館4 津軽海峡 1000 [9] 1700 ダ -30 1444 11+8ヶ⑩ 丹内 57 6 6 8 中 1.6 前36.4(35.6) H -0.3 トミケンユー 後37.0(35.9) ⑧ 1.1 5週 24 函W 26 A 44 452k(+6)	10/25 4京都⑦ 大山崎特 1000 [10] 1400 ダ -5 1243 16+6ヶ⑮ 古川吉 57 16 14 13 最 0.8 前36.2(34.5) H -2.5 テーオーヘリ 後36.5(37.0) ④ 0.7 3月 34 栗坂 38 A 50 458k(+6)	11/14 5京都③ 枚方特別 1000 [13] 1400 ダ -10 1248 16+15ヶ⑮ 岩崎翼 57 7 9 9 大 1.8 前35.5(34.2) H -2.5 ポメグラネイ 後37.7(36.7) ⑫ 1.4 2週 24 栗坂 30 A 41 470k(+12)	京都ダ 0 0 0 4 阪神ダ 0 0 0 2 右回り 1 3 2 9 1 3 2 19 1 0 1 1 逃 36 追 16	① 0 0 0 11
9 本 同2 2 0 4 31日 左0 0 0 0 CW 右1 0 0 0 32 A 芝0 0 0 0 馬 1 3 2 0 4	5/2 3京都③ 1000万下 [1] 1800 ダ -8 1522 14+11ヶ[1] ルメー 57 5 4 6 外 -0.2 前37.8(37.3) S -0.1 スズカウラノ 後36.9(37.4) ❷ 0.2 2週 28 CW 13 A 58 498k(-6)	7/6 3中京❷ 瀬尾特別 1000 [7] 1800 ダ -16 1516 16+5ヶ⑤ 浜中 57 5 7 5 内 1.0 前37.1(36.4) H -1.0 エクストラゴ 後38.0(37.4) ⑨ 1.4 8週 21 CW 29 S 52 502k(+4)	8/16 2新潟⑥ 瀬波温泉 1000 [6] 1800 ダ -4 1541 15+4ヶ❸ Mデム 57 4 3 3 最 1.2 前37.3(36.9) S -0.4 アルタイル 後38.2(37.3) ⑯ 1.6 5週 28 CW 16 S 50 506k(+4)	紹1 0 1 0 次1 1 0 1 馬57 49 59.372 この脚で8着下、抑えながら逃走し押し切った 12/6 2中京⑥ 1800 ダ -4 500万下 [1] 16+10ヶ⑧ 2 2 2 51 6月 33 CW 28 508k(+12) 内	京都ダ 1 1 0 1 阪神ダ 0 1 0 1 右回り 2 2 0 2 3 3 2 7 0 1 0 2 逃 0 追 40	② 1 2 0 3
3 本 同1 4 2 4 25 A 左0 0 0 0 CW 右1 1 1 1 13日 芝0 0 0 0 馬 -8 2 5 3 5	8/2 1札幌② 大通特別 1000 [2] 1700 ダ -13 1443 13+6ヶ❾ 藤岡康 54 2 2 2 内 0.1 前36.5(36.2) M -1.4 マイネルオフ 後37.5(37.6) ❸ 0.1 1週 23 函W 43 A 57 502k(-10)	8/16 1札幌⑥ 大雪H 1000 [3] 1700 ダ -14 1441 13+13ヶ[1] ルメー 54 3 3 3 中 0.0 前36.5(36.1) M -1.7 サクラエール 後37.5(37.8) ⑤ 0.7 1週 26 函W 45 A 56 502k(0)	9/6 2札幌⑥ 釧路湿原 1000 [4] 1700 ダ -14 1448 13+5ヶ❸ 松田 54 2 2 2 内 0.4 前36.3(36.3) M -1.2 メイショウス 後37.7(37.5) ⑥ 0.8 2週 17 札ダ 29 A 50 502k(0)	11/1 4京都⑨ 北國新聞 1000 [10] 1800 ダ -6 1530 16+15ヶ❻ シュタ 55 5 4 7 内 1.4 前37.0(36.5) M -1.0 メイショウウ 後38.5(37.5) ⑯ 1.9 7週 10 CW 15 S 46 502k(0)	京都ダ 0 1 1 3 阪神ダ 1 2 1 0 右回り 2 4 3 5 2 5 3 5 0 2 1 0 逃 7 追 46	③ 0 1 1 2
2 本 同3 8 5 27 20日 左0 1 1 1 CW 右0 0 0 1 46日 芝0 0 0 0 馬 0 3 9 7 34	5/31 3京都⑫ 與杼特別 1000 [8] 1800 ダ -3 1545 16+2ヶ❿ 岩崎翼 57 5 5 4 最 1.9 前37.1(36.7) M -1.7 グッドマイス 後39.9(38.4) ⑨ 2.4 1週 23 CW 32 A 44 462k(+2)	9/20 4阪神④ 吹田特別 1000 [4] 1800 ダ -6 1525 16+5ヶ⑧ 岩田康 57 9 8 11 中 0.4 前38.1(36.8) M -1.0 スマートボム 後37.4(37.8) ④ 0.5 3月 14 CW 35 A 55 468k(+6)	10/10 4京都① 愛宕特別 1000 [4] 1800 ダ -11 1512 16+5ヶ⑩ 和田 57 6 5 5 中 0.2 前37.9(37.3) M -0.8 テイエムグン 後36.7(37.9) ④ 0.7 2週 20 CW 30 A 57 466k(-2)	11/1 4東京⑨ 三峰山特 1000 [11] 1600 ダ -2 1389 16+15ヶ⑦ 岩田康 57 8 10 11 中 0.9 前37.5(36.4) S +0.5 アールプロセ 後36.0(36.9) ⑯ 0.5 2週 30 CW 36 A 49 452k(-14)	京都ダ 2 5 3 19 阪神ダ 0 4 2 11 右回り 2 9 5 31 3 9 7 35 0 2 1 6 逃 6 追 22	④ 0 2 1 15
2 本 同1 2 0 3 14日 左0 0 0 0 CW 右1 0 1 1 11日 芝0 0 0 0 馬 -10 2 2 1 5	9/6 2小倉⑫ 500万下 [4] 1700 ダ -35 1442 13+2ヶ④ 高倉稜 57 8 11 10 内 0.6 前36.5(35.6) H -1.9 サンデーウィ 後36.9(37.5) ❷ 0.7 1週 15 CW 28 A 46 504k(0)	9/21 4阪神⑤ 500万下 [2] 1800 ダ -6 1554 13+4ヶ⑧ 高倉稜 57 1 1 1 最 0.1 前39.2(39.2) S +1.8 レッドルグラ 後37.5(37.4) ⑦ 0.9 1週 11 CW 13 B 46 498k(-6)	10/10 4京都① 500万下 [2] 1800 ダ -11 1525 12+9ヶ⑦ 高倉稜 57 2 2 2 内 0.0 前37.8(37.5) S +0.5 オンワードパ 後36.9(37.0) ④ 0.5 2週 14 CW 16 B 48 500k(+2)	11/1 4京都⑨ 500万下 [1] 1800 ダ -6 1527 9+8ヶ❾ 高倉稜 57 2 2 2 内 -0.2 前37.9(37.7) S +0.6 ニシオボヌー 後37.0(37.1) ❷ 0.3 2週 14 CW 11 S 53 502k(+2)	京都ダ 1 1 0 1 阪神ダ 0 1 0 1 右回り 2 2 1 4 2 2 1 8 1 0 0 2 逃 8 追 30	⑤ 0 0 0 0
3 本 同1 0 0 1 27日 左1 0 1 2 栗坂 右0 0 0 0 15日 芝0 0 0 0 馬 -11 2 0 1 3	11/16 5京都④ 未勝利 [1] 1400 ダ -7 1258 15+15ヶ❶ 北村友 55 5 3 3 中 -0.7 前36.0(35.6) M -2.1 ウエスタンラ 後37.3(37.7) [1] -0.3 [illegible] 34 [illegible] 29 A 40 492k(-4)	9/26 4阪神⑥ 500万下 [12] 1400 ダ 2 1267 16+4ヶ⑪ 北村友 55 11 11 11 内 2.4 前36.1(34.7) H -2.5 テーオーヘリ 後38.7(37.2) ⑫ 1.6 1年 24 栗坂 19 S 36 502k(+10)	10/17 4京都④ 500万下 [1] 1800 ダ -12 1523 11+3ヶ④ 小牧太 55 5 5 4 最 -0.1 前37.0(36.5) M -1.8 ジューンロデ 後37.7(38.3) [1] -0.7 2週 27 栗坂 24 S 52 500k(-2)	11/1 4京都⑨ 北國新聞 1000 [4] 1800 ダ -6 1519 16+6ヶ⑥ 北村友 53 8 9 9 中 0.3 前37.6(36.5) M -1.0 メイショウウ 後36.9(37.5) ⑤ 0.3 1週 34 栗坂 17 S 52 500k(0)	京都ダ 2 0 0 2 阪神ダ 0 0 0 1 右回り 2 0 0 3 2 0 1 3 0 0 0 0 逃 17 追 33	⑥ 0 0 0 1
1 本 同1 2 4 8 14日 左0 1 0 8 栗P 右1 0 0 4 42 A 芝0 0 0 0 馬 -2 2 3 5 25	4/26 2東京② 1000万下 [5] 1600 ダ -8 1379 16+2ヶ⑧ 田中勝 57 16 15 15 外 0.9 前37.7(34.8) H -2.5 マノワール 後36.0(37.3) [1] -0.3 3月 17 栗坂 27 A 50 458k(-10)	5/30 2東京⑪ 1000万下 [7] 1600 ダ -5 1383 16+10ヶ⑪ 田中勝 57 13 15 15 中 0.5 前37.9(36.3) S -0.3 クラシックメ 後35.7(36.6) [1] 0.0 4週 37 栗坂 38 A 51 462k(+4)	6/20 3阪神⑤ 鷹取特別 1000 [6] 1800 ダ -12 1527 14+10ヶ⑦ 幸 57 9 9 9 中 0.9 前39.1(37.7) S +1.1 カラパナビー 後36.8(36.6) ⑤ 0.4 2週 33 栗坂 42 A 50 464k(+2)	11/8 5京都❷ 1000万下 [6] 1800 ダ -29 1502 10+3ヶ⑨ 岩崎翼 56 8 8 8 内 1.7 前38.7(36.7) H -1.7 ウエスタンレ 後36.1(37.4) ❷ 0.2 4月 24 栗P 28 S 45 468k(+4)	京都ダ 1 1 0 8 阪神ダ 0 2 3 8 右回り 2 3 3 20 2 3 5 30 0 0 0 6 逃 25 追 12	⑦ 0 2 3 23
2 本 同1 0 1 5 27日 左0 0 0 0 栗坂 右0 0 1 3 38日 芝0 0 0 0 馬 -4 2 3 5 10	8/22 2小倉❼ TVQ杯 1000 [4] 1700 ダ -27 1434 14+14ヶ⑫ 太宰 57 14 14 13 内 0.2 前37.2(35.5) H -1.6 ブライトアイ 後36.1(37.1) [1] -0.4 4週 19 栗坂 28 A 54 456k(+22)	9/12 4阪神① 鳥取特別 1000 [4] 2000 ダ -11 2050 16+5ヶ❾ 太宰 55 6 9 10 最 0.8 前36.6(35.1) H -3.1 スリータイタ 後38.1(38.2) ⑧ 0.7 2週 28 栗P 37 A 50 448k(-8)	10/10 4京都① 愛宕特別 1000 [9] 1800 ダ -11 1517 16+11ヶ⑪ 太宰 57 14 12 12 大 0.7 前39.3(37.1) M -0.8 テイエムグン 後36.3(37.9) ❷ 0.3 3週 37 栗坂 38 A 54 448k(0)	11/1 4京都⑨ 北國新聞 1000 [3] 1800 ダ -6 1518 16+10ヶ⑩ 太宰 55 13 11 7 外 0.2 前38.3(36.5) M -1.0 メイショウウ 後36.7(37.5) ❸ 0.1 2週 25 栗坂 32 S 56 456k(+8)	京都ダ 0 3 2 3 阪神ダ 2 0 1 3 右回り 2 3 4 9 2 3 6 14 0 1 0 1 逃 20 追 20	⑧ 0 0 1 5
3 本 同1 2 1 2 31日 左0 0 0 1 栗坂 右0 0 0 0 16日 芝0 0 0 0 馬 14 2 2 1 3	6/27 3阪神❼ 500万下 [3] 1800 ダ -24 1508 11+5ヶ[1] 福永 52 3 3 2 中 0.1 前36.7(36.4) H -0.8 パフュームボ 後37.0(37.2) ❷ 0.3 1週 28 栗坂 9 S 49 442k(0)	7/18 3中京❺ 500万下 [11] 1800 ダ -13 1547 16+3ヶ❶ 福永 52 4 3 4 中 3.3 前37.0(36.2) H -1.4 オールブラッ 後40.6(37.6) ⑮ 3.1 2週 44 栗坂 16 S 29 444k(+2)	10/10 4京都① 500万下 [13] 1400 ダ -11 1268 16+15ヶ❾ 岩田康 53 9 10 11 外 2.3 前35.6(34.0) H -4.3 シンダーズ 後39.4(38.3) ⑫ 2.8 2月 20 栗坂 26 A 24 444k(0)	10/31 4京都⑧ 500万下 [1] 1900 ダ -6 1589 8+3ヶ⑥ 小牧太 53 1 1 1 内 -0.6 前36.9(36.8) M -1.2 ヒラボクレジ 後38.0(38.0) ④ 0.2 2週 43 栗坂 30 S 55 444k(0)	京都ダ 2 1 0 2 阪神ダ 0 1 1 0 右回り 2 2 1 2 2 2 1 3 0 0 1 1 逃 0 追 50	⑨ 0 0 0 0
3 本 同0 0 0 0 12日 左0 0 0 1 栗坂 右0 0 0 0 40日 芝2 1 0 3 馬 -7 2 3 0 5	3/15 2中京② 昇竜S OP [9] 1400 ダ -2 1258 12+9ヶ⑩ 松田 56 4 5 5 中 1.6 前35.1(34.6) H -3.0 アキトクレッ 後38.6(37.6) ⑧ 1.8 1週 19 栗坂 31 S 41 464k(-2)	5/17 3京都⑧ 葵S OP [15] 1200 芝D -14 1092 16+12ヶ⑭ 加藤祥 56 3 5 7 中 1.2 前34.7(34.0) M 0.0 ジャストドウ 後34.5(34.0) ⑮ 1.2 8週 14 栗坂 33 A 44 466k(+2)	7/19 2福島⑥ 鶴ケ城特 1000 1150 ダ 16+6ヶ❶ 田中勝 54 取消 左肩跛行のため出走取消 8週 16 栗坂 31	9/27 4阪神⑦ 1000万下 [14] 1200 ダ -5 1142 15+6ヶ⑨ 中谷 55 6 7 10 中 2.8 前35.9(34.8) M -1.8 パーティード 後38.3(36.6) ⑭ 2.8 4月 26 栗坂 33 A 29 476k(+10)	京都ダ 1 1 0 2 阪神ダ 1 0 0 1 右回り 2 3 0 4 2 3 0 6 2 0 0 0 逃 0 追 45	⑩ 0 0 0 1
4 本 同2 4 2 0 22日 左0 0 0 0 栗坂 右0 0 0 0 32日 芝0 0 0 0 馬 10 2 4 2 0	3/21 1阪神⑦ 500万下 [2] 1800 ダ -20 1516 16+3ヶ❼ 和田 56 5 3 3 中 0.1 前36.8(36.0) H -1.8 シンゼンガン 後37.5(37.8) ❷ 0.2 2週 19 CW 22 S 48 504k(+4)	4/18 2阪神⑦ 500万下 [3] 1800 ダ -14 1528 12+9ヶ❶ 和田 56 3 2 3 内 0.1 前37.9(36.5) H -1.2 スマートボム 後37.6(37.7) ⑤ 0.6 3週 26 CW 35 A 47 508k(+4)	5/10 3京都⑥ 500万下 [3] 1800 ダ -5 1534 13+8ヶ❸ 和田 56 4 4 4 外 0.5 前37.5(36.9) M -0.8 ダノングッド 後37.7(37.7) ⑥ 0.6 2週 23 CW 39 S 47 508k(0)	10/25 4京都⑦ 500万下 [1] 1800 ダ -5 1527 13+2ヶ❶ 和田 55 3 3 3 最 -0.2 前38.0(37.6) S -0.6 ストロベリー 後37.9(38.2) ⑧ 1.1 5月 17 栗坂 42 A 50 514k(+6)	京都ダ 2 1 1 0 阪神ダ 0 2 1 0 右回り 2 4 2 0 2 4 2 0 0 1 0 0 逃 0 追 75	⑪ 0 0 0 0
1 本 同1 1 0 0 26日 左0 0 0 0 栗坂 右0 0 0 0 36日 芝0 0 0 0 馬 21 1 1 0 0	5/17 1新潟⑥ 未勝利 [1] 1400 芝B -4 1229 16+8ヶ❸ 松田 56 6 5 4 中 -0.2 前34.3(33.6) H -3.8 ベツァオバー 後36.8(37.4) ④ 0.3 3週 19 栗坂 45 B 41 488k(-8)	9/12 4阪神① 500万下 [13] 1400 芝A -15 1219 18+6ヶ④ 松田 55 7 6 7 内 0.8 前34.8(33.9) H -1.7 タマモイヤリ 後35.7(35.6) ⑬ 1.6 3月 24 栗坂 41 B 44 494k(+6)	10/17 4京都④ 500万下 [2] 1800 ダ -12 1524 11+5ヶ❻ 和田 55 1 1 1 最 0.1 前36.5(36.5) M -1.8 タイユール 後38.4(38.3) ❷ 0.7 4週 38 栗坂 42 S 49 496k(+2)	11/7 5京都① 500万下 [1] 1800 ダ -9 1517 12+5ヶ❸ 和田 55 1 2 1 最 -0.7 前36.5(36.5) M -1.4 サンライズア 後37.9(37.9) ❸ 0.2 2週 36 栗坂 43 S 54 498k(+2)	京都ダ 1 1 0 0 阪神ダ 0 0 0 0 右回り 1 1 0 0 2 3 0 3 0 0 0 0 逃 0 追 62	⑫ 0 0 0 0
6 本 同0 0 0 0 22日 左0 0 0 0 CW 右0 0 0 0 21日 芝0 0 0 0 馬 13 初ダ	5/16 3京都⑦ 白川特別 1000 [3] 2400 芝外D -8 2286 10+5ヶ❼ 幸 56 6 6 5 中 0.1 前38.4(36.2) S +1.4 ダノンマック 後34.4(34.8) ❷ 0.4 2週 48 CW 36 B 55 486k(-2)	5/31 2東京⑫ 青嵐賞 1000 [4] 2400 芝C -25 2256 18+8ヶ❻ 戸崎圭 57 2 3 4 最 0.2 前37.3(36.9) M +2.0 グランドサッ 後34.9(34.9) ⑯ 0.8 1週 66 CW 29 B 55 488k(+2)	9/5 2小倉⑪ 玄海特別 1000 [6] 2000 芝B -18 2011 15+14ヶ⑯ 川須栄 56 7 4 6 中 0.5 前37.8(36.7) S +2.0 マサハヤドリ 後34.8(34.7) ⑪ 0.7 3月 28 CW 40 B 55 490k(+2)	9/26 4中山⑥ 九十九里 1000 [6] 2500 芝C -16 2359 11+2ヶ⑤ 戸崎圭 57 6 8 8 最 0.4 前39.0(38.2) S +3.5 スティーグリ 後34.5(34.7) ⑤ 0.5 2週 47 栗坂 25 B 54 490k(0)	京都ダ 0 0 0 0 阪神ダ 0 0 0 0 右回り 0 0 0 0 3 0 1 9 0 0 0 0 逃 8 追 23	⑬ 0 0 1 6
1 本 同1 0 0 1 11日 左0 0 0 0 南P 右0 0 0 0 6日 芝0 0 0 0 馬 -9 2 0 0 2	7/19 2福島⑥ 南相馬特 500 [11] 2000 芝B -11 2022 14+14ヶ⑩ 柴田善 54 1 2 1 最 0.9 前35.8(35.8) M +0.4 スパーブデイ 後36.3(35.4) ⑪ 1.7 3週 24 南D 34 A 43 454k(+2)	9/20 4中山④ 500万下 [13] 1800 ダ -12 1554 16+8ヶ⑩ 三浦皇 54 16 9 10 内 1.4 前39.3(37.4) M -1.5 ロックキャン 後39.6(38.9) ⑯ 1.6 8週 13 南P 28 A 39 462k(+8)	10/3 4中山❽ 500万下 [1] 1800 ダ -24 1533 13+6ヶ⑩ 柴田善 55 8 6 5 外 -0.2 前38.2(37.8) S +0.4 クロフネフリ 後37.0(37.4) [1] 0.0 1週 11 南D 0 B 48 458k(-4)	11/1 4東京⑨ 三峰山特 1000 [9] 1600 ダ -2 1387 16+1ヶ⑬ 柴田善 55 12 10 11 最 0.7 前37.5(36.4) S +0.5 アールプロセ 後35.9(35.9) ④ 0.4 3週 18 南D 31 A 49 458k(0)	京都ダ 0 0 0 0 阪神ダ 0 0 0 0 右回り 1 0 0 1 2 0 1 5 2 0 0 0 逃 25 追 25	⑭ 0 0 0 1
1 本 同0 2 2 4 11日 左0 0 0 0 栗坂 右0 0 1 1 17日 芝0 0 0 0 馬 18 3 3 4 8	4/19 2阪神⑧ 1000万下 [1] 2000 ダ -14 2053 15+6ヶ❻ 川田 57 3 3 4 最 -0.0 前35.8(36.4) H -1.5 ハナズリベン 後36.6(36.9) ❷ 0.2 2週 19 栗坂 28 A 57 504k(-2)	10/10 4京都① 愛宕特別 1000 [11] 1800 ダ -11 1520 16+15ヶ⑤ 川田 57 8 7 8 中 1.0 前38.2(37.1) M -0.8 テイエムグン 後37.3(37.9) ⑯ 1.3 5月 31 栗坂 42 A 51 494k(-10)	10/24 4京都⑥ 1000万下 [4] 1900 ダ -8 1596 9+2ヶ④ 菱田裕 57 3 4 3 内 0.6 前37.9(36.9) M +1.0 ダノングッド 後36.0(35.9) ④ 0.2 1週 26 栗坂 27 A 54 496k(+2)	11/8 5京都❷ 1000万下 [3] 1800 ダ -29 1495 10+2ヶ⑤ 菱田裕 57 3 3 3 内 1.0 前37.2(35.7) H -1.7 ウエスタンレ 後36.5(37.4) ④ 0.6 1週 26 栗坂 23 S 51 500k(+4)	京都ダ 2 2 2 2 阪神ダ 1 1 1 4 右回り 3 3 4 7 3 3 4 9 0 0 1 1 逃 11 追 31	⑮ 1 0 1 4
2 本 同1 1 6 10 33日 左0 1 0 0 CW 右1 0 0 0 19日 芝0 0 0 0 馬 -12 3 2 6 13	5/24 1新潟⑨ 白馬岳特 1000 [14] 1800 ダ -13 1587 15+14ヶ④ 川須栄 57 6 11 14 内 6.3 前36.3(34.5) H -5.6 エリーフェア 後44.7(40.1) ⑬ 6.4 3月 11 栗坂 30 B 4 500k(+8)	9/20 4阪神④ 吹田特別 1000 [10] 1800 ダ -6 1543 16+9ヶ⑮ 浜中 57 15 15 14 大 2.2 前39.3(36.8) M -1.0 スマートボム 後38.5(37.8) ⑨ 1.6 3月 19 CW 22 A 42 498k(-2)	10/18 4京都⑤ 1000万下 [10] 1800 ダ -12 1530 11+11ヶ⑦ 岩田康 57 9 9 8 外 2.0 前37.9(35.6) H -3.4 サージェント 後39.1(39.0) ⑦ 2.3 3週 30 栗坂 25 B 41 494k(-4)	11/1 4東京⑨ 三峰山特 1000 [12] 1600 ダ -2 1391 16+13ヶ⑮ 松岡 57 6 3 2 中 1.1 前36.8(36.4) S +0.5 アールプロセ 後36.8(35.9) ⑭ 1.3 1週 23 栗坂 15 A 48 494k(0)	京都ダ 0 2 2 6 阪神ダ 1 0 2 2 右回り 2 2 4 8 3 2 6 15 2 0 1 1 逃 23 追 19	⑯ 0 0 2 10

●2015年11月23日 京都10Ｒ花背特別（３歳上1000万下、ダート1800ｍ良）

＜久保の印・予想＞
◎⑨アドマイヤシャイ
（８番人気、19.8倍）
○⑤メジャーシップ
（11番人気、41.0倍）

１着③コパノチャーリー
２着⑨アドマイヤシャイ
３着⑫ジューンロディ
単③1620円　複③500円
⑨620円　⑫190円
馬連③－⑨16840円
馬単③→⑨30060円
３連複③⑨⑫22050円
３連単③→⑨→⑫212170円

2015年11月23日（月）
5回京都7日目

10 花背特別

15:10　３歳以上1000万下　定量　㊋指

枠	間隔	馬番	印	印	印	馬名	父	父の父	記号	毛色 性齢	母	母の父	頭数	オッズ	人気	馬主	生産者	斤量	騎手	所属	調教師	指数							
1	[illegible]	1	：	：	：	エルフショット	フジキセキ	サンデーサイレンス	[illegible]	青鹿 セ 5	スウィートエルフ	ヤマニンクロス	13	56.2	14	㈱ヒダカ・ブリ	槇本牧場	57.0	初 松田	西 19 30	栗 柴田光	45	13.7	371	6	374	11	50%	38%
1	3ヶ月	2	△	▲	◎	エアカミュゼ	キングカメハメハ	キングマンボ	降	黒鹿 牡 4	ツインクルヴェール	サンデーサイレンス	13	6.8	3	㈱ラッキーフィ	ノーザンファーム	57.0	再 ルメー	西 3 96	栗 池江寿	58	-2.3	384	14	361	1	33%	88%
2	中2週	3	：	◎	：	コパノチャーリー	アグネスデジタル	クラフティプロスペクター		栗毛 牝 3	コパノニキータ	ティンバーカントリー	12	20.1	10	小林 祥晃	ヤナガワ牧場	55.0	初 松山弘	西 8 65	栗 村山	50	8.4	366	3	375	12	40%	93%
2	中2週	4	：	：	：	スズカルパン	スズカマンボ	サンデーサイレンス		鹿毛 牡 6	ルンルンスズカ	ラムタラ	14	19.6	9	永井 宏明	岡野牧場	57.0	初 アッゼ	英 2	栗 西橋	52	6.7	377	11	364	3	54%	26%
3	中2週	5	：	：	☆	メジャーシップ	クロフネ	フレンチデピュティ	[illegible] 昇	鹿毛 牡 4	アタランテ	デインヒル	13	60.5	15	阿部 栄乃進	阿部 栄乃進	57.0	高倉稜	西 34 12	栗 崎山	52	5.8	377	10	368	6	20%	50%
3	中2週	6	：	○	△	タイユール	ワイルドラッシュ	ワイルドアゲイン		芦毛 牝 3	タイトーク	ブラックタイアフェアー	13	7.4	4	前田 幸治	鳥井牧場	55.0	北村友	西 23 26	栗 安田隆	53	4.9	374	8	369	8	50%	50%
4	中1週	7	：	：	：	タガノプリンス	ワイルドラッシュ	ワイルドアゲイン		鹿毛 牡 7	タガノクィーン	サンデーサイレンス	11	68.7	16	八木 秀之	新冠タガノファー…	57.0	岩崎翼	西 26 19	栗 石橋守	47	11.6	389	15	365	4	42%	14%
4	中2週	8	：	注	▲	トウケイウイン	ゴールドヘイロー	サンデーサイレンス		黒鹿 牡 5	ピサノガレー	ブライアンズタイム	13	18.3	7	木村 信彦	中村 和夫	57.0	太宰	西 25 22	栗 飯田祐	56	2.6	381	13	366	5	65%	45%
5	中2週	9	注	☆	○	アドマイヤシャイ	キンシャサノキセキ	フジキセキ	昇	黒鹿 牝 3	ブロードアピール	ブロードブラッシュ	12	12.3	6	近藤 利一	ノーザンファーム	53.0	小牧太	西 12 46	栗 梅田智	56	2.3	366	4	380	15	37%	87%
5	中7週	10	：	：	：	ヒラボククラウン	キングカメハメハ	キングマンボ		栗毛 牡 3	ゴーカロライナ	ラーイ	13	56.0	13	㈱平田牧場	下河辺牧場	55.0	初 ボウマ	豪 0	栗 須貝尚	39	18.9	366	2	385	16	20%	90%
6	中3週	11	▲	：	：	バスタータイプ	ホワイトマズル	ダンシングブレーヴ	昇	鹿毛 牡 3	グローバルソング	ブライアンズタイム	11	3.1	1	村上 稔	藤原牧場	55.0	和田	西 13 43	栗 佐藤正	51	6.8	368	5	375	13	50%	100%
6	中1週	12	◎	：	注	ジューンロディ	メイショウボーラー	タイキシャトル	昇	鹿毛 牡 3	ホッコーシャープ	スキャン	13	5.1	2	吉川 潤	高昭牧場	55.0	初 川田	西 7 88	栗 今野貞	55	3.0	364	1	380	14	100%	100%
7	中7週	13	☆	：	：	レッドルーラー	キングカメハメハ	キングマンボ		鹿毛 牡 5	ザゼルロワイヤル	[illegible]	9	18.6	8	㈱東京ホースレ	ノーザンファーム	57.0	初 浜中	西 6 03	栗 角居	44	14.4	396	16	371	10	0%	0%
7	中2週	14	：	：	：	クールエイジア	ダンスインザダーク	サンデーサイレンス		鹿毛 牡 3	メイプルダンス	アサート	10	37.1	12	[illegible]	成隆牧場	55.0	初 シュタ	独 15	美 鈴木伸	49	9.5	378	12	362	2	50%	50%
8	中1週	15	○	△	：	ヨヨギマック	スクリーンヒーロー	グラスワンダー	降	栗毛 牡 4	ザベキンハート	サンデーウェル	12	7.5	5	一村 哲也	荒木 貴宏	57.0	菱田裕	西 18 30	栗 岡田	51	7.2	375	9	368	7	27%	44%
8	中2週	16	：	：	：	ゴダール	ウォーエンブレム	アワエンブレム	初	黒鹿 牡 5	セシルカット	サンデーサイレンス	11	30.3	11	金子真人ホール	ノーザンファーム	57.0	再 幸	西 9 58	栗 吉田直	47	11.4	372	7	370	9	54%	45%

にありました。

狙いたい馬が2頭とも人気薄だったので、馬連2頭を軸にしたフォーメーション馬券を購入。相手馬は2頭を含めて7頭。2頭—7頭の馬連フォーメーションは11点です。

レースの結果は、1着が③コパノチャーリー（7番人気、16・2倍）、2着は軸に指名したアドマイヤシャイというもの。馬連は1万6840円の万馬券決着でした。

これを1000円購入していたので、約17万円の払い戻しです。より人気薄を軸にしようと、メジャーシップ1頭だけだったら外れていました（同馬は12着）。気になる馬が2頭いる場合は、無理に削らず、素直に2頭軸の馬連フォーメーションで正解なのです。

2頭軸流しで課題があるとすれば、やはりヒモの点数でしょう。

最大でも33点ですが、10～20点程度に収まれば、この京都10Rのように厚く買うこともできますが……ここで失敗例をひとつ挙げておきましょう。

16年3月26日阪神2Rでは、⑨インヴィジブル（8番人気、23・3倍）と⑮クリノプラハ（9番人気、28・1倍）の2頭をピックアップ。両馬を含んだ6頭を2頭目欄にマークしていました（合計9点）。

ところが、レースはノーマークだった⑧ロードレグナム（4番人気、10・3倍）が勝利。2着には狙い馬だった⑨インヴィジブルが好走したのですが、馬連は外れてしまいました。馬連は7880円というもので、万馬券にこそなりませんでしたが、好配当なのは間違いありません。

2頭を軸に馬連フォーメーションを購入する場合でも、ある程度、手を広げておいたほうがいいのは間違いなさそうです。1点あたりの金額を落としても、的中を目指すのがベターでしょう。

馬連2頭軸流しは、2頭とも人気薄の際が一番、大物が引っかかるパターンですが、1頭を人気馬、2頭目を人気薄馬という方法もあります。

また2頭とも人気馬の場合、ヒモを人気薄のみに

⑨は２着も、１着の⑧が抜け。馬連は7880円もついただけに……痛恨！

するという手もあるでしょう。どちらのパターンでも配当が30倍以上になっているのが理想的です。

配当のバランスが取れている馬連だからこそ、さまざまな買い方が可能になるメリットがあるのです。

3連複、3連単に比べると破壊力で見劣るのは仕方がないこと。しかし、点数を絞る場合、点数を広げる場合でも、3連系の馬券ほどには広がらないはずです。馬券力をつけるという意味でも、馬連の買い方は覚えておいたほうがいいでしょう。

また、軸を必ずしも決める必要がないケースや、軸が決まらない場合にはボックス買いで対応することが適切な局面もあります。

ボックス買いは、複数頭の狙い馬が平等評価の際に使用するもの。下級条件においては、混戦で軸を決めるポイントが見つけにくいこともよくあります。そういった場合は、ボックス馬券の出番です。

馬連でボックス馬券を購入する場合も、いくつかパターンが存在します。

ひとつ目は、軸馬が決められず何頭か候補馬がいる場合。

ふたつ目は、主力となる馬が3頭（ないしは4頭）に絞れても、その3、4頭に差のない場合です。この応用としては、軸が圧倒的人気の際、あえてタテ目を拾ってボックスにしておくというパターンです。

ひとつ目のパターンでは、上位人気と人気薄の馬をうまく組み込むことがキモ。仮に馬連5頭ボックス（10点）を購入するとして、そのうちの5頭が1～5番人気馬ではまったく妙味がありません。

レースの性質やメンバーによって異なるとは思いますが、**意識的に5頭の中に人気薄を2頭程度は組み込むのがポイント**。そもそも軸が決められないほどの混戦レースで、人気上位馬同士の馬連ボックスはつまらない馬券ですし、非効率といわざるを得ません。

人気馬同士であれば、上限はよくても20～30倍。5頭ボックスであれば総点数は10点なので、うまくいけば投資した2～3倍になることでしょう。ただ、トリガミやほとんど儲からないケースが多く含まれているはずです。

軸馬が決まらないようなレースで、あまりにも堅すぎる馬券を購入するのは長い目で見てマイナスです。確かに、意識的に人気薄を2頭程度入れるとしても、結果として堅く収まることもあるでしょう。レースの見立てが間違っていれば起こりえる話ですし、ちょっとした差で堅くなってしまうことも競馬ではよくある話です。

馬券が的中した例ではありませんが、16年3月21日中山11RフラワーCの結果を元に解説しましょう。

結果を先に記すと、1着は1番人気（2・9倍）の⑨エンジェルフェイス、2着が2番人気の③ゲッカコウ（6・7倍）、3着に14番人気⑩ウインクルサルーテ（96・6倍）という入線。馬連は1、2番人気のワンツーのため1120円というものでした。

事前の見立てでは、「ハイブリッド指数」で基準値を超える馬はおらず混戦というものでした。軸を決めるのが難しいレースであったのは間違いなく、馬連5頭とか6頭ボックスを敢行する条件にあてはまっていたといっていいでしょう。

仮に1、2番人気馬の2頭を入れておいても、混戦レースであれば、人気薄にも目を配っておきたいというところ。結果として1、2着は堅く収まったのですが、2、3着はハナ差。仮に、2、3着が入れ替わって、エンジェルフェイス―ウインクルサルーテの馬連だったとすると106・6倍でした。ウインクルサルーテをピックアップできたかは別として、たったハナ差で堅くなってしまった例でした。

逆にいうと、混戦レースはちょっとした差で着順が入れ替わってしまうので、馬連ボックスを購入するときは積極的に人気薄も絡めることにしたほうがいいでしょう。

16年3月6日阪神10Rポラリスsは、①セカンドテーブルが出走を取り消し11頭立てのレースに。1番人気（1・5倍）と抜けた人気の⑦グレイスフルリープ。「ハイブリッド指数」も1頭抜けて高く、頭数も手頃なことから、軸という意味では逆らえないという判断でした。

ところが、「推定前半3ハロン」1位の⑥ポメグラネイトは8番人気（27・4倍）、「推定後半3ハロン」1位の⑫タイセイファントムは6番人気（21・5倍）と、人気がありません。

そこで、まずグレイスフルリープから2頭へ1点1000円ずつの馬連を購入。万が一、グレイスフルリープが3着に落ちた際の馬券として、「推定前半3ハロン」1位＝「推定後半3ハロン」1位同士の馬連を500円購入しました。

結果として、このタテ目の馬券は購入する必要はなかったのかもしれませんが、単勝1倍台の馬がいる際は、信用してきっちりと馬券が獲れるチャンスであると同時に、連対を外したり3着を外せば大万馬券になるチャンスでもあるのです。

掲載した馬券はボックスではないですが、このタテ目の押さえは、先ほどのボックス馬券のふたつ目の応用パターンに通じるものです。

ちなみにポメグラネイトとタイセイファントムの馬連は184・8倍と万馬券でした。

基本的にはグレイスフルリープの連対は堅いと思いましたが、被りすぎているため、あえてタテ目の馬連を押さえておくのは、予想とは別に、馬券を購入するうえで立派な戦略。

結果、1着グレイスフルリープ、2着ポメグラネイト、3着に③ブライトライン（5番人気、13・8倍）で決着。1・5倍の馬がきっちりと勝利したにも関わらず、馬連1800円なら上出来でしょう。

ご覧のように、馬単、3連複を併

2016年1回4日
阪神
10レース
ポラリスステークス
JRA 阪神
3月6日
普通 馬連 QUINELLA
6－7 ☆☆1,000円
7－12 ☆☆1,000円
6－12 ☆☆☆500円
馬単 EXACTA
6▶7 ☆☆☆500円
12▶7 ☆☆☆500円
☆▶☆ ☆☆☆☆☆☆円
合計 ★★★350枚 ★★★3,500円
0909002150599 1056320081699 30124791 301630

2016年1回4日
阪神
10レース
ポラリスステークス
JRA 阪神
3月6日
TRIO 3連複 TRIO
フォーメーション
7－6 12－2 3 4 5 6 7 8 9 10 11 12
組合せ数17
各組 ☆☆☆500円
合計 ★★★850枚 ★★★8,500円
0909002150848 2841210405367 40124792 301630

馬連⑥ー⑦1800円を1000円、３連複③⑥⑦5240円を500円的中で、総払い戻しは４万4200円。

せて購入していたので、1万2000円の投資が4万4200円のリターンになりました。

1倍台の馬が3着以下に落ちれば、仮に、他の上位人気馬が1、2着してもすぐに30倍以上になりますし、万馬券も夢ではありません。1倍台の馬が連に絡むと思っていても、オマジナイのようにタテ目を押さえるボックス馬券は有効的です。レースが終わってから、「タテ目を押さえておけば大万馬券が……」と後悔しても、後の祭りですから。

買いにくい…馬単はデメリットが目立つ券種

馬単は買い方がなかなか難しい馬券です。理論的には馬連の2倍となるような配当が見込めるため、破壊力も大きいのは間違いありませんが……。

データ集計期間内における馬連と馬単の平均配当は次の通りでした。

・平均馬連配当…5979・4円

・平均馬単配当…1万1753・1円

平均配当を見てもらえればわかるように、わずかな差ではありますが、馬単は馬連の2倍未満の配当しかありません。1～3番人気馬が1着になった際は、おそらく馬連の2倍>馬単という配当が多く見られるはず。つまり、人気馬が1着になると予想したのであれば、馬単を購入するよりも馬連を倍額購入していたほうが払い戻し金額は上と考えていいでしょう。

２０１６年５月１日京都11R天皇賞春が、その象徴的なレースでした。

１着が２番人気の①キタサンブラック（単勝４・５倍）、２着13番人気③カレンミロティック（99・2倍）、３着３番人気⑧シュヴァルグラン（６・４倍）で決着。

２着のカレンミロティックが単勝万馬券に近い人気薄。馬連でも２万１６０円の配当になりました。馬単は理論上であれば４万円、平均配当から比較しても３万５０００円以上ついてもよさそうなものですが、実際の配当は２万９９５０円。なんと馬連の１・５倍にも届きませんでした。配当の単価自体は馬単がもちろん高いのですが、これなら馬連を馬単の２倍購入しておいたほうがはるかにいいでしょう。

もちろんカレンミロティックが、キタサンブラックを逆転すれば、６万３８７０円と馬連の３倍以上の配当になります。しかし人気薄馬が１着になると判断したら、馬単にこだわる必要が、果たしてあるのでしょうか。

仮にカレンミロティックが１着となる馬券を10点購入していたとしましょう。首尾よく１着を獲得し２着がキタサンブラックだった場合、馬単６万３８７０円の馬券が的中します。確かに凄い配当ですが、よくよく考えてみてください。

カレンミロティックの単勝は99・3倍。馬単10点購入の場合、1点100円でも合計で1000円が必要となります。同額を単勝に賭けていれば9万9300円になって戻ってくるのです。

その差は3万円以上。点数によっては馬単よりも単勝を的中させたほうが儲けやすい場合があるのです。天皇賞春の場合、少なくとも馬単6点でしとめなければいけません。カレンミロティックが1着になり、なおかつ6点以内で的中するというのは、かなり高い壁ではないでしょうか。


馬単は、馬連との配当差だけではなく、単勝と比べても決して効率のいい馬券とはいえません。

表1（P126～127）は単勝オッズ別の着別度数です。この表からも明らかなように、単勝5倍未満の馬は、1着数が2着数を上回っているのが確認できるでしょう。

5倍以上～7倍未満は2着数がやや多いものの、ほぼ同じといってもいい値。ところが7倍以上になると、どのオッズゾーンでも2着数が1着数を上回っています。単勝万馬券馬ともなると、1着数の2倍以上の2着数です。

冷静に考えれば、穴馬や配当妙味のある馬は2、3着になるケースを想定して馬券を購入するのがベター。つまり、穴馬からの馬単が買える局面は意外に少ないのです。

人気薄の1着付けの馬単を買えるなら、思い切って超特大馬券となるような3連単を狙ったほうがまだいいかもしれません。

例えば、16年4月23日福島11R福島牝馬S。結果を先に記すと、1着は15番人気⑧マコトブリジャール（53・1倍）、2着1番人気⑯シャルール（2・8倍）、3着13番人気⑥オツウ（42・3倍）と入線しました。

16頭中15番人気の馬が勝利し、1番人気との馬連でも1万1130円と万馬券になりました。馬単2万8630円、3連複8万4650円、3連単73万5970円という超特大配当です。

マコトブリジャールの単勝は万馬券ではなく5310円でしたが、馬単1点100円で10点購入するのであれば、単勝を1000円分購入したほうが配当効率もよかったことになります。

ここで、先述した3連単（73万5970円）

複勝率
92.2%
77.4%
66.5%
57.4%
48.0%
40.4%
32.0%
25.7%
19.0%
15.0%
10.4%
6.1%
1.8%

表1●単勝オッズ別成績一覧

単勝オッズ	着別度数	勝率	連対率
1.0～1.4	105- 34- 14- 13/ 166	63.3%	83.7%
1.5～1.9	404- 178- 115- 204/ 901	44.8%	64.6%
2.0～2.9	776- 527- 335- 827/ 2465	31.5%	52.9%
3.0～3.9	742- 607- 435- 1326/ 3110	23.9%	43.4%
4.0～4.9	571- 555- 453- 1712/ 3291	17.4%	34.2%
5.0～6.9	770- 797- 727- 3389/ 5683	13.5%	27.6%
7.0～9.9	618- 684- 724- 4308/ 6334	9.8%	20.6%
10.0～14.9	486- 616- 687- 5177/ 6966	7.0%	15.8%
15.0～19.9	236- 368- 417- 4363/ 5384	4.4%	11.2%
20.0～29.9	277- 366- 507- 6533/ 7683	3.6%	8.4%
30.0～49.9	174- 297- 426- 7709/ 8606	2.0%	5.5%
50.0～99.9	121- 194- 310- 9701/10326	1.2%	3.1%
100.0～	41- 98- 162-16086/16387	0.3%	0.8%

へのチャレンジを考えてみましょう。

マコトブリジャールから馬単を5点買うことを応用し、3連単フォーメーションで1頭→5頭→総流しとした場合、必要な費用は7000円（総点数70点。1点100円の場合）。3連単に投入する同額を単勝で購入していたとすると、7000円×53・1倍で37万1700円となり、この場合は3連単でもよかったことになります。

福島牝馬Sでは、マコトブリジャールを1着に置けるなら、1頭→9頭→総流し（総点数126点）まで、3連単のほうが単勝より配当効率のいい馬券となります。

この例からもわかるように、馬単と単勝では効率面で後者に軍配が上がり、超配当という点では3連単に挑戦したほうがいいということになります。馬単にこだわる理由は少ないといっていいでしょう。

実際には、ブービー人気のマコトブリジャールのみを1着固定に据えて馬券を買えることはほとんどないということを考えると、なおさら人気薄の馬から馬単を買う必要性は感じられません。

それでも、馬単を購入できる条件は、意外と範囲が狭いというのが、私の結論です。

次項で紹介していきましょう。

「1番人気の2着付け馬単」を狙うケースとは

馬単を買えるケース――そのひとつが1番人気馬の2着付けの馬単です。特に夏競馬時期には有効な局面が少なくありません。

天皇賞春の例で説明したように、人気通りの着順で1、2着を占めると、馬単はまったくオイシクありません。1着馬は2着馬よりも人気が下というレースが最低限の購入条件。また、1着馬に据えようと思っている馬が人気薄の場合は、単勝か3連単を購入したほうが配当効率も上回ります。

それでも馬単が購入できるケースがわずかにあります。圧倒的1番人気馬が2着になる場合の馬券です。

つまり1番人気馬が2着となり、人気でいえば3～6番人気（単勝オッズなら5倍以上～10倍台）が1着となるようなレースで、3点程度に収まるのであれば、馬単が買える局面といっていいかもしれません。

特に夏競馬では降級馬が圧倒的人気を集めるため、意外とこの2着付けの馬券が有効的だったりします。

16年7月24日中京8Rが、その好例でしょう。1番人気に推されていたのが⑭ラインシュナイダー。上の1000万下クラスでも2、3着していた馬で、500万下に降級してから2戦連続2着という状況。そろそろ勝つだろうという雰囲気が、単勝1・6倍と圧倒的人気に押し上げた部分はあったことでしょう。

しかし、このレースを迎えるまでのラインシュナイダーの通算成績は【2―9―1―5】というもので、元々、詰めの甘い馬でした。500万下を勝ち上がるのにも4戦かかっており、連軸としては有望ですが、1着という点では取りこぼす可能性も高かったのです。

そこで、まずラインシュナイダーから3連複フォーメーションの1頭―2頭―7頭の11

点買いを購入。連軸としては堅いというのは間違いないでしょう。相手（2頭目欄）には、④タイキレガトゥス（6番人気、26・0倍）と⑤ケンブリッジゼウス（3番人気、7・2倍）を選択。

そして馬単です。勝ち切れない可能性大のラインシュナイダーの2着付けで、1着にその2頭を置いた馬券を購入。結果として4番人気で「推定前半3ハロン」1位の⑥カフジオリオン（9・6倍）に勝たれてしまったので、馬券は外れたのですが、ラインシュナイダーはやっぱり2着止まり。同馬

⑭の軸（２着固定）は間違っていなかったが、１着が抜けてドボン……。

の馬単の「2着固定」に妙味を感じたのは、戦略としては間違っていなかったと思います。

結局、4番人気→1番人気という決着でしたが、馬連780円に対し馬単は2170円と3倍近くにハネ上がったのです。2～3点でこれが獲れれば、単勝よりも効率がいいのは間違いないでしょう。

3着は2番人気②サトノユニコーン（6・5倍）で、3連単は1万1110円。3連単で1万円程度なら、馬単のほうが厚く買える分、払い戻し総額は多くなったはずです。

単勝1倍台からの馬単は「2着固定」こそ妙味アリといえるでしょう。付け加えるなら点数はあまり広げすぎないこと。また、夏競馬は圧倒的1番人気の降級馬がいるレースがメインターゲットになります。本書をお読みになられている方は、来年の夏競馬で意識して馬単を使ってみるといいと思います。


2着が連続するような馬は、本当に詰めの甘いケースが多く、圧倒的人気に推されても2着に留まってしまうケースは少なくありません。

16年5月22日京都1Rも典型的な馬単が買えるレースでした。1番人気は⑥トウシンダイヤで単勝1・4倍と圧倒的人気。それもそのはず、同馬は【0―3―1―3】という成績で3戦連続2着を記録していました。3歳未勝利戦で5月ともなると、力のある馬は抜け切っているので、こうした馬たちが人気を過度に集めるケースがあります。

しかし、よくよく考えてほしいのですが、3歳の5月の終わりに差しかかっても未勝利にいるような馬は、「勝ち切れないから」といっていいでしょう。そこで同馬を2着付けにした馬単、3連単を購入しました。

2着付けであれば、1着馬の人気によっては、50倍前後も見込める馬券もあるはず。少なくとも1着の可能性が低いのはわかっています。3連複とい

2016年3回10日
京都
7 レース
EXACTA 馬単 EXACTA
2着ながし WHEEL
(相手) 1 2 5 10 14 ▶ (軸) 6
☆ ☆ ☆ ☆ ☆
☆ ☆ ☆ ☆ ☆
☆ ☆
組合せ数5
各組 ☆☆1,500円
合計 ★★★750枚 ★★★7,500円
JRA 京都
5月22日
0808100317984 1262050089678 80072853 301665

2016年3回10日
京都
7 レース
TRIFECTA 3連単 TRIFECTA
軸1頭ながし WHEEL
1 2 5 10 14 ☆ ▶ (軸) 6 ▶ 1 2 5 10 14 ☆
組合せ数20
各組 ☆☆☆100円
合計 ★★★200枚 ★★★2,000円
JRA 京都
5月22日
0808100318174 1295050214908 30072854 301665

う戦略もあったと思いますが、本線で妙味ある馬が絞れませんでした。

そこで有力だと思っている5頭（①②⑤⑩⑭）を1着、トウシンダイヤを2着固定した馬単を1点1500円ずつ購入しました。さらに3連単は、その5頭→トウシンダイヤ→その5頭というフォーメーションを購入。とにかくトウシンダイヤは2着だろうという馬券で勝負したのです。

レースの結果は、アタマ候補で選んでいた5番人気の⑩マエストロ（15・0倍）が1着。2着にはトウシンダイヤが粘り込み、これで馬単は的中。残念ながら3連単（1万4770円）は、3着が⑫クリノプラハ（4番人気、14・3倍）で外れてしまいました。

それでも、馬連1200円に対し馬単は3020円と約2・5倍になった計算。1500円の購入だったので4万5300円の払い戻しになりました。3連単を含めた購入総額は9500円で、リターンが4万5300円なら及第点でしょう。

ここでのポイントは、とにかくトウシンダイヤが2着に取りこぼす可能性が高いと読んでいたこと。同馬に勝てる可能性があると判断した馬が5頭もいて、単勝や馬単、3連単で1頭を1着に固定した馬券が買えないというのもポイントでした。

ちなみに、トウシンダイヤは16年8月14日終了時点で【0―5―2―4】という成績で、まだ未勝利戦を勝ち上がることができていません。下級条件では近走成績で圧倒的人気に推されてしまう場合も目立ちますが、単勝1倍台に推されて勝ち切れる馬はそれほど多くはないということを意味しています。

ここまでは、人気馬を2着付けにする際に馬単が有効ということを述べました。これまたわずかですが、レースによっては1着付けの馬単で勝負したい場合もあります。詳細は、4章のGI回顧で紹介するとして、16年4月10日阪神11R桜花賞の馬券をご覧ください。私は3番人気の⑬ジュエラー（5・0倍）は勝てる可能性があると思い、2着も1番人気⑤メジャーエンブレム（1・5倍）か、2番人気の⑫シンハライト（4・9倍）と踏んでいました。

圧倒的人気を集めるメジャーエンブレムへの馬連を、まずは本線で1万5000円分購入。ジュエラーも人気なので、馬連は1点勝負以外、妙味なしと判断したのです（＝手を広げられない）。ただ、⑬ジュエラーは勝てる可能性があるとは思っていましたが、メジャーエンブレムが1・5倍と被っているわりには、3番人気で単勝5・0倍は効率が悪いとの判断でした。

そこで、ジュエラー→メジャーエンブレムへの馬単を1万円分、ジュエラー→シンハライトの馬単を5000円分購入（その他、3連複も購入。4章で後述）。

結果はご存知の通り、ほぼ最後方に位置していたジュエラーがシンハライトに並びかけたところがゴール。わずかハナ差でしたが、ジュエラーが勝利しました。メジャーエンブレムは本来の先行策ではなく、中団からの競馬で4着。3着には6番人気の⑩アットザシーサイド（36・9倍）が入線。

ジュエラーの単勝配当は5000円。馬単に投じていた1万5000円すべてを、単勝に振り替えた場合の配当は7万5000円です。馬連は960円でしたが、馬単は約2倍（若干ですが馬単＞馬連の2倍）の1950円。5000円分の購入でも9万7500円となり、同額単勝を購入するよりも、配当が2万円以上多くなったのです。

ハナ差ということを考えると、馬連でもよかったのかもしれませんが、ジュエラーはシンハライトには負けないと判断

2016年2回6日
阪神
11レース
第76回　(GI)
桜花賞
JRA 阪神
4月10日

普通 馬連 QUINELLA
5 - 13 ☆15,000円
☆ - ☆ ☆☆☆☆☆☆円
☆ - ☆ ☆☆☆☆☆☆円

馬単 EXACTA
13 ▶ 5 ☆10,000円
13 ▶ 12 ☆☆5,000円
☆ ▶ ☆ ☆☆☆☆☆☆円

合計 ★★3,000枚 ★★30,000円
0909001813520 1056120212697 80076401 320795

していたので、馬単は自己の予想と主張を強く表現することも可能です。この桜花賞はジュエラーが勝利し、相手も2頭に絞れたというのがポイントでした。

超オススメ！3連複1頭軸フォーメーション

前書『京大式馬券選択のルールブック』（2014年9月刊行）では、3連複馬券のメリットを大きく取り上げました。皆さんが使えているようで使えていないのが、3連複の1頭軸フォーメーションだと思います。

復習の意味と本書で初めて3連複フォーメーションについて触れる方のためにも、簡単にメリット・デメリットを説明させていただきます。

まず、3連複で軸を1頭に決めた場合の点数早見表（表2）をご覧ください。1軸目を1頭、相手馬（2軸目）が3頭、相手馬を含むヒモ馬（3軸目）を7頭に決めた

場合の点数は15点です。うまくハマれば15点程度で万馬券が面白いように引っかかることでしょう。

ちなみに1頭―3頭―総流しの場合、18頭立てなら45点です。3着以内に入る馬（1頭＝軸馬）が見つかって、相手馬（3頭）の中に穴馬を1頭ピックアップできれば、軸馬の複勝を購入するよりも、大きなリターンが期待できます。

1頭軸を決めて3連複フォーメーション馬券を購入するときは、おおむね15～50点くらいの点数がオススメです。

表2●3連複フォーメーション
（1軸目1頭の場合の点数）

2軸目頭数	ヒモ頭数	購入点数
2頭	4頭	5点
	5頭	7点
	6頭	9点
	7頭	11点
3頭	5頭	9点
	6頭	12点
	7頭	15点
	8頭	18点
	9頭	21点
4頭	6頭	14点
	7頭	18点
	8頭	22点
	9頭	26点
	10頭	30点
5頭	7頭	20点
	8頭	25点
	9頭	30点
	10頭	35点
	11頭	40点
	12頭	45点

1～5番人気馬がすべて4着以下になるレースはわずか2％ほど。極端なことをいうと、軸馬さえきっちりと選ぶことができれば、3連複は比較的的中しやすい馬券だと

思います。

例えば、馬連、馬単は2着までに入らないといけません。着順不問で3着までが馬券対象という意味では、3連複は複勝、ワイドと比較する必要があるかもしれません。ただ、先述のように複勝、ワイドは配当面で恵まれず、購入するケースが限られてきます。その点、3連複の平均配当は約2万5000円と、オイシイ券種であるのは間違いありません。

16年1月17日中山11R京成杯は、3連複フォーメーション買いが活きたレースでした。軸にしたのは2番人気（単勝4・2倍）の①メートルダール。「推定後半3ハロン」1位に該当し、前走の葉牡丹賞の内容も、暮れに行なわれた重賞のホープフルSと遜色のないもの。直線の短い中山ですが、京成杯は過去5年で上がり最速馬は1勝・2着2回・3着1回と高い確率で馬券になっていました。

軸はメートルダールで決定です。相手馬は1番人気②ウムブルフ（4・1倍）、7番人気③ケルフロイデ（14・0倍）、4番人気⑫ユウチェンジ（7・9倍）をピックアップ。

ケルフロイデ、ユウチェンジは「推定前・後半3ハロン」ともに5傑入りしています。特にケルフロイデは7番人気と馬券妙味あり。1頭―3頭―9頭（21点）の3連複フォーメーション馬券を購入しました。

レースは「ハイブリッド指数」1位の④プロフェット（5番人気、11・3倍）が早めに抜け出し1着。2着には相手に指名していたケルフロイデ。そして軸馬メートルダールは直線でよく追い込み、3着を確保しました。

3連複は1万1280円の万馬券です。1点1000円購入していたので11万2800円。メートルダールとケルフロイデの組み合わせは、ワイドも5000円分購入しており、その配当も1180円とまずまず。併せて17万1800円の払い戻しとなりました。

ワイドを購入した理由は、10倍

2016年1回6日
中山
11レース
第56回 (GⅢ)
京成杯
JRA 京都
1月17日
TRIO
3連複
TRIO
フォーメーション
1 - 2 3 12 ☆ - 2 3 4 7 8 10 12 14 15 ☆
組合せ数21
各組 ☆☆1,000円
合計 ★★2,100枚 ★★21,000円
0808000219266 2801390313427 60083091 301448

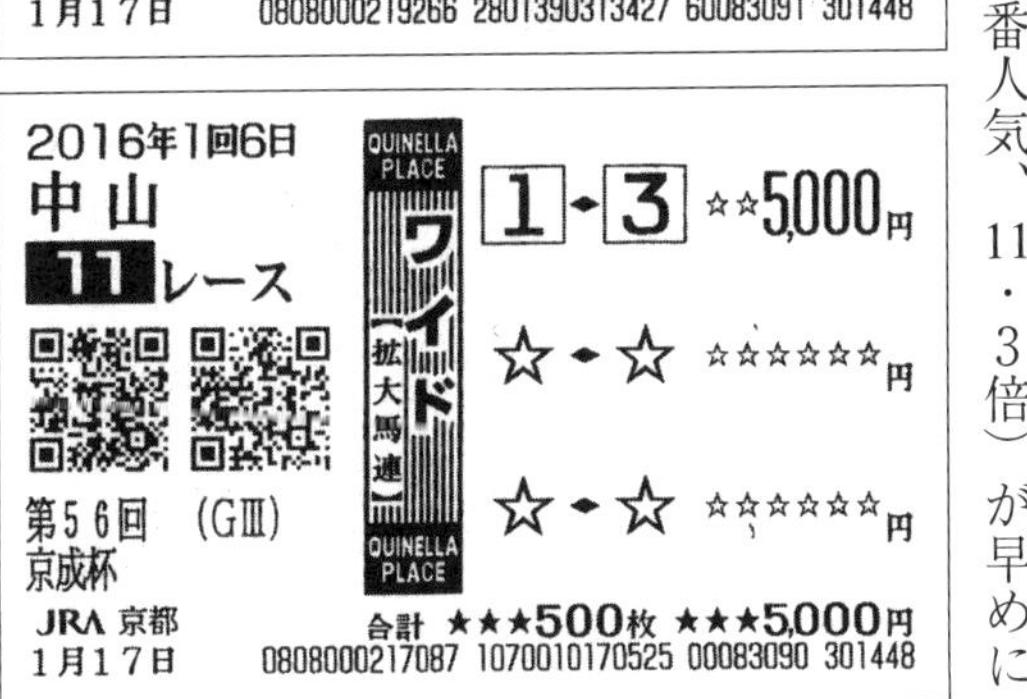

2016年1回6日
中山
11レース
第56回 (GⅢ)
京成杯
JRA 京都
1月17日
QUINELLA PLACE
ワイド（拡大馬連）
QUINELLA PLACE
1 - 3 ☆☆5,000円
☆ - ☆ ☆☆☆☆☆☆円
☆ - ☆ ☆☆☆☆☆☆円
合計 ★★★500枚 ★★★5,000円
0808000217087 1070010170525 00083090 301448

WIN5 4　15頭

芝 C 2000

基準HB	馬場傾向	前半			後半		
55	上がり3F1位 0-0-1-3	12	ユウチェンジ	36.2	1	メートルダール	34.4
		3	ケルフロイデ	36.4	15	ナムラシングン	34.4
	4角先頭 1-0-0-3	9	オンザロックス	36.6	3	ケルフロイデ	34.5
		2	ウムブルフ	36.6	8	マイネルラフレシア	34.7
		10	アドマイヤモラール	36.6	2	ウムブルフ	34.8

馬	前4走	前3走	前2走	前走	コース成績	番
7本 同1000 35A 大1000 南W 三0000 35B 芙0000 鞍10 2010	面会成績 新馬 10 8 9 80 / 未勝利初戦 7 14 8 97 前走 寄られ後方、3角から大外ぶん回し差し届く R中頭高 パドック △	9/5 2札幌5 新馬 3 1500 芝C -8 1325 14ト7ヶ1 福永 54 8 7 5 中 0.3 前37.9(37.1) S +1.3 キングライオ 後35.7(35.8) 2 0.2 30 470k 31札ダ29 B	10/12 4東京3 未勝利 1 1800 芝A -21 1493 12ト9ヶ1 戸崎圭 55 9 9 7 内 -0.1 前36.7(36.0) M +0.6 アオイコオスカ 後34.8(35.1) 1 -0.3 38 470k(0) 4週 22 南P 33 B	12/5 5中山1 葉牡丹賞 500 1 2000 芝A -16 2026 16ト2ヶ6 戸崎圭 55 12 13 15 大 -0.0 前37.6(36.1) S +0.6 ヒプノティス 後34.2(35.6) 1 -0.2 48 472k(+2) 7週 16 南W 44 B	中山芝 1000 東京芝 1000 右回り 1010 2010 0000 逞0% 連66%	① 0 0 0 0
4本 同1100 19B 大0000 南W 三0000 27B 芙0100 鞍23 1200	面会成績 新馬 17 10 11 35 / 未勝利初戦 30 15 4 46 前走 中団外から早めに動き直線鋭く伸びて離した P速い○ パドック ◎	10/11 4東京2 新馬 2 2000 芝A -21 2046 13ト6ヶ1 ルメー 55 3 3 3 中 0.1 前38.6(38.2) S +4.4 クィーンズベ 後33.8(33.8) 1 0.0 34 462k 33 南W 26 B	11/14 5東京3 未勝利 2 1600 芝B -23 1355 14ト11ヶ1 ムーア 55 4 4 4 中 0.2 前36.8(36.4) S +2.0 ラブリーアモ 後34.4(34.1) 2 0.3 38 478k(+16) 4週 16 南W 29 B	12/5 5中山1 未勝利 1 2000 芝A -16 2029 16ト16ヶ1 ムーア 55 5 6 4 外 -0.7 前36.5(35.9) M +0.7 ラチェット 後34.8(35.2) 1 -0.5 41 474k(-4) 2週 23 南W 31 B	中山芝 1000 東京芝 0200 右回り 1000 1200 0000 逞0% 連100%	② 0 0 0 0 0
6本 同1001 24B 大1000 南W 三0000 39B 芙0000 鞍11 2001	面会成績 新馬 14 18 13 61 / 未勝利初戦 13 10 7 72 前走 好位の内をロスなく、直線は決め手の差。 上がり速 × パドック ▲	8/22 2新潟7 新馬 1 2000 芝A -17 2059 12ト1ヶ1 Mデム 55 1 1 1 最 -0.1 前37.5(37.5) S +1.7 ドンチャブ 後35.8(35.8) 5 0.4 31 472k 27 南W 26 C	11/1 3福島2 きんもく 500 1 1800 芝A -14 1495 8ト7ヶ4 石橋脩 55 5 4 3 中 -0.2 前37.0(36.1) M +1.2 ダンツプリウ 後34.6(34.9) 1 0.0 46 472k(0) 2月 14 南W 33 B	11/28 5京都8 京都2S GIII 5 2000 芝C -16 2016 12ト2ヶ4 Mデム 55 3 4 3 最 0.3 前35.9(35.6) H +1.4 ドレッドノー 後34.1(34.2) 8 0.4 45 468k(-4) 3週 18 南W 30 B	中山芝 0000 東京芝 0000 右回り 1001 2001 0000 逞0% 連66%	③ 0 0 0 0 1
7本 同0000 28B 大1101 栗坂 三0000 38B 芙0000 鞍9 1101	8/2 1札幌2 新馬 1 1800 芝A -25 1523 7ト4ヶ1 福永 54 1 1 1 内 -0.3 前39.4(39.4) S +5.2 レインボーラ 後34.2(34.2) 1 -0.1 37 450k 33札芝13 B	9/5 2札幌5 札幌2S GIII 2 1800 芝C -18 1508 14ト10ヶ4 ルメー 54 7 6 4 中 0.0 前37.6(37.0) S +0.2 アドマイヤエ 後36.2(36.8) 3 0.3 49 456k(+6) 4週 14札芝10 B	10/31 4京都8 萩S OP 5 1800 芝外A -18 1479 5ト1ヶ4 福永 56 3 3 4 内 0.3 前37.9(37.0) S +2.5 ブラックスピ 後33.5(34.5) 2 0.2 44 444k(-12) 7週 19 CW 28 B	新0000 8/2 4札幌1 父0100 1800 芝A -25 新59 51 61 339 新馬 1 [illegible] 7ト4ヶ1 1 1 1 37 33札芝13 450k 内	中山芝 0000 東京芝 0000 右回り 1101 1101 0000 逞0% 連66%	④ 0 1 0 0 1
3本 同0000 20B 大1003 南W 三0000 23A 芙0002 鞍-12 1005	8/15 2新潟5 未勝利 1 1800 芝外A -10 1485 10ト3ヶ4 西田 54 4 3 3 内 -0.4 前36.6(36.1) M +1.0 レディバゴ 後34.7(35.1) 1 -0.1 35 440k(-3) 2週 20 南W 22 C	8/30 2新潟10 新潟2歳 GIII 7 1600 芝外A -3 1352 18ト17ヶ12 西田 54 17 15 15 外 1.4 前36.8(35.4) M +1.5 ロードクエス 後34.2(33.9) 3 1.4 41 444k(+4) 1週 15 南W 9 A	11/23 5東京6 東スポ2S GIII 11 1800 芝C -12 1514 11ト7ヶ10 柴山雄 55 11 11 9 最 1.9 前38.4(36.9) S +3.2 スマートオー 後34.8(33.7) 10 1.9 33 442k(-2) 2月 14 南W 24 B	12/19 5中山5 ひいらぎ 500 11 1600 芝外A -20 1349 14ト1ヶ12 吉田豊 55 9 8 中 0.8 前35.4(35.6) H -1.9 ドーヴァー 後36.2(36.4) 7 0.4 40 446k(+4) 3週 19 南D 3 B	中山芝 0001 東京芝 0001 右回り 0003 1005 0000 逞67% 連16%	⑤ 0 0 0 0 2
2本 同1000 22B 大0000 南W 三0000 35A 芙0000 鞍-10 1000	父 10才産 母 7才産 3月20日生 日高 祖 スライス ○	大 ネイティヴダンサー系 小 ミスタープロスペクター系 マンハッタンカフェ	面会成績 新馬 7 5 4 92 / 未勝利初戦 2 3 10 107 前走 好発決め2番手、揉めても対応し直線突き離す スタ良い パドック	12/26 5中山7 新馬 1 2000 芝A -12 2032 18ト15ヶ7 大野 54 2 2 2 中 -0.3 前37.3(37.1) S +1.7 クラウンディ 後35.1(35.4) 2 0.1 39 446k 23 南W 12 B	中山芝 1000 東京芝 0000 右回り 1000 1000 0000 逞0% 連100%	⑥ 0 0 0 0 0
3本 同1101 40B 大1100 南W 三0000 31B 芙0000 鞍8 2201	8/8 2新潟3 未勝利 1 1800 芝外A -12 1489 10ト6ヶ1 岩田康 54 3 3 3 最 -0.6 前36.4(36.1) M +1.3 マイネルツィ 後34.6(34.8) 1 -0.4 38 452k(-8) 7週 14 南W 34 B	9/27 4中山7 芙蓉S OP 3 2000 芝C -16 2013 10ト9ヶ6 岩田康 54 4 4 3 中 0.1 前37.6(36.9) S +1.5 プロディガル 後34.7(35.4) 2 0.3 46 456k(+4) 6週 26 南W 46 B	11/8 5東京2 百日草特 500 1 2000 芝B 6 2050 7ト4ヶ1 Cデム 55 2 2 2 中 -0.1 前39.1(38.8) S +4.2 コスモプロテ 後34.5(34.6) 2 0.2 46 460k(+4) 5週 26 南W 25 B	12/27 5中山8 ホープS GII 6 2000 芝A -12 2027 13ト2ヶ5 戸崎圭 55 4 4 4 内 0.9 前37.2(36.6) S +1.3 ハートレー 後35.4(35.3) 7 1.7 49 464k(+4) 6週 29 南W 30 A	中山芝 0101 東京芝 1100 右回り 0101 2201 0000 逞20% 連80%	⑦ 0 0 1 0 1
4本 同0000 16B 大2010 南W 三0000 43B 芙0000 鞍27 2010	面会成績 新馬 13 4 6 67 / 未勝利初戦 6 4 4 77 前走 押して先手も3角譲って2番手直線競り返す R振スム パドック	9/6 2新潟12 新馬 1 1800 芝外A -2 1500 11ト4ヶ4 柴田大 54 2 4 4 内 -0.4 前38.1(37.5) S +4.5 ストライクシ 後32.7(33.0) 2 0.3 35 430k 26 南W 41 C	10/24 4東京6 アイビS OP 1 1800 芝A -14 1484 11ト9ヶ4 柴田大 55 5 5 3 中 -0.0 前36.2(35.8) M +1.4 ユウチェンジ 後34.1(34.4) 5 0.4 46 432k(+2) 5週 26 南W 33 B	11/23 5東京7 東スポ2S GIII 3 1800 芝C -12 1497 11ト1ヶ6 柴田大 55 1 2 2 内 0.2 前36.9(36.9) S +3.2 スマートオー 後33.8(33.7) 6 0.9 49 440k(+8) 3週 38 南W 31 B	中山芝 0000 東京芝 1010 右回り 0000 2010 0000 逞0% 連66%	⑧ 1 0 1 0
3本 同0112 26B 大1001 栗坂 三0000 42B 芙0000 鞍-5 1113	10/25 4東京7 未勝利 2 2000 芝A -14 2026 9ト5ヶ6 三浦皇 55 1 1 1 最 0.2 前37.1(37.1) S +1.9 シュヴェルミエ 後35.4(35.2) 3 0.2 34 464k(0) 1週 34 栗坂 42 B	11/14 3福島5 未勝利 1 1800 芝B 5 1525 16ト12ヶ1 石橋脩 55 4 3 3 中 -0.3 前36.9(36.6) M -0.1 メイショウカ 後36.6(36.7) 2 0.0 37 472k(+8) 2週 29 栗坂 45 B	11/28 5京都8 京都2S GIII 10 2000 芝C -16 2021 12ト9ヶ8 アッゼ 55 7 7 7 最 0.8 前36.1(35.6) H +1.4 ドレッドノー 後35.3(34.2) 9 0.7 41 470k(-2) 1週 23 栗坂 30 B	12/27 5中山8 ホープS GII 9 2000 芝A -12 2033 13ト4ヶ10 川田 55 3 2 2 中 1.5 前36.9(36.6) S +1.3 ハートレー 後36.6(35.3) 10 2.5 43 470k(0) 3週 18 栗坂 40 A	中山芝 0001 東京芝 0100 右回り 1013 1113 0000 逞0% 連33%	⑨ 0 0 0 0 2
2本 同0000 13B 大0000 南W 三0000 35B 芙1101 鞍-12 1211	6/27 3東京7 未勝利 2 1600 芝D -17 1365 12ト12ヶ1 柴田善 54 4 2 2 内 0.3 前35.6(35.4) M -0.8 マジェリガー 後36.5(36.2) 4 0.7 34 500k(-6) 2週 9 南W 25 B	9/27 4中山7 未勝利 1 1600 芝外C -16 1363 16ト11ヶ1 岩田康 54 6 6 4 外 -0.1 前36.0(36.1) M -0.7 ラスカルグレ 後36.6(36.1) 5 0.6 36 504k(+4) 3月 9 南W 35 C	11/7 5東京1 京王2S GII 7 1400 芝B -20 1228 18ト15ヶ6 田辺 55 7 5 4 外 0.2 前36.8(35.5) S +3.0 ボールライト 後33.5(33.5) 7 0.4 49 500k(-4) 5週 14 南W 42 B	12/20 5阪神6 朝日杯F GI 8 1600 芝外A -8 1354 16ト3ヶ9 田辺 55 2 2 3 中 1.0 前35.0(34.7) H +0.3 リオンディー 後35.2(34.4) 16 1.9 45 500k(0) 5週 16 南W 36 A	中山芝 1000 東京芝 0210 右回り 1001 1211 0000 逞20% 連60%	⑩ 0 0 1 0 1
1本 同0000 28B 大0002 美坂 三0000 21B 芙0002 鞍-10 0005	9/6 2新潟12 未勝利 12 1600 芝外A -2 1368 17ト12ヶ3 吉田豊 54 3 3 3 外 0.7 前36.8(36.4) S +2.2 ニシノジャー 後34.8(34.2) 15 1.4 26 412k(+2) 2週 30 南W 30 C	9/26 4中山6 未勝利 6 1800 芝C -17 1502 13ト3ヶ3 吉田豊 54 4 4 4 最 1.0 前37.7(36.7) M +1.4 マイネルファ 後35.6(35.3) 6 1.2 27 422k(+10) 2週 20 美坂 24 B	10/17 4東京4 未勝利 1 1600 ダ 1378 15ト4ヶ4 吉田豊 55 1 1 1 最 -0.4 前35.1(35.1) H -2.0 エルゼロ 後37.1(37.1) 1 0.3 36 424k(+2) 3週 35 美坂 37 B	1/5 1中山1 500万下 5 1800 ダ -10 1563 16ト5ヶ14 吉田豊 56 3 3 3 最 1.2 前38.3(37.9) S +0.5 マイネルバサ 後38.3(37.4) 8 1.3 35 432k(+8) 2月 22 南W 18 B	中山芝 0001 東京芝 0000 右回り 0002 1006 0000 逞0% 連14%	⑪ 0 0 0 0 0
3本 同1001 23B 大0110 栗坂 三0000 48B 芙0001 鞍8 1112	9/5 2新潟11 未勝利 1 2000 芝A -10 2032 16ト4ヶ9 戸崎圭 54 7 7 6 外 -0.3 前37.1(35.3) M +1.3 テイケイレー 後34.5(35.0) 1 -0.1 36 474k(+2) 6週 17 栗坂 56 C	9/19 4阪神3 野路菊S OP 3 1800 芝外A -14 1484 9ト8ヶ3 浜中 54 7 7 7 大 0.6 前35.9(36.0) H -0.9 ロスカボス 後35.9(35.9) 2 1.0 39 470k(-4) 1週 32 栗坂 42 B	10/24 4東京6 アイビS OP 2 1800 芝A -14 1484 11ト11ヶ7 戸崎圭 55 8 6 6 中 0.0 前36.5(35.8) M +1.4 マイネルラフ 後33.8(34.4) 3 0.1 44 474k(+4) 4週 31 栗坂 51 B	12/20 5阪神6 朝日杯F GI 4 1600 芝外A -8 1352 16ト8ヶ10 川田 55 5 5 8 内 0.8 前35.9(34.7) H +0.3 リオンディー 後34.6(34.4) 6 1.3 49 482k(+8) 7週 16 栗坂 49 A	中山芝 0000 東京芝 0100 右回り 0011 1112 0000 逞0% 連40%	⑫ 0 0 1 1 1
4本 同0000 27B 大1010 南W 三0000 31B 芙0011 鞍-15 1022	9/27 4中山7 未勝利 3 1600 芝外C -16 1365 16ト13ヶ10 石川裕 52 13 13 13 中 0.2 前36.9(35.4) M -0.7 アドマイヤモ 後35.0(36.1) 1 -0.1 29 454k(-2) 2週 28 南W 25 C	10/18 4東京5 未勝利 3 1800 芝A -17 1503 12ト5ヶ5 石川裕 53 6 6 6 最 0.5 前38.1(37.4) S +3.3 コルコバード 後34.1(34.1) 4 0.6 29 452k(-2) 2週 23 南W 28 B	11/7 5東京1 未勝利 1 1800 芝B -20 1499 9ト2ヶ9 石川裕 53 6 6 5 中 -0.0 前38.6(37.9) S +3.5 キングオブア 後33.3(34.1) 1 -0.1 35 452k(0) 4週 29 南W 41 B	12/19 5中山5 ひいらぎ 500 10 1600 芝外A -20 1349 14ト4ヶ5 石川裕 55 12 12 12 外 0.8 前35.9(34.5) H -1.9 ドーヴァー 後36.0(36.4) 4 0.2 39 454k(+2) 5週 18 南W 30 B	中山芝 0011 東京芝 1010 右回り 0011 1022 0000 逞0% 連20%	⑬ 0 0 0 0 0
3本 同0001 34B 大0000 南W 三0000 36B 芙1300 鞍10 2301	8/2 2新潟2 未勝利 2 1600 芝外A -16 1355 15ト14ヶ9 Mデム 54 11 8 8 内 0.7 前37.6(35.9) S +2.9 アストラエン 後33.3(33.4) 2 0.7 36 476k(-4) 2週 22 南W 31 A	9/6 2札幌6 未勝利 1 1500 芝C -8 1303 13ト6ヶ1 横山典 54 5 6 2 最 -0.8 前36.4(35.3) M -1.1 メイショウア 後35.7(36.4) 1 -0.3 41 474k(-2) 4週 19 函W 42 B	10/10 4東京1 サウジア OP 1 1600 芝A -21 1342 12ト6ヶ4 横山典 55 6 6 6 内 -0.0 前36.3(34.7) H -0.2 イモータル 後33.4(34.9) 5 0.4 47 474k(0) 4週 32 南W 38 B	12/27 5中山8 ホープS GII 7 2000 芝A -12 2027 13ト11ヶ7 横山典 55 10 10 11 中 0.9 前37.9(36.6) S +1.3 ハートレー 後35.0(35.3) 9 0.9 49 478k(+4) 2月 21 南W 45 A	中山芝 0001 東京芝 1100 右回り 1001 2301 0000 逞0% 連83%	⑭ 1 0 0 0 1
4本 同1110 59A 大0000 栗坂 三0000 27B 芙0000 鞍9 1110	面会成績 新馬 13 10 8 74 / 未勝利初戦 9 9 8 60 前走 S一息、掛かり加減に好位から大バテせず。 芝重い○ パドック	10/25 4京都7 新馬 2 2000 芝A -22 2021 12ト8ヶ7 内田博 55 10 11 7 大 前39.4(37.7) S +2.7 ドレッドノー 後33.8(35.0) 1 -1.0 36 518k 30 栗坂 35 C	11/15 5京都4 未勝利 1 2000 芝B -16 2045 12ト7ヶ1 内田博 55 10 8 9 中 -0.3 前38.6(37.3) S +2.1 キタサンミサ 後34.6(35.2) 1 -0.4 42 506k(-12) 2週 41 栗坂 38 B	12/26 5阪神7 500万下 3 2000 芝B 0 2044 15ト13ヶ9 内田博 55 3 3 3 中 0.6 前38.3(37.8) S +3.2 サトノダイヤ 後35.0(34.6) 4 1.1 47 512k(+6) 5週 37 栗坂 34 S	中山芝 0000 東京芝 1000 右回り 0110 1110 0000 逞67% 連66%	⑮ 1 0 0 0 0

●2016年１月17日
中山11Ｒ京成杯
（ＧⅢ、芝2000ｍ良）

＜久保の印・予想＞
◎①メートルダール
（２番人気、4.2倍）
○②ウムブルフ
（１番人気、4.1倍）
▲③ケルフロイデ
（７番人気、14.0倍）
注⑫ユウチェンジ
（４番人気、7.9倍）

１着④プロフェット
２着③ケルフロイデ
３着①メートルダール
単④1130円　複④350円
③350円　①190円
馬連③ー④7460円
馬単④→③14750円
ワイドア①ー③1180円
３連複①③④11280円
３連単④→③→①78050円

2016年01月17日（日）
1回中山6日目　第56回
11　GⅢ 京成杯
15:35　3歳オープン　別定　(国際)(特指)

枠	間隔	馬番	印	印	印	父	父の父	馬名	毛色 性齢	母	母の父	頭数	オッズ	人気	馬主	生産者	斤量	騎手	所属	厩舎								
1	中5週	1	▲	▲	:	ゼンノロブロイ	サンデーサイレンス	昇 メートルダール	鹿毛 牡 3	イクスパイビットワン	シルヴァーホーク	16	4.6	2	(有)キャロットF	ノーザンファーム	56.0	戸崎圭	東 3 3	美 戸田	48	373	344	22	12	1	100%	33%
2	中5週	2	○	☆	:	ディープインパクト	サンデーサイレンス	挑 ウムブルフ	青鹿 牡 3	ウミラージ	モンズーン	16	4.9	3	(有)社台レースホ	社台コーポレーシ	56.0	初 Fベリ	愛 4	美 堀	40	366	348	9.7	4	5	100%	100%
2	中6週	3	:	注	:	キングカメハメハ	キングマンボ	ケルフロイデ	鹿毛 牡 3	ケルアモーレ	モンズーン	16	16.0	8	(有)キャロットF	ノーザンファーム	56.0	再 石橋脩	東 12 2	美 加藤征	46	364	345	4.1	2	3	33%	100%
3	2ヶ月	4	☆	△	◎	ハービンジャー	ダンジリ	プロフェット	鹿毛 牡 3	ジュモー	タニノギムレット	6	11.1	5	(有)キャロットF	ノーザンファーム	56.0	初 フォー	愛 2	栗 池江寿	50	372	351	-1.3	11	10	100%	100%
3	中3週	5	:	:	:	ニューイングランド	サンデーサイレンス	挑 カミノライデン	鹿毛 牡 3	モーディッシュ	シングスピール	13	137.7	15	村上 正喜	ワールドファーム	56.0	再 西田	東 23 0	美 高市	40	367	359	10.0	6	13	33%	33%
4	中2週	6	:	:	:	アドマイヤムーン	エンドスウィープ	挑 ルネイション	黒鹿 牝 3	パラフレーズ	ピヴォタル	16	39.1	12	H. H. シェイク	ダーレー・ジャパ	54.0	大野	東 18 1	美 栗田徹	44	370	350	6.0	8	8	100%	100%
4	中2週	7	:	:	注	ジャングルポケット	トニービン	ブランスシャルマン	栗毛 牡 3	カラフルトーク	サンデーサイレンス	16	17.5	10	村野 康司	社台ファーム	56.0	初 柴山雄	東 8 2	美 斉藤誠	49	370	354	1.4	9	11	80%	80%
5	中7週	8	◎	◎	☆	ジャングルポケット	トニービン	マイネルラフレシア	栗毛 牡 3	フライングメリッサ	ダンスインザダーク	16	4.4	1	(株)サラブレッド	ビッグレッドファ	56.0	柴田大	東 1 3	美 高橋裕	48	371	347	1.8	10	4	33%	100%
5	中2週	9	:	:	:	サムライハート	サンデーサイレンス	挑 オンザロックス	鹿毛 牡 3	ベルモントエルメス	ティンバーカントリー	15	44.6	13	稲井田 安史	ベルモントファー	56.0	再 三浦皇	東 14 1	栗 森	43	366	362	7.3	3	15	50%	66%
6	中3週	10	:	:	△	キンシャサノキセキ	フジキセキ	アドマイヤモラール	黒鹿 牡 3	カツラドライバー	ニホンピロウイナー	16	16.4	9	近藤 利一	ノーザンファーム	56.0	田辺	東 7 2	美 上原	48	366	350	1.6	5	9	20%	80%
6	中1週	11	:	:	:	アポロキングダム	レモンドロップキッド	挑 アポロナイスジャブ	栗毛 牡 3	リトルマーメード	トワイニング	16	33.8	11	アポロサラブレ	へいはた牧場	56.0	吉田豊	東 9 2	美 堀井	36	367	361	14.3	7	14	0%	80%
7	中3週	12	△	:	○	スウィフトカレント	サンデーサイレンス	挑 ユウチェンジ	黒鹿 牡 3	ユウキャラット	ウイニングチケット	22	6.1	4	(株)アイテツ	鎌田 正嗣	56.0	初 蛯名正	東 5 2	栗 森	49	362	348	1.3	1	6	60%	20%
7	中3週	13	:	:	:	キングヘイロー	ダンシングブレーヴ	挑 ダイチラディウス	鹿毛 牡 3	クリスタルヴィオレ	スキップアウェイ	15	67.0	14	(有)荻伏服部牧場	荻伏服部牧場	56.0	石川裕	東 4 3	美 和田雄	39	373	357	11.3	13	12	40%	20%
8	中2週	14	注	:	▲	トーセンファントム	ネオユニヴァース	ブレイブスマッシュ	鹿毛 牡 3	トーセンスマッシュ	トウカイテイオー	13	14.0	7	島川 隆哉	エスティファーム	57.0	横山典	東 2 3	美 小笠	49	376	349	1.4	14	7	83%	50%
8	中2週	15	:	○	:	ヴィクトワールピサ	ネオユニヴァース	挑 ナムラシングン	黒鹿 牡 3	ドリームオブジェニ	ピヴォタル	8	11.3	6	奈村 睦弘	谷川牧場	56.0	内田博	東 6 2	栗 高野友	47	377	344	3.1	15	2	66%	33%

以上と妙味があったから。３連複が外れたとしても、ワイドが的中すればプラスになります。軸であるメートルダールから、相手馬に取り上げた３頭の中で最も妙味がある馬券だったのは間違いないでしょう。保険の意味と、３連複もハマれば破壊力が増すという攻撃的な意味合いを兼ねての購入でした。

ちなみにメートルダールの複勝は１９０円。３連複とワイドに投じた総額の２万６００0円を同馬に賭けていたとすれば４万９４００円の払い戻し。３万円近く賭けるリスクと比較して、リターンが少ないのは否めないでしょう。

では、軸馬─相手３頭のワイド３点買いにして、1点９０００円購入していたとします。その場合、的中するのは先述の①─③1点のみ。１１８０円の配当なので、10万６２００円となって戻ってきた計算ですが、実際の払い戻しに比較すると7万円近く下回ります。

かといって、すべての投資金をワイド①─③1点に突っ込むのはリスクもあることでしょう。私のワイド①─③５０００円は、あくまでも相手馬３頭の中で③ケルフロイデに馬券妙味があったから押さえたということです。

また３連単をしとめようとすると、３連複21点買いの６倍の点数ですから、１２６点買いという計算になります。

1点200円買いであれば、このレースに投じた2万6000円とほぼ同額になります（3連単投資必要額2万5200円）。3連単の配当は7万8050円だったので、15万6100円の払い戻し。これも、実際の払い戻しよりも、わずかとはいえ下回ってしまいました。3連複の6倍以上の配当にはなっているものの、ヒモが絞れない状況で3連単を購入するのは、点数が広がってしまいリスクも大きいのです。

その点、3連複フォーメーション馬券はリスクとリターンのバランスが取れていると、改めて感じたレースでもありました。

荒れそうなレースは3連複7頭ボックスで

3連複が万馬券となるレースは意外と存在します。データ集計期間内に行なわれた5314レースにおいて、3連複万馬券となったのは1902レース。約36％のレースで3連複万馬券が飛び出しています。

1日12レースとして、4～5レースは3連複万馬券になっている計算。3連複万馬券というと、穴馬の激走というイメージがあると思いますが、単勝人気別成績（表3）を見てみることにしましょう

表3●3連複万馬券レース　単勝人気別成績一覧

人気	着別度数	勝率	連対率	複勝率
1番人気	360- 177- 120- 1245/ 1902	18.9%	28.2%	34.5%
2番人気	283- 209- 125- 1285/ 1902	14.9%	25.9%	32.4%
3番人気	199- 179- 141- 1383/ 1902	10.5%	19.9%	27.3%
4番人気	192- 176- 151- 1383/ 1902	10.1%	19.3%	27.3%
5番人気	164- 176- 146- 1417/ 1903	8.6%	17.9%	25.5%
6番人気	131- 167- 169- 1434/ 1901	6.9%	15.7%	24.6%
7番人気	119- 156- 141- 1486/ 1902	6.3%	14.5%	21.9%
8番人気	111- 136- 155- 1499/ 1901	5.8%	13.0%	21.1%
9番人気	98- 149- 172- 1478/ 1897	5.2%	13.0%	22.1%
10番人気	71- 104- 155- 1552/ 1882	3.8%	9.3%	17.5%
11番人気	75- 87- 137- 1557/ 1856	4.0%	8.7%	16.1%
12番人気	44- 66- 103- 1589/ 1802	2.4%	6.1%	11.8%
13番人気	23- 55- 77- 1548/ 1703	1.4%	4.6%	9.1%
14番人気	9- 42- 47- 1475/ 1573	0.6%	3.2%	6.2%
15番人気	19- 19- 38- 1344/ 1420	1.3%	2.7%	5.4%
16番人気	3- 6- 17- 1138/ 1164	0.3%	0.8%	2.2%
17番人気	1- 2- 4- 276/ 283	0.4%	1.1%	2.5%
18番人気	0- 1- 6- 227/ 234	0.0%	0.4%	3.0%

さすがに、上位人気馬は複勝率を見ると凡走しているのがわかりますが、1〜3番人気馬も結構、馬券に絡んでいるのは間違いありません。

3連複万馬券になった1902レースで、1〜3番人気馬が馬券にならなかったのは392レース。逆にいうと、3連複万馬券となるレースの約80％は、1〜3番人気馬のうち、少なくとも1頭は馬券になることを示しています。3連複万馬券を狙うからといって、むやみに人気薄馬ばかりを軸にする必要はないといっていいでしょう。

次に3連複万馬券となったクラス別の出現本数を比較してみましょう（別掲参照）。

レース施行数の違いはもちろんありますが、それでも**未勝利、500万下**に集中して出現しているのがわかります。

この2条件に共通していることは何か。

ひとつはキャリアの浅い馬が多く突発的な変わり身が見受けられ、それが人気薄の激走に繋がるということ。「下級条件（午前中）は馬券を買わない」というファンの皆さんも多くいるはず。これは「朝から馬券を買っていたらメインまで資金が持たない」ということが一番の理由でしょうが、未勝利、500万下では何が起きるかわからないとか、人気薄の突然の激走で痛い目に遭ったということもあるからだと思います。

確かに、未勝利戦や500万下では、条件替わりによる一発は多いもの。馬券は見送って、メインレース付近に集中投資するというのは立派な作戦かもしれません。しかし、私は荒れる可能性が高いレースに手を出さないのは、もったいないと指摘しておきます。

●3連複万馬券のクラス別出現数

・新馬	130
・未勝利	564
・500万下	645
・1000万下	277
・1600万下	119
・オープン特別	79
・重賞	90

ここまでの馬券を見て、「久保は穴党というよりは、人気馬をきっちりと軸にするタイプの本命党」という意識を持たれていることでしょう。別に本命党や穴党という分類を意識したことはありませんが、本書の冒頭でも述べた通り、「馬券は的中させてナンボ」だと考えているので、必然的に本命寄りの馬券も買うことになっているだけです。ただし、当たれば高配当のほうが嬉しいのは誰しもが同じでしょう。

私がメイン馬券として考えている3連複は、非常にバランスが取れている馬券です。3連複フォーメーションでは、それほど点数を広げずとも万馬券が獲れるということを解説してきました。

未勝利や500万下のような、変わり身を見せた馬が突発的に激走するレースでは、3連複ボックスをオススメします。

3連複5頭ボックスだと10点、6頭ボックスは20点、7頭ボックスは35点、8頭ボックスは56点です。この中で私が推奨しているのが、7頭ボックスの35点買い。適正点数かどうかはわかりませんが、35点というのはバランスが取れていると思います。多いと思う方もいるかもしれませんが、3連複フォーメーションでも相手馬を4、5頭と増やせば点数も30～40点に及ぶもの。

3連複7頭ボックスを購入する前提条件としては「荒れる（荒れそうな）レース」でトライするということです。

万馬券が的中するのであれば、35点購入していても問題ないと判断しています。また仮に安い配当となっても、トリガミの金額も減るはず。実践例を通じて3連複7頭ボックスの効力を見てみることにしましょう。

取りあげるのは2016年5月21日京都1Rです。5月下旬の3歳未勝利戦ということに加えて牝馬限定戦と、荒れる要素が満載。上位人気馬同士で決まるほうが少ないレースです。

出走馬では、「推定前半3ハロン」3位の⑯タガノガンチャン、5位の⑤レッドディオーサが気になるところ。両馬は「初ダート戦」で変わり身が見込めるからです。レッドディオーサは7番人気（単勝15・3倍）、タガノガンチャンは6番人気（9・0倍）と配当妙味もあります。他に「推定前半3ハロン」2位の⑦グロリアスメーカーは初戦2着で前走12着。4ヵ月の休み明けでひょっとすると一変があるかもしれません。同馬は10番人気（39・1倍）とまったくの人気薄。

ダート 1800

16頭

基準HB	馬場傾向	前半			後半		
35	上がり3F1位 4-2-1-4	3	フラワーファースト	36.8	12	エアショウ	37.0
		7	グロリアスメーカー	37.2	6	ドゥラセア	37.9
	4角先頭 3-2-1-5	16	タガノガンチャン	37.3	1	キョウワゼノビア	38.2
		14	ベルクリア	37.7	14	ベルクリア	38.3
		5	レッドディオーサ	38.0	13	ダンスウィズミー	38.3

調教	成績					条件別	番
4 本 36 日 栗坂 23 日 差 21	同 0 1 0 0 高 0 0 0 0 若 0 0 0 0 王 0 0 0 0 0 1 0 0	厩舎成績 新馬 10 13 12 60 未勝利初戦 1 2 10 92 前走 スッと番手、掛りやり過ごして太く脚使う R振スム パドック 注	1/17 1 京都⑥ 新馬 3 1800 芝外A -21 1501 16ト13ヶ④ 武 豊 54 3 3 2 中 0.6 前 36.7 (36.5) S +1.9 パールコード 後 35.1 (34.6) ⑩ 1.0 464k 36 栗坂 31 B 33	2/13 2 京都⑤ 未勝利 4 1800 芝外B -10 1493 16ト8ヶ⑥ 武 豊 54 1 2 2 最 0.6 前 36.4 (36.4) S +1.2 スワーヴアー 後 35.3 (35.2) ⑩ 1.4 468k (+4) 3週 14 CW 34 A 35	5/1 1 新潟2 未勝利 2 1800 ダ -10 1571 15ト7ヶ❶ 幸 54 2 2 2 内 0.1 前 38.4 (38.2) S -0.2 アイルーロス 後 38.3 (38.4) ❷ 0.2 474k (+6) 2月 26 栗P 35 S 37	京都ダ 0 0 0 0 阪神ダ 0 0 0 0 右回り 0 0 0 0 0 1 1 1 0 0 0 0 逃 0 % 連 33 %	① 0 1 1 1
9 本 28 日 栗坂 33 A 差 11	同 高 若 王	父 才産 母 才産 大 月 日生 浦河 小				京都ダ 阪神ダ 右回り 逃 % 連 0 %	②
1 本 15 日 栗坂 40 日 差 31	同 0 1 0 0 高 0 0 0 0 若 0 0 1 0 王 0 0 0 0 0 1 1 0	12/12 5 阪神3 未勝利 10 1600 芝外A -6 1372 16ト7ヶ⑥ 浜 中 54 6 7 8 中 1.7 前 36.8 (36.1) M +1.8 ショウナンア 後 35.4 (34.3) ⑨ 1.1 458k (-14) 2週 21 CW 32 S 25	3/21 2 中京4 未勝利 10 1600 芝A 10 1390 16ト10ヶ⑦ 菱田裕 54 13 13 12 大 0.7 前 38.5 (37.1) S +1.1 ラベンダーメ 後 35.6 (36.0) ❷ 0.4 472k (+14) 3月 15 栗坂 42 B 31	4/17 1 福島4 未勝利 3 1700 ダ -7 1485 15ト7ヶ④ 森一馬 54 1 1 1 最 0.4 前 35.8 (35.8) H -3.8 コマノグラン 後 40.0 (39.6) ④ 1.3 464k (-8) 3週 19 栗坂 40 B 30	5/8 3 京都⑥ 未勝利 2 1800 ダ -2 1561 15ト7ヶ❶ 川 田 54 2 2 2 内 0.1 前 36.9 (36.5) H -3.5 オーミパドド 後 39.8 (40.0) ⑧ 1.8 476k (+12) 2週 36 栗坂 26 B 33	京都ダ 0 1 0 0 阪神ダ 0 0 0 0 右回り 0 1 1 0 0 1 1 3 0 0 0 0 逃 0 % 連 20 %	③ 0 1 1 3
2 本 20 日 栗坂 28 日 差 -9	同 0 0 0 2 高 0 0 0 0 若 0 0 0 0 王 0 0 0 0 0 0 0 2	父 15 才産 母 7 才産 大 ロイヤルチャージャー系 2月 23 日生 新ひだ 小 ヘイロー系		3/6 1 阪神④ 新馬 15 1800 ダ -8 1591 16ト7ヶ⑮ 三津谷 51 14 15 15 内 4.4 前 39.1 (36.8) H -1.3 ネクストムー 後 41.2 (38.1) ⑫ 3.2 476k 31 栗坂 15 A 1	4/30 3 京都❸ 未勝利 13 1800 ダ -9 1582 16ト4ヶ⑮ 三津谷 51 10 11 13 最 4.5 前 38.7 (37.3) S -0.8 アグネッタ 後 40.8 (38.1) ⑬ 3.9 476k (0) 7週 11 CW 17 A 0	京都ダ 0 0 0 1 阪神ダ 0 0 0 1 右回り 0 0 0 2 0 0 0 2 0 0 0 1 逃 0 % 連 0 %	④ 0 0 0 2
6 本 23 日 栗坂 44 S 差 -5	同 0 0 0 0 高 0 0 0 0 若 0 0 0 0 王 0 0 0 0 初ダ	厩舎成績 新馬 8 5 8 53 未勝利初戦 6 4 3 90 前走 中団前の外追走も直線は追われて伸びず。 余力なし パドック	1/24 1 京都⑧ 新馬 6 1600 芝A -13 1372 16ト13ヶ④ 池 添 54 7 6 5 内 1.0 前 36.8 (36.0) M +1.0 ダイアナヘイ 後 35.4 (35.0) ⑦ 0.7 458k 25 栗坂 23 B 30	2/6 2 京都③ 未勝利 11 1800 芝外B -15 1497 16ト12ヶ⑨ 池 添 54 3 4 2 中 1.0 前 36.4 (36.0) M +0.7 ミッキーグッ 後 36.2 (35.3) ⑫ 1.4 458k (0) 1週 11 栗坂 13 B 28	初 0 0 0 0 次 0 0 0 1 馬22 34 16 280 中団の外、直線の伸びはいまいち。 1/24 2 京都③ 1600 芝A -13 新馬 6 16ト13ヶ④ 7 6 5 30 25 栗坂 23 458k 内	京都ダ 0 0 0 0 阪神ダ 0 0 0 0 右回り 0 0 0 0 0 0 0 2 0 0 0 0 逃 0 % 連 0 %	⑤ 0 0 0 2
1 本 20 日 CW 12 日 差 13	同 0 0 0 4 高 0 0 0 0 若 0 0 0 0 王 0 0 0 0 0 0 0 4	1/31 2 京都❷ 未勝利 9 1800 ダ -18 1543 16ト3ヶ⑬ 武 幸 54 4 6 5 最 1.0 前 37.6 (37.2) M -0.4 トゥールエッ 後 38.0 (37.6) ⑨ 1.4 480k (0) 2週 25 栗坂 21 B 27	3/27 2 阪神② 未勝利 5 1800 ダ -9 1567 14ト1ヶ⑥ 武 幸 54 9 9 8 最 0.8 前 38.6 (37.9) S -1.2 ディアスプマ 後 39.0 (39.1) ④ 0.4 476k (-4) 7週 13 CW 20 B 27	4/17 2 阪神❽ 未勝利 4 1800 ダ -20 1541 16ト6ヶ⑩ 武 幸 54 6 6 5 中 1.0 前 38.2 (37.5) M -0.8 オープンユア 後 38.7 (38.3) ⑤ 0.5 474k (-2) 2週 12 栗坂 15 B 29	5/8 3 京都⑥ 未勝利 4 1800 ダ -2 1563 15ト6ヶ⑥ 武 幸 54 14 13 13 外 0.3 前 39.1 (36.5) H -3.5 オーミパドド 後 38.0 (40.0) ① -0.5 478k (+4) 2週 16 CW 24 B 32	京都ダ 0 0 0 2 阪神ダ 0 0 0 2 右回り 0 0 0 4 0 0 0 6 0 0 0 2 逃 17 % 連 0 %	⑥ 0 0 0 6
8 本 25 日 CW 23 日 差 -11	同 0 1 0 1 高 0 0 0 0 若 0 0 0 0 王 0 0 0 0 0 1 0 1	厩舎成績 新馬 16 16 13 61 未勝利初戦 11 11 11 87 前走 外か仕掛けて先手も直線は脚上がる。 ダッシ〇 パドック ▲	12/26 5 阪神❼ 新馬 2 1800 ダ -14 1551 9ト6ヶ❷ 藤岡康 54 1 1 1 最 0.6 前 38.9 (38.9) S +1.5 ナムラアラシ 後 38.0 (37.4) ❸ 0.9 434k 33 CW 28 A 32	1/10 1 京都③ 未勝利 12 1800 ダ -2 1569 16ト14ヶ⑤ 藤岡康 54 1 1 1 最 2.1 前 36.7 (36.7) M -2.2 ボッドクヒオ 後 41.0 (38.9) ⑯ 3.5 428k (-6) 1週 28 栗P 51 A 19	初 0 0 0 0 次 0 0 0 1 馬45 32 26 344 粋ずで出して先手、後ろと逃げて締む。 12/26 1 阪神❸ 1800 ダ -14 新馬 2 9ト6ヶ❷ 1 1 1 32 33 CW 28 434k 最	京都ダ 0 0 0 1 阪神ダ 0 1 0 0 右回り 0 1 0 1 0 1 0 1 0 1 0 0 逃 0 % 連 50 %	⑦ 0 1 0 1
7 本 29 日 栗坂 21 日 差 -20	同 0 0 0 1 高 0 0 0 0 若 0 0 0 1 王 0 0 0 0 0 0 0 2	厩舎成績 新馬 3 5 5 55 未勝利初戦 3 1 10 78 前走 馬なりで中団後ろ、外を回るが勢い足りない 追い返し パドック	2/6 2 京都③ 新馬 10 1800 ダ -1 1579 16ト6ヶ⑬ 田中健 54 9 11 11 内 3.5 前 39.1 (37.6) S -0.5 ワンダースペ 後 39.5 (38.1) ⑨ 1.4 470k 48 栗坂 15 S 16	2/27 1 小倉5 未勝利 6 1700 ダ -16 1498 16ト13ヶ⑪ 幸 54 11 9 9 外 1.9 前 39.2 (37.7) S -0.4 ノーブルスノ 後 39.1 (38.1) ⑥ 1.2 466k (-4) 2週 32 栗坂 23 A 20	初 0 0 0 0 次 0 0 0 1 馬12 10 16 236 出負け方追走。追い上げる脚もなく 2/6 1 京都⑤ 1800 ダ -1 新馬 10 16ト6ヶ⑬ 9 11 11 16 48 栗坂 15 470k 内	京都ダ 0 0 0 1 阪神ダ 0 0 0 0 右回り 0 0 0 2 0 0 0 2 0 0 0 0 逃 0 % 連 0 %	⑧ 0 0 0 2
8 本 29 日 CW 26 日 差 1	同 高 若 王	父 才産 母 才産 大 月 日生 日高 小				京都ダ 阪神ダ 右回り 逃 % 連 0 %	⑨
4 本 15 日 栗坂 37 A 差 -12	同 0 0 0 2 高 0 0 0 0 若 0 0 0 0 王 0 0 0 0 0 0 0 2	父 13 才産 母 10 才産 大 ネイティヴダンサー系 5月 8 日生 新ひだ 小 ミスタープロスペクター系 兄 ワンダーアムレット ロ ストラヴィンスキー		3/13 1 阪神⑥ 新馬 11 1800 ダ -6 1578 16ト15ヶ⑩ 佐藤友 54 10 11 11 中 1.6 前 39.1 (37.8) M -0.4 アドマイヤリ 後 38.7 (38.2) ⑥ 0.7 488k 30 CW 28 B 21	3/27 2 阪神② 未勝利 10 1800 ダ -9 1576 14ト12ヶ⑧ 義英真 52 10 9 10 大 1.7 前 38.7 (37.9) S -1.2 ディアスプマ 後 39.5 (39.1) ⑧ 0.9 484k (-4) 1週 23 栗坂 11 B 18	京都ダ 0 0 0 0 阪神ダ 0 0 0 2 右回り 0 0 0 2 0 0 0 2 0 0 0 0 逃 0 % 連 0 %	⑩ 0 0 0 2
0 本 17 日 連闘 27 日 差 -11	同 0 0 0 3 高 0 0 0 0 若 0 0 0 0 王 0 0 0 0 0 0 0 3	1/17 1 京都⑥ 未勝利 13 1800 ダ 1 1577 16ト15ヶ⑩ 池 添 54 9 2 5 外 1.6 前 39.1 (37.3) M -1.7 ティルヴィン 後 40.4 (38.0) ⑮ 2.1 448k (-4) 3週 34 CW 31 B 17	1/31 2 京都❷ 未勝利 4 1800 ダ -18 1539 16ト2ヶ⑭ フォー 54 9 8 8 外 0.6 前 38.0 (37.2) M -0.4 トゥールエッ 後 37.3 (37.6) ❸ 0.7 452k (+4) 1週 26 CW 2 B 30	2/27 1 阪神① 未勝利 10 1800 芝外A -14 1490 16ト3ヶ⑫ フォー 54 11 11 12 最 2.0 前 36.4 (34.9) H -0.4 エンジェルフ 後 36.3 (35.3) ⑧ 1.4 446k (-6) 3週 25 栗坂 28 B 25	5/14 3 京都⑦ 未勝利 4 1800 ダ -12 1552 16ト16ヶ⑤ 幸 54 9 6 5 内 1.4 前 38.7 (37.1) M -1.3 ジャーマンア 後 39.2 (38.4) ⑤ 0.9 446k (0) 2月 17 栗坂 27 A 28	京都ダ 0 0 0 3 阪神ダ 0 0 0 0 右回り 0 0 0 3 0 0 0 5 0 0 0 1 逃 40 % 連 0 %	⑪ 0 0 0 5
1 本 14 日 栗坂 15 日 差 14	同 0 0 1 2 高 0 0 0 0 若 0 0 0 0 王 0 0 0 0 0 0 1 2	12/6 5 阪神② 新馬 16 1400 芝A -13 1262 18ト7ヶ⑧ 四 位 54 16 15 16 外 2.3 前 37.6 (36.1) S +0.8 エターナルユ 後 36.4 (35.3) ⑰ 1.7 464k 21 CW 19 C 9	1/16 1 京都⑤ 未勝利 4 1800 ダ 1 1559 16ト12ヶ⑧ 松 田 54 14 12 10 中 0.6 前 39.6 (38.4) S -0.2 イーストオブ 後 37.8 (38.6) ① -0.2 472k (+8) 5週 20 栗P 34 B 30	1/31 2 京都❷ 未勝利 8 1800 ダ -18 1542 16ト12ヶ⑤ 浜 中 54 13 10 10 大 0.9 前 38.6 (37.2) M -0.4 トゥールエッ 後 37.2 (37.6) ❷ 0.6 468k (-4) 1週 20 栗坂 15 B 30	4/30 3 京都❸ 未勝利 3 1800 ダ -9 1540 16ト10ヶ⑤ 松 田 54 11 10 8 大 0.3 前 38.9 (37.3) S -0.8 アグネッタ 後 36.9 (38.1) ① -0.7 468k (0) 3月 16 栗P 42 A 35	京都ダ 0 0 1 2 阪神ダ 0 0 0 0 右回り 0 0 1 2 0 0 1 3 0 0 1 1 逃 0 % 連 0 %	⑫ 0 0 1 3
1 本 18 日 栗坂 26 日 差 -1	同 0 0 0 2 高 0 0 0 1 若 0 0 0 0 王 0 0 0 0 0 0 0 3	1/23 1 京都⑦ 新馬 5 1400 ダ 3 1285 16ト12ヶ❷ 岩田康 54 4 2 2 内 1.8 前 35.8 (35.2) M -3.1 エレメンツ 後 39.9 (38.3) ⑧ 2.6 416k 23 栗坂 26 A 22	2/14 2 京都❻ 未勝利 6 1800 ダ -14 1552 16ト10ヶ④ 岩田康 54 6 5 5 内 1.3 前 37.3 (36.7) M -0.6 クリスタルキ 後 38.2 (37.3) ⑦ 1.6 404k (-14) 2週 44 栗坂 29 S 29	3/5 1 小倉⑦ 未勝利 12 2000 芝B -21 2022 18ト6ヶ⑫ 川須栄 54 6 5 4 最 1.1 前 36.1 (35.1) H -1.8 ダノンエール 後 37.5 (36.9) ⑬ 1.6 398k (-6) 2週 32 栗坂 36 B 27	5/8 3 京都⑥ 未勝利 5 1800 ダ -2 1563 15ト15ヶ⑪ 小崎綾 53 7 7 7 外 0.3 前 37.9 (36.5) H -3.5 オーミパドド 後 39.3 (40.0) ④ 1.3 402k (+4) 8週 22 CW 29 B 30	京都ダ 0 0 0 3 阪神ダ 0 0 0 0 右回り 0 0 0 3 0 0 0 4 0 0 0 1 逃 0 % 連 0 %	⑬ 0 0 0 4
2 本 14 日 CW 22 日 差 6	同 0 2 1 1 高 0 0 0 0 若 0 0 0 0 王 0 0 0 0 0 2 1 1	12/25 5 阪神❼ 新馬 3 1800 ダ -14 1551 9ト9ヶ❸ Mデム 54 5 4 5 中 0.6 前 39.3 (38.9) S +1.5 ナムラアラシ 後 37.5 (37.4) ❷ 0.4 468k 18 CW 34 A 32	1/16 1 京都⑤ 未勝利 2 1800 ダ -1 1551 15ト12ヶ❶ Mデム 54 12 10 8 外 0.6 前 38.2 (36.3) H -2.0 デルマチャチ 後 37.8 (38.3) ① 0.0 462k (-6) 2週 19 CW 21 A 36	2/14 2 京都❻ 未勝利 2 1800 ダ -14 1548 16ト3ヶ❶ Mデム 54 4 5 3 最 0.9 前 37.1 (36.7) M -0.6 クリスタルキ 後 37.9 (37.3) ④ 1.3 452k (-10) 3週 18 CW 27 S 32	4/30 3 京都❸ 未勝利 8 1800 ダ -9 1553 16ト13ヶ❷ 福 永 54 3 3 3 中 1.6 前 37.8 (37.3) S -0.8 アグネッタ 後 39.3 (38.1) ⑨ 2.4 468k (+16) 2月 12 CW 32 A 25	京都ダ 0 2 0 1 阪神ダ 0 0 1 0 右回り 0 2 1 1 0 2 1 1 0 1 1 1 逃 25 % 連 50 %	⑭ 0 2 1 1
4 本 16 日 栗坂 30 日 差 -10	同 0 0 0 0 高 0 0 0 0 若 0 0 0 0 王 0 0 0 1 0 0 0 1	父 13 才産 母 6 才産 大 ネイティヴダンサー系 4月 20 日生 日高 小 ミスタープロスペクター系		1/16 1 京都⑤ 新馬 9 1200 ダ 1 1162 16ト6ヶ⑥ 畑 端 54 9 10 10 内 2.0 前 37.5 (36.4) S -1.4 チャーム 後 38.7 (37.8) ⑨ 1.5 470k 25 栗坂 29 B 14	初 0 0 0 0 次 0 0 0 0 馬32 24 36 271 追走手間取り後方から流れ込んだだけ 1/16 1 京都⑤ 1200 ダ 1 新馬 9 16ト6ヶ⑥ 9 10 10 14 25 栗坂 29 470k 内	京都ダ 0 0 0 1 阪神ダ 0 0 0 0 右回り 0 0 0 1 0 0 0 1 0 0 0 0 逃 0 % 連 0 %	⑮ 0 0 0 1
2 本 14 日 栗坂 0 日 差 1	同 0 0 0 0 高 0 0 0 0 若 0 0 0 0 王 0 0 0 0 初ダ	2/21 2 京都8 未勝利 2 1600 芝B 12 1376 15ト4ヶ❷ 福 永 54 8 7 5 大 0.1 前 36.4 (35.2) H -2.3 オリエントワ 後 37.0 (37.5) ❷ 0.7 470k (+4) 2週 8 栗坂 11 B 39	3/13 1 阪神⑥ 未勝利 4 1800 芝外A -10 1517 16ト12ヶ④ 和 田 54 7 9 8 外 0.3 前 38.3 (37.5) S +3.1 ドゥオーモ 後 34.2 (34.4) ❷ 0.4 488k (-2) 2週 7 栗坂 18 A 36	4/2 2 阪神③ 未勝利 3 1800 芝外B -15 1485 18ト3ヶ④ 和 田 54 7 8 6 内 0.3 前 36.7 (36.0) M +1.7 フライングレ 後 34.1 (34.3) ⑥ 0.4 486k (-2) 2週 7 栗坂 0 A 39	4/30 3 京都③ 未勝利 5 1800 芝外C -18 1475 16ト13ヶ❸ 和 田 54 3 4 3 中 0.4 前 34.9 (34.9) H -0.7 エッジースタ 後 35.9 (35.6) ⑧ 0.8 488k (+2) 3週 10 CW 11 B 38	京都ダ 0 0 0 0 阪神ダ 0 0 0 0 右回り 0 0 0 0 0 2 3 3 0 0 0 0 逃 0 % 連 25 %	⑯ 0 2 3 3

●2016年５月21日
京都１Ｒ
（３歳未勝利、ダート1800ｍ良）

１着⑦グロリアスメーカー
２着⑫エアショウ
３着⑤レッドディオーサ
単⑦3910円　複⑦1040円
⑫200円　⑤570円
馬連⑦ー⑫13980円
馬単⑦→⑫30470円
３連複⑤⑦⑫37030円
３連単⑦→⑫→⑤311740円

2016年05月21日（土）
3回京都9日目

1　10:00

３歳未勝利

馬齢　牝 指

1	中2週	1	▲ ▲ ◎	キョウワゼノビア	ハーツクライ	サンデーサイレンス	黒鹿 牝3	アサカフジ	シーキングザゴールド	13	5.6	3	有協和牧場	協和牧場	54.0	幸	西 16 位 16	栗 角田晃	37	-27	386	11	382	3	100%	100%
1	中 週	2	△ ： ：	エイシンイジゲン	マンハッタンカフェ		青鹿 牝3	エーシンマダムジー	Giant's Causeway	13	9.2	6	株栄進堂	栄進牧場	54.0	和田	西 7 位 28	栗 今野貞	21	15.1	381	6	392	12	0%	0%
2	中1週	3	◎ 注 ▲	フラワーファースト	ネオユニヴァース	サンデーサイレンス	鹿毛 牝3	ウィストラム	フレンチデピュティ	12	5.3	2	黒川 哲美	ノーザンファーム	54.0	川田	西 3 位 51	栗 岡田	32	4.2	368	1	393	13	0%	100%
2	中2週	4	： ： ：	ジョープレシャス	マンハッタンカフェ	サンデーサイレンス	黒鹿 牝3	ジョーゲルダ	オペラハウス	14	173.7	16	上田 けい子	土居 忠吉	▲51.0	三津谷	西 54 位 2	栗 中竹	14	22.5	387	13	406	16	0%	0%
3	3ヶ月	5	： ☆ ：	レッドディオーサ	キングカメハメハ	キングマンボ	鹿毛 牝3	ブレンダ	ロックオブジブラルタル	13	11.0	7	株東京ホースレ	下河辺牧場	54.0	初 浜中	西 29 位 7	栗 庄野	22	14.5	380	5	390	9	0%	0%
3	中1週	6	☆ ： △	ドゥラセア	マンハッタンカフェ	サンデーサイレンス	黒鹿 牝3	レックスレイノス	インティカブ	13	24.3	9	中辻 明	社台コーポレーシ	54.0	武幸	西 35 位 5	栗 日吉正	31	5.2	387	12	379	2	25%	50%
4	4ヶ月	7	： △ ：	グロリアスメーカー	エンパイアメーカー	アンブライドルド	鹿毛 牝3	ラストアロー	アサティス	11	24.9	10	有フジワラ・フ	フジワラファーム	54.0	初 秋山	西 25 位 9	栗 藤岡健	29	7.9	372	2	391	10	50%	100%
4	2ヶ月半	8	： ： ：	ガーデンタイム	シンボリクリスエス	クリスエス	鹿毛 牝3	リサイトアチャーム	アグネスタキオン	13	107.8	14	山本 堅治	佐藤 隆一	54.0	初 国分優	西 38 位 4	栗 湯窪	14	22.1	395	16	384	7	0%	0%
5	中 週	9	： ： ：	ワンダーラスト	キングカメハメハ		鹿毛 牝3	ブロードストリート	アグネスタキオン	12	8.8	5	下河邉 行雄	下河辺牧場	54.0	岩田康	西 4 位 38	栗 藤原英	13	24.0	384	8	395	15	0%	0%
5	中7週	10	： ： ：	ワンダーピルエット	エンパイアメーカー	アンブライドルド	鹿毛 牝3	ワンダーグラス	グラスワンダー	12	116.0	15	山本 能行	フクダファーム	54.0	再 佐藤友	笠 位 3	栗 小崎	20	16.5	384	10	384	6	0%	0%
6	[illegible]	11	： ： ：	ゴールデンティアラ	ハーツクライ	サンデーサイレンス	栗毛 牝3	ルビーマイディア	ゴーンウェスト	11	33.5	11	菅原 広隆	新冠橋本牧場	54.0	初 松若風	西 11 位 21	栗 松永昌	28	9.0	387	14	393	14	33%	66%
6	中2週	12	○ ◎ ○	エアショウ	ディープスカイ	アグネスタキオン	黒鹿 牝3	トークショウ	ディクタット	12	6.0	4	H.H.シェイク	ダーレー・ジャパ	54.0	松田	西 17 位 16	栗 野中	34	27	388	15	370	1	100%	0%
7	中1週	13	： ： ：	ダンスウィズミー	ディープインパクト	サンデーサイレンス	鹿毛 牝3	スプリングマンボ	キングマンボ	9	44.5	12	石川 達絵	グランド牧場	☆53.0	小崎綾	西 21 位 13	栗 角居	30	6.2	384	9	383	5	0%	66%
7	中2週	14	注 ○ ☆	ベルクリア	ヴァーミリアン	エルコンドルパサー	芦毛 牝3	プレシャスライフ	タイキシャトル	9	3.9	1	水上 行雄	笠松牧場	54.0	再 Mデム	西 2 位 00	栗 吉田直	31	5.2	377	4	383	4	50%	75%
8	4ヶ月	15	： ： ：	アイギーナ	[illegible]	[illegible]	黒鹿 牝3	ディアアレトゥーサ	トーセンダンス	12	64.3	13	株G1レーシン	野島牧場	54.0	畑端	西 64 位 0	栗 須貝尚	16	20.7	382	7	391	11	0%	0%
8	中2週	16	： ： 注	タガノガンチャン	ハービンジャー	ダンシリ	鹿毛 牝3	タガノガンチーニ	ネオユニヴァース	12	11.6	8	八木 良司	新冠タガノファー	54.0	初 松山弘	西 12 位 19	栗 川村	32	4.2	373	3	390	8	0%	0%

この3頭が、変わり身があっても不思議のない馬です。あと4頭……7頭ボックスに選んだ馬と人気をピックアップしてみましょう。

・①キョウワゼノビア（5番人気、8・1倍）
・③フラワーファースト（1番人気、3・9倍）
・⑤レッドディオーサ（7番人気、15・3倍）
・⑦グロリアスメーカー（10番人気、39・1倍）
・⑫エアショウ（3番人気、4・9倍）
・⑭ベルクリア（2番人気、4・3倍）
・⑯タガノガンチャン（6番人気、9・0倍）

1〜3番人気馬の中で明確に軸を決められなかったレースで、穴馬も3、4頭いるという構成です。ボックス馬券だと人気馬同士で決着した際、トリガミの可能性もありますが、穴馬が1頭でも激走すれば最低でもチャラは見込めます。

そもそも、人気馬同士で1〜3着を占める可能性は限りなく低そうなレースを選んで、3連複7頭ボックスを購入しています。ちょっとズレて決まってくれれば3連複万馬券は間違いなし。

レースは「推定前半3ハロン」2位のグロリアスメーカーが逃げて勝利。10番人気（単勝39・1倍）と穴馬の激走です。2着が人気馬の一角を占めていたエアショウ、3着に「初ダート」で7番人気だったレッドディオーサで決着。目論見通り、穴馬が激走し上位人気馬は1頭しか馬券になりませんでした。

3連複は3万7030円とホームラン！　1点300円購入していたので11万1090円の払い戻しとなりました。

ここは、むやみやたらに3連複7頭ボックスを購入しているのではなく、意識しての選択だということを理解してもらえればと思います。

一番のポイントは、7頭のバランスです。荒れるレースとはいえ、1～3番人気馬を無理に切ることはありません。あとは変わり身の要素を持った馬を何頭ピックアップできるか。私の場合は「推定3ハロン」で上位ランクの人気薄や、変わり身が注目される「初ダート」（初ダートほどではないが

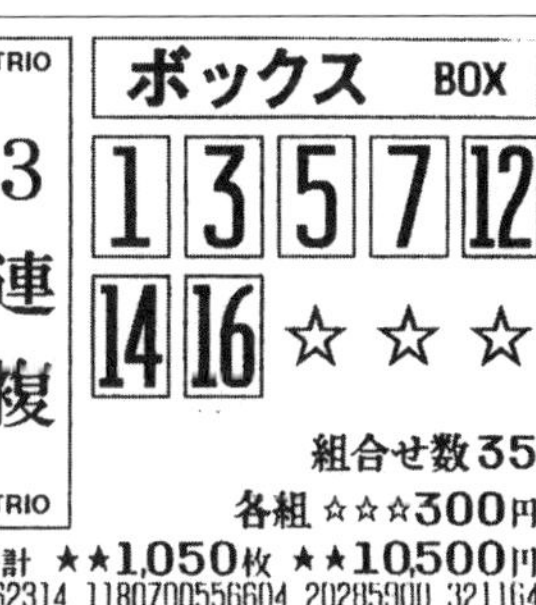

「初芝」も）といったファクターを重視しています。3歳未勝利戦では、意外にも「初〜」という馬がそれほど人気になるケースは少ないようです。

午前中（下級条件）のレースは確かに難しいかもしれませんが、このように3連複7頭ボックスで楽しめるレースもあるということを覚えておいてもらいたいと思います。

まだあります！3連複の奥が深いテクニック

3連複馬券は本当に奥が深いと思います。他にも買い方はたくさんあることでしょう。

・1頭軸で相手の優劣を決めない流し馬券
・軸を2頭にした2頭軸流し
・1軸目を2頭にした変則フォーメーション
・1軸目、2軸目を3頭で、ヒモを総流しした変則フォーメーション

……などなど、まだまだ買い方のバリエーションはありそう。中でも1頭軸流しは、複勝にかなり近い意味を持っています（別掲参照）。

1頭軸で流す場合には、相手馬に穴馬を何頭入れられるかがポイントとなるでしょう。そういった意味では3連複1頭軸のフォーメーションと似ています。ただ、相手馬にあえ

て差をつけないのが馬券のポイント。

3連複1頭軸フォーメーションがワイドの応用なら、1頭軸流しは複勝の発展形といえます。

相手8点の場合、1点100円なら2800円かかります。1点2800円で複勝を購入するのが得なのか、3連複で穴馬を入れつつ配当が上ブレすることを待つのか。

説明してきたように、人気馬を軸にするのであれば複勝の配当は頭打ち。穴馬から入っても、複勝だと大儲けすることは難しい。その点、上ブレが期待できるのが3連複なのです。もちろん、相手8頭でも抜けてしまうケースもあるでしょうが……。

★3連複1頭軸流しの点数早見表

相手4頭……6点
相手5頭……10点
相手6頭……15点
相手7頭……21点
相手8頭……28点

一方、軸を2頭にした2頭軸流しでは、相手を手広く取れるのが大きなメリット。これはワイド1点買いと同じ意味を表しています。ヒモの頭数がそのまま点数になるので、仮に相手が5頭なら5点で済みます。

この場合、厚く馬券を購入することが可能です。場合によっては1000円、2000

円単位での購入もできることでしょう。

こちらも、ワイド1点よりも配当に恵まれる可能性が高いということは見逃せません。ワイドの平均配当は約2000円です。確かに20倍の配当がつき1点勝負ができるのなら、ワイドのほうがリスクも低いかもしれません。しかし、20倍のワイドを1点で当てることはなかなか難しい。難度を下げて10倍程度のワイドであれば、3連複2頭軸で勝負したほうが配当効率も上回ることでしょう。


お次は1軸目を2頭にしての変則フォーメーションです。これは、例えば1軸目：2頭―2軸目：7頭―3軸目：7頭といった組み合わせになります（この場合は25点）。そのポイントは、軸に当たる2頭は1～3番人気以外の馬にすること。配当妙味のある馬を入れることで、3連複で30倍以上を目指す馬券の買い方となります。

1頭軸（フォーメーション、もしくは流し）で購入する方法が3連複の基本ですが、応用する買い方もあるということは覚えておいてほしいと思います。

さらに軸を3頭ピックアップする変則フォーメーションは、具体的には3頭―3頭―ヒモ（総流しができそうなレースが望ましい）というもの。ワイド3点買いの応用で、3頭の中で優劣がつけられない場合です。3頭の中で優劣がつけられるのであれば、1頭―2頭―ヒモという、王道？ の3連複フォーメーション馬券が成立します。

3頭―3頭―ヒモの変則フォーメーションで的中したのが、2016年2月20日京都11R京都牝馬Sです。

2番人気②ウリウリ（単勝5・7倍）は、前年暮れの阪神カップで5着。ゴナャつく面があったので、力負けではないでしょう。しかし、今回は57キロの斤量を背負うことになるので楽ではないはず。「ハイブリッド指数」も6位なので、軸にするのは危険と判断しました。

1番人気⑭クイーンズリング（4・7倍）は秋華賞で2着、エリザベス女王杯で8着。GⅠで馬券になっていることもあり、「ハイブリッド指数」もまずまず高い値でした。

3番人気⑪ウインプリメーラ（6・1倍）は年始の京都金杯で初重賞制覇していますし、京都コースは【5―1―1―2】と相性がよいのもポイント。「推定前半3ハロン」、「推定後半3ハロン」ともに5傑入り。ウリウリ、クイーンズリングらの有力馬と比較して、先行力がある点も大きなアドバンテージとなります。

クイーンズリング、ウインプリメーラともに人気馬ですが、中心になりそうな存在です。

ァス 18頭

芝外B 1400

基準HB
68

馬場傾向	前半			後半		
上がり3F1位	5	フレイムコード	36.0	6	ウキヨノカゼ	33.8
4-3-0-2	3	レオパルディナ	36.1	14	クイーンズリング	34.0
4角先頭	4	ベルルミエール	36.1	2	ウリウリ	34.3
3-1-1-4	11	ウインプリメーラ	36.2	13	ゴールデンナンバー	34.4
	12	クールホタルビ	36.3	11	ウインプリメーラ	34.5

●2016年２月20日
京都11Ｒ京都牝馬Ｓ
（ＧⅢ、芝1400ｍ重）

＜久保の印・予想＞
◎⑪ウインプリメーラ
（３番人気、6.1倍）
○⑭クイーンズリング
（１番人気、4.7倍）
▲⑥ウキヨノカゼ
（４番人気、7.5倍）
△⑬ゴールデンナンバー
（13番人気、46.6倍）
△②ウリウリ
（２番人気、5.7倍）
☆⑤フレイムコード
（14番人気、152.4倍）

１着⑭クイーンズリング
２着⑩マジックタイム
３着⑪ウインプリメーラ
単⑭470円　複⑭190円
⑩340円　⑪220円
馬連⑩－⑭3500円
馬単⑭→⑩5920円
３連複⑩⑪⑭6220円
３連単⑭→⑩→⑪36210円

2016年02月20日（土）
2回京都7日目　第51回
11　GⅢ 京都牝馬ステーク
15:35　4歳以上オープン　別定　(国際)(牝)指

枠	間隔	馬番	印	印	印	父	父母父	馬名	毛色・性齢	母	母父				馬主	生産者	斤量	騎手		調教師								
1	中9週	1	:	:	:	アドマイヤジャパン	サンデーサイレンス	ダンツキャンサー	黒鹿 牝5	チョウカイクリス	サクラバクシンオー	13	55.4	15	山元 哲二	千代田牧場	54.0	再 和田	西 11 他 7	栗 谷	59	8.5	369	12	357	15	20%	60%
1	中7週	2	▲	:	☆	ディープインパクト	サンデーサイレンス	ウリウリ	青毛 牝6	ウィキウィキ	フレンチデピュティ	12	4.9	2	金子真人ホール	ノーザンファーム	57.0	岩田康	西 5 他 9	栗 藤原英	63	4.2	371	14	343	3	54%	25%
2	2ヶ月	3	:	:	:	スニッツェル	リダウツチョイス	レオパルディナ	鹿毛 牝4	ビオンドバンチーラ	シーキングザゴールド	14	39.9	14	(有)キャロットF	坂東牧場	54.0	再 武幸	西 50 他 1	栗 高橋康	52	15.2	361	2	360	16	30%	80%
2	2ヶ月半	4	:	:	:	スウェプトオーヴァ	エンドスウィープ	ベルルミエール	鹿毛 牝5	フレンチビキニ	サンデーサイレンス	15	35.1	12	佐々木 政充	社台ファーム	54.0	川島	西 24 他 3	栗 高橋亮	60	8.0	361	3	353	13	18%	62%
3	中4週	5	:	:	:	タヤスツヨシ	サンデーサイレンス	フレイムコード	鹿毛 牝7	シマノラピス	オペラハウス	8	92.9	17	(有)イクタ	村本牧場	54.0	初 太宰	西 20 他 5	栗 谷	59	8.6	360	1	363	18	3%	96%
3	4ヶ月	6	:	:	▲	オンファイア	サンデーサイレンス	ウキヨノカゼ	黒鹿 牝6	アドマイヤダッシュ	フサイチコンコルド	12	7.9	4	國分 純	ファニーフレンズ	55.0	四位	西 39 他 1	美 菊沢隆	65	2.4	374	16	338	1	40%	40%
4	中8週	7	:	:	:	ゼンノロブロイ	サンデーサイレンス	ベルフィカ	黒鹿 牝4	スティーリンキッシ	スカイメサ	4	16.0	8	前田 幸治	ノースヒルズ	54.0	再 武豊	西 3 他 19	栗 岡田	63	5.0	371	13	351	11	60%	0%
4	中8週	8	:	◎	△	ディープインパクト	サンデーサイレンス	ディープジュエリー	鹿毛 牝4	ジュエルオブザナイト	ジャイアンツコーズウェ	11	14.2	7	吉田 勝己	ノーザンファーム	54.0	初 戸崎圭	東 1 他 23	美 国枝	65	3.0	380	18	347	7	66%	0%
5	中2週	9	:	:	:	メイショウボーラー	タイキシャトル	ヤサカオディール	黒鹿 牝7	ヴァドヴィーツェ	エリシオ	14	139.6	18	志西 富彦	八木 常郎	54.0	初 酒井学	西 22 他 4	美 水野	57	10.7	367	7	351	10	23%	29%
5	中2週	10	:	:	:	ハーツクライ	サンデーサイレンス	マジックタイム	昇 黒鹿 牝5	タイムウィルテル	ブライアンズタイム	12	31.5	11	(有)サンデーレー	ノーザンファーム	54.0	柴山雄	東 6 他 8	美 中川	63	4.7	366	6	352	12	66%	13%
6	中6週	11	△	▲	◎	ステイゴールド	サンデーサイレンス	ウインプリメーラ	黒鹿 牝6	エリモプリティー	フォーティナイナー	14	6.7	3	(株)ウイン	ビッグレッドファ	55.0	川田	西 4 他 15	栗 大久龍	68	-2.4	362	4	345	5	18%	81%
6	中8週	12	:	:	:	マツリダゴッホ	サンデーサイレンス	クールホタルビ	栗毛 牝4	プラセール	ヘクタープロテクター	8	76.0	16	川上 哲司	畠山牧場	54.0	初 藤岡佑	西 49 他 1	栗 清水久	49	18.4	363	5	361	17	7%	61%
7	中4週	13	:	:	:	ダイワメジャー	サンデーサイレンス	ゴールデンナンバー	栗毛 牝7	アークティックシルク	セルカーク	17	23.2	10	池谷 誠一	ダーレー・ジャパ	54.0	再 福永	西 41 他 1	美 萩原	63	4.7	373	15	344	4	83%	4%
7	3ヶ月	14	◎	○	注	マンハッタンカフェ	サンデーサイレンス	クイーンズリング	黒鹿 牝4	アクアリング	デヒア	7	3.3	1	吉田 千津	社台ファーム	56.0	再 Mデム	西 2 他 23	栗 吉村圭	65	3.0	376	17	340	2	50%	37%
7	中4週	15	☆	注	:	[illegible]	サンデーサイレンス	リーサルウェポン	鹿毛 牝5	クイックコマンド	ゴールドレジェント	8	18.1	9	Him Rock	タバタファーム	54.0	初 フォー	愛 他 9	栗 荒川	62	6.9	368	10	350	9	71%	33%
8	中5週	16	○	:	:	ディープインパクト	サンデーサイレンス	スナッチマインド	挑 鹿毛 牝5	スナッチド	キャットシーフ	6	11.3	5	(有)シルクレーシ	社台コーポレーシ	53.0	再 菱田裕	西 21 他 4	栗 岡田	62	5.3	368	9	347	6	61%	23%
8	3ヶ月	17	注	△	○	ディープインパクト	サンデーサイレンス	レッドオーヴァル	鹿毛 牝6	コートアウト	スマートストライク	1	14.1	6	(株)東京ホースレ	社台ファーム	55.0	ルメー	西 1 他 27	栗 安田隆	65	2.4	369	11	349	8	47%	17%
8	中4週	18	:	☆	:	ホワイトマズル	ダンシングブレーヴ	リメインサイレント	鹿毛 牝6	サイレントアスク	サンデーサイレンス	11	39.1	13	(有)社台レースホ	社台ファーム	54.0	初 川原正	兵 他 0	栗 田中章	60	8.1	367	8	355	14	24%	72%

もう1頭、取りあげたのが⑥ウキヨノカゼです。スプリンターズSを含めて、3戦続けて上がり最速をマークしている馬。3歳時にはマイル重賞のクイーンCを制しており、距離延長にも対応できるはず。

また同馬は「推定後半3ハロン」1位でもあり、大外から豪快に伸びてくるシーンを期待したいところ。4番人気（7・5倍）とそこそこ人気ですが、1番人気馬でも単勝4・7倍というように、レースは混戦模様。牝馬限定戦ということもあり、波乱を狙ってのヒモ総流しで臨みました。

ウキヨノカゼ、ウインプリメーラ、クイーンズリングの3頭を軸にした3頭―3頭―総流しの3連複フォーメーションをまず1点500円ずつ購入（34点）。さらにウインプリメーラを1頭軸にした1頭―5頭―総流し（50点）も付け加えました。この2軸目の5頭の中には、穴馬も入れて波乱に備えます。

レースはクイーンズリングが中団から伸びて快勝。ウインプリメーラは道悪が影響してか反応こそ悪かったものの、しぶとく脚を伸ばして3着を死守してくれました。2着に6番人気（11・5倍）の⑩マジックタイム。

軸にした3頭中2頭が絡んで、3連複6220円が的中。思ったほどヒモは狂わなかったというのがレース後の実感です。万馬券には届きませんでしたが、それでも6220円なら、まずまずといったところ。

結果から考えると、ワイドは7～11倍程度だったので、このレースの場合はワイドを購入するのもひとつの戦略だったのかもしれません。ただ、上ブレを狙って万馬券にならなくても、3連複ならトリガミになることは少なく、立派な武器になるということを示してくれたレースでした。

3連複の詳しい買い方については、同じKKベストセラーズから刊行されている高中晶敏さんが書かれた『ここに福あり！3連複論』や、私の前書『京大式馬券選択のルールブック』を併読していただければと思います。3連複という券種の奥深さが伝わることは間違いありません。

2016年2回7日
京都
11レース
TRIO 3連複 TRIO
フォーメーション
6 11 14 ☆ - 6 11 14 ☆ - 2 4 5 6 7 8 10 11 12 13 14 15 16 17 ☆ ☆ ☆ ☆
組合せ数34
第51回 (GⅢ)
京都牝馬ステークス
各組 ☆☆☆500円
WINS梅田
2月20日
合計 ★★1,700枚 ★★17,000円
2423101150500 2843340696575 10210273 302742

2016年2回7日
京都
11レース
TRIO 3連複 TRIO
フォーメーション
11 - 6 13 2 5 14 ☆ - 2 4 5 6 7 8 10 11 12 13 14 15 16 17 ☆ ☆ ☆ ☆
組合せ数50
第51回 (GⅢ)
京都牝馬ステークス
各組 ☆☆☆100円
WINS梅田
2月20日
合計 ★★★500枚 ★★★5,000円
2423101152775 2841540803087 70210275 302742

さて、その前書ではほとんど買わないと記した3連単ですが、最近は購入する機会が増えてきました。続いては私なりの3連単購入術をまとめてみることにします。

断トツ人気馬の2着付け3連単で、33万円超のリターン

3連単の破壊力については、説明するまでもないでしょう。データ集計期間内の3連単平均配当は16万1211円と、まさに一撃必殺。重賞レースともなると、売り上げのシェアが40%以上になることも結構あり、皆さんが3連単にチャレンジしているのがよくわかります。

しかし、3連単を少点数でしとめるのは、よほどのことがないと難しいのは間違いありません。かといって、人気サイドの馬券ばかりを購入するのでは、3連単馬券の醍醐味もないでしょう。

馬単の項目でもテクニックのひとつとして、圧倒的人気馬の2着付けという方法を紹介しました。3連単でも同様の戦術は有効です。少なくとも**圧倒的1番人気馬の1着固定の馬券は、危険で妙味ナシ**というところです。

その例で取りあげるのは、2016年5月7日京都3R。

このレースで1番人気に推されていたのが⑩トウシンダイヤでした。単勝1・7倍と、圧倒的1番人気の馬です。

しかし、馬単の項目でも紹介しましたが、トウシンダイヤは安定して走るものの勝ち切れないタイプの馬。3歳5月の未勝利戦で単勝1倍台の馬は馬券になる確率こそ高いですが、人気ほど勝率は高くないもの。とはいえ、トウシンダイヤの「ハイブリッド指数」は抜けて高い状況ですから、軸としては信頼できます。

強敵は、4戦して芝で2着が2回、そして「初ダート」に該当する⑫ショウナンアストル（2番人気、5・1倍）。芝戦での着順こそ冴えませんでしたが、②プログレスシチー（5番人気、20・3倍）も「初ダート」に該当し、変わり身があっても不思議はありません。

この2頭に加え、キャリアが浅くこのレースが2戦目の⑪アドマイヤハード（4番人気、7・2倍）、距離延長でうまく先手が取れれば怖い「推定前半3ハロン」1位の⑤クールヤシャマル（7番人気、27・8倍）を1着欄にマーク。2着欄には先述のような理由でトウシンダイヤを。3着欄には能力的に厳しそうな①③⑥⑨を除いた7頭（⑦は出走取消）で、3連単を購入しました。

4頭→1頭→7頭のフォーメーション馬券で24点。1点500円の勝負です。1着が2

12頭

ダート 1800

基準HB
35

馬場傾向		前半			後半	
上がり3F1位	5	クールヤシャマル	36.6	10	トウシンダイヤ	37.5
3-3-3-3	7	ポポス	36.7	4	クリノプラハ	37.5
4角先頭	8	トウカイエクレール	37.5	12	ショウナンアストル	37.9
2-1-0-9	10	トウシンダイヤ	37.7	8	トウカイエクレール	38.3
	9	ルドルフィーナ	37.7	9	ルドルフィーナ	38.3

成績	1	2	3	4	コース	番
2 本 同 0 0 0 0 38 B 孟 0 0 0 0 栗坂 右 0 0 0 0 41 B 左 0 0 0 1 匿 -15 0 0 0 1	父 6 才産 母 7 才産 1月17日生 安平 大 ロイヤルチャージャー系 小 ヘイロー系 13 年 セレクト 1995 万円		厩舎成績 新馬 1 0 3 20 未勝利初戦 1 3 2 17 前走 S 一息で後方。追い上げる脚もなく。 後方まま パドック	4/24 3 京都② 未勝利 15 1200 ダ -18 1153 16ト13ヶ⑪ 佐藤友 54 16 13 13 中 3.3 前 36.7 (34.8) H -2.4 シルバードリ 後 38.6 (37.2) ⑫ 2.0 34 栗坂 33 A 11 482k	京都ダ 0 0 0 1 阪神ダ 0 0 0 0 右回り 0 0 0 1 0 0 0 1 0 0 0 0 遅 100% 速 0%	① 0 0 0 0 1
1 本 同 0 0 0 0 23 B 孟 0 0 0 0 栗坂 右 0 0 0 0 28 B 左 0 0 0 0 匿 -11 初ダ	10/4 4 阪神⑨ 新馬 10 1400 芝B -4 1257 15ト1ヶ⑧ 加藤祥 52 12 12 14 中 0.8 前 37.7 (36.5) S +1.4 ウォーターミ 後 35.1 (35.1) ⑤ 0.3 20 栗坂 29 B 20 472k	10/17 4 京都④ 未勝利 5 1800 芝外A -24 1499 10ト6ヶ⑧ 国分優 55 10 8 8 外 0.5 前 37.0 (35.6) M +0.8 デンコウアン 後 34.4 (34.8) ② 0.2 1週 20 栗坂 21 B 31 470k (-2)	3/27 2 阪神② 未勝利 9 1800 芝外A -14 1485 18ト7ヶ⑨ 藤岡佑 56 10 13 13 内 1.0 前 36.7 (35.1) H -0.3 ウォーターシ 後 35.1 (35.4) ④ 0.6 5月 7 栗坂 28 B 30 470k (0)	4/24 3 京都② 未勝利 11 2000 芝C -20 2020 18ト3ヶ⑪ 太宰 56 17 16 15 外 1.0 前 38.4 (36.5) M +1.2 エクセレント 後 35.1 (35.3) ④ 0.2 3週 17 栗坂 34 A 33 468k (-2)	京都ダ 0 0 0 0 阪神ダ 0 0 0 0 右回り 0 0 0 0 0 0 0 4 0 0 0 0 遅 50% 速 0%	② 0 0 0 0 4
1 本 同 0 0 0 0 23 B 孟 0 0 0 0 CW 右 0 0 0 0 20 B 左 0 0 0 0 匿 -7 初ダ	父 11 才産 母 7 才産 2月25日生 浦河 大 ロイヤルチャージャー系 小 ヘイロー系 兄 ハイスタンダード 0 スズカマンボ 兄 スズカビビッド 1 勝 スズカフェニックス 05 京 芝中 17 17 16 10		厩舎成績 新馬 6 5 4 65 未勝利初戦 3 3 5 77 前走 出遅れ観速打ち前に進まず離れた後方のまま スタ悪い パドック	4/23 1 福島⑤ 未勝利 13 2000 芝B -28 2046 16ト3ヶ⑫ 荻野極 51 16 15 15 内 4.3 前 39.6 (34.5) H -2.0 クリノサンス 後 35.6 (36.5) 1 -0.7 49 CW 24 A 7 474k	京都ダ 0 0 0 0 阪神ダ 0 0 0 0 右回り 0 0 0 0 0 0 0 1 0 0 0 0 遅 100% 速 0%	③ 0 0 0 0 1
2 本 同 0 0 0 3 20 B 孟 0 0 0 1 CW 右 0 0 0 0 28 B 左 0 0 0 0 匿 0 0 0 0 4	2/28 1 阪神② 未勝利 11 1400 ダ -9 1271 15ト10ヶ⑩ 高倉稜 56 16 15 15 最 2.2 前 37.3 (35.5) M -1.6 ダノンフェイ 後 37.5 (37.1) ④ 0.6 2週 19 CW 27 S 22 556k (+2)	3/13 1 阪神⑥ 未勝利 6 1800 ダ -6 1564 13ト5ヶ⑦ 小牧太 56 8 3 4 外 1.7 前 40.0 (38.6) S +1.7 ミラクルユニ 後 38.4 (36.9) ⑧ 1.7 1週 23 CW 26 S 29 546k (-10)	3/26 2 阪神① 未勝利 6 1800 ダ -8 1556 16ト15ヶ⑨ 藤岡佑 56 8 6 7 中 0.9 前 37.2 (36.3) H -2.8 ロードレグナ 後 39.4 (39.1) ⑥ 1.2 1週 23 CW 28 B 29 544k (-2)	4/16 2 阪神⑦ 未勝利 8 1800 ダ -10 1549 16ト11ヶ⑫ 藤岡佑 56 15 14 11 大 1.0 前 38.7 (36.6) H -2.0 アフターミー 後 38.1 (38.6) ② 0.3 2週 14 栗坂 22 S 34 546k (+2)	京都ダ 0 0 0 0 阪神ダ 0 0 0 4 右回り 0 0 0 4 0 0 0 5 0 0 0 0 遅 40% 速 0%	④ 0 0 0 0 5
3 本 同 0 0 0 1 30 B 孟 0 0 0 1 CW 右 0 0 0 0 32 B 左 0 0 0 0 匿 28 0 0 0 2	父 11 才産 母 12 才産 5月27日生 浦河 大 ネイティヴダンサー系 小 ミスタープロスペクター系 姉 カシノカルミア 4 勝 ダンスインザダーク 08 新 芝短 16 12 9 7 兄 サンマルグロワール 5 勝 マンハッタンカフェ 函 中 芝短 15 14 14 11 兄 フミノファルコン 4 勝 スタチューオブリバ 10 阪 ダ短 11 9 9 5 姉 ウィステリアガール 1 勝 メイショウボーラー 08 新 芝短 13 13 13 15		6/16 2 新潟⑥ 新馬 9 1800 ダ -4 2000 15ト1ヶ⑥ 田中勝 54 2 2 2 中 3.7 前 37.8 (37.7) S -0.6 メイショウゴ 後 41.9 (38.3) ⑫ 3.6 23 栗坂 35 A 7 540k	4/16 2 阪神⑦ 未勝利 7 1400 ダ -10 1264 16ト15ヶ⑩ 小牧太 56 1 2 2 中 1.1 前 35.1 (35.0) H -3.1 バトルハルト 後 39.0 (38.1) ⑫ 1.4 8月 23 CW 37 S 31 530k (-10)	京都ダ 0 0 0 0 阪神ダ 0 0 0 1 右回り 0 0 0 1 0 0 0 2 0 0 0 0 遅 0% 速 0%	⑤ 0 0 0 0 2
1 本 同 0 0 0 3 23 B 孟 0 0 0 0 栗坂 右 0 0 0 0 0 B 左 0 0 0 0 匿 -8 0 0 0 3	厩舎成績 新馬 7 5 6 73 未勝利初戦 3 4 4 94 前走 後方でモタ付き3角で鞍上の手動く。 後方まま パドック	12/13 5 阪神④ 新馬 10 1800 ダ -12 1583 16ト4ヶ⑭ 勝浦 55 13 14 14 大 4.3 前 39.8 (38.1) S +1.3 ゴールドドリ 後 39.9 (36.8) ⑯ 3.6 50 CW 10 A 3 480k	4/2 2 阪神③ 未勝利 15 1800 ダ -9 1568 16ト12ヶ⑯ 三津谷 53 15 11 10 最 3.0 前 39.4 (36.1) H -3.4 カネトシクレ 後 40.8 (39.8) ⑯ 2.6 3月 29 栗坂 0 S 18 484k (+4)	4/24 3 京都② 未勝利 13 1800 ダ -18 1578 16ト2ヶ⑮ 三津谷 53 12 13 14 内 4.3 前 37.8 (36.7) M -1.7 カフェブリッ 後 41.4 (38.4) ⑫ 3.9 2週 47 栗坂 2 A 0 478k (-6)	京都ダ 0 0 0 1 阪神ダ 0 0 0 2 右回り 0 0 0 3 0 0 0 3 0 0 0 0 遅 0% 速 0%	⑥ 0 0 0 0 3
2 本 同 0 0 0 3 23 B 孟 0 0 0 0 CW 右 0 0 0 0 28 B 左 0 0 0 0 匿 10 0 0 0 3	12/20 5 阪神⑥ 新馬 12 2000 芝A -8 2053 14ト8ヶ⑪ 松山弘 55 10 10 10 外 2.6 前 38.0 (36.5) M +0.9 メイショウタ 後 37.1 (35.6) ⑪ 2.1 39 CW 32 B 20 520k	1/10 1 京都③ 未勝利 7 1800 ダ -2 1557 16ト3ヶ⑦ 幸 56 11 10 8 最 1.4 前 39.0 (37.7) S +0.3 メイショウマ 後 37.9 (37.4) ⑥ 1.0 2週 55 CW 34 S 29 520k (0)	1/24 1 京都⑧ 未勝利 5 1800 ダ 5 1570 16ト11ヶ⑤ 松山弘 56 4 4 4 外 1.3 前 38.3 (37.9) S -0.4 ディスピュー 後 38.9 (38.3) ⑥ 1.6 1週 26 栗坂 36 A 28 524k (+4)	4/16 2 阪神⑦ 未勝利 6 1800 ダ -10 1548 16ト6ヶ⑧ 松山弘 56 1 1 1 最 0.9 前 36.6 (36.6) H -2.0 アフターミー 後 39.5 (38.6) ⑫ 1.7 2月 24 CW 46 S 33 516k (-8)	京都ダ 0 0 0 2 阪神ダ 0 0 0 1 右回り 0 0 0 3 0 0 0 4 0 0 0 0 遅 0% 速 0%	⑦ 0 0 0 0 4
1 本 同 0 0 2 2 17 B 孟 0 0 0 0 栗坂 右 0 0 0 0 32 B 左 0 0 0 0 匿 8 0 0 2 3	12/27 5 阪神⑧ 未勝利 3 1800 ダ -10 1548 15ト9ヶ⑦ 柴田未 55 10 8 7 外 0.5 前 38.4 (37.4) M -1.4 ロードボアソ 後 38.3 (38.8) ③ 0.5 1週 26 CW 21 A 33 466k (+2)	1/11 1 京都④ 未勝利 6 1800 ダ -2 1555 16ト9ヶ⑤ 柴田未 56 12 10 7 外 0.9 前 37.7 (36.2) H -2.9 グランセブル 後 39.0 (39.1) ⑤ 0.7 1週 17 栗坂 23 A 31 464k (-2)	4/10 2 阪神⑥ 未勝利 5 1800 ダ -10 1544 16ト11ヶ④ 柴田未 56 7 8 7 大 0.5 前 38.1 (36.1) H -2.4 タガノインペ 後 38.3 (38.5) ② 0.3 3月 18 CW 33 A 37 466k (+2)	4/23 3 京都① 未勝利 4 1900 ダ -18 1597 16ト6ヶ⑥ 柴田未 56 5 5 5 中 0.4 前 37.1 (36.7) M -1.8 カルムパシオ 後 38.4 (38.5) ② 0.8 1週 14 栗坂 43 S 36 468k (+2)	京都ダ 0 0 0 2 阪神ダ 0 0 1 1 右回り 0 0 1 3 0 0 2 4 0 0 1 0 遅 0% 速 0%	⑧ 0 0 2 2 4
2 本 同 0 0 0 0 28 B 孟 0 0 0 0 栗坂 右 0 0 0 0 27 B 左 0 0 0 0 匿 1 初ダ	10/11 4 京都② 新馬 4 1800 芝外A -16 1498 10ト10ヶ④ 森一馬 55 4 3 3 外 0.3 前 37.2 (36.8) S +1.8 アグネススタ 後 35.1 (35.0) ⑤ 0.8 53 CW 30 B 32 466k	10/25 4 京都⑦ 未勝利 4 1800 芝外A -22 1485 15ト10ヶ⑧ 森一馬 55 3 3 2 外 0.8 前 34.8 (34.6) H -1.2 サラザン 後 36.3 (35.8) ⑪ 0.9 1週 20 栗坂 10 B 32 468k (+2)	11/14 5 京都③ 未勝利 4 1400 芝B -5 1232 15ト3ヶ④ 森一馬 55 10 11 11 中 0.4 前 36.2 (35.2) M -0.8 マイネルラッ 後 35.5 (36.0) ④ 0.2 2週 20 栗坂 16 B 33 464k (-4)	4/16 2 阪神⑦ 未勝利 14 1800 芝外B -10 1498 18ト16ヶ⑨ 武豊 56 4 6 5 外 1.5 前 36.4 (35.9) M +1.4 インペラトー 後 35.4 (31.5) ⑯ 1.9 5月 27 栗坂 23 B 29 480k (-4)	京都ダ 0 0 0 0 阪神ダ 0 0 0 0 右回り 0 0 0 0 0 0 0 4 0 0 0 0 遅 0% 速 0%	⑨ 0 0 0 0 4
3 本 同 0 2 1 1 45 S 孟 0 0 0 0 栗坂 右 0 0 0 0 23 B 左 0 0 0 0 匿 33 0 2 1 1	2/13 2 京都⑤ 未勝利 3 1800 ダ -3 1551 15ト8ヶ⑤ 和田 56 6 4 4 外 0.4 前 38.0 (37.5) M -0.7 トウケイフウ 後 38.2 (38.2) ② 0.2 1週 26 栗坂 32 S 38 534k (-6)	2/28 1 阪神② 未勝利 5 1800 ダ -9 1548 16ト16ヶ⑯ 和田 56 7 4 3 外 0.9 前 38.6 (37.7) M -0.3 ダノンアロー 後 38.4 (38.0) ⑥ 0.9 1週 34 栗坂 30 S 38 538k (+4)	3/12 1 阪神⑤ 未勝利 2 1800 ダ -10 1545 11ト7ヶ⑦ 和田 56 1 2 3 中 0.2 前 39.0 (38.9) S +1.4 カフリナイサ 後 37.4 (37.5) 1 -0.1 1週 26 栗坂 29 S 41 530k (-8)	4/16 2 阪神⑦ 未勝利 2 1800 ダ -10 1541 16ト8ヶ① 川田 56 3 3 2 内 0.2 前 37.1 (36.6) H -2.0 アフターミー 後 38.5 (38.6) ⑥ 0.7 4週 11 CW 17 S 39 532k (+2)	京都ダ 0 0 1 0 阪神ダ 0 2 0 1 右回り 0 2 1 1 0 2 1 3 0 0 0 0 遅 17% 速 33%	⑩ 0 2 1 3
15 本 同 53 S 孟 栗坂 右 43 S 左 匿 -9	父 才産 母 才産 月 日生 安平 大 小 姉 フェリスタス 3 勝 Danehill 08 京 芝短 10 11 11 12 姉 ディオジェーヌ 5 勝 ディープインパクト 12 阪 芝中 14 13 14 7 兄 エーデルグランツ 5 勝 ディープインパクト 09 名 芝中 9 11 11 8 13 年 セレクト 3780 万円				京都ダ 阪神ダ 右回り 遅 % 速 0%	⑪
5 本 同 0 0 0 0 18 B 孟 0 0 0 0 栗坂 右 0 0 0 0 30 B 左 0 0 0 0 匿 8 初ダ	12/13 4 中京④ 新馬 3 2000 芝A -2 2074 12ト2ヶ⑦ 松田 55 3 3 2 中 0.1 前 38.9 (38.5) S +3.5 ウルトラバロ 後 35.0 (35.0) ③ 0.4 37 CW 32 C 34 460k	12/26 5 阪神⑦ 未勝利 7 2000 芝B 0 2044 16ト7ヶ⑦ 松田 55 12 13 11 中 0.6 前 39.4 (36.6) M -0.1 ギモーヴ 後 36.2 (36.7) ③ 0.3 1週 32 CW 32 B 34 460k (0)	2/13 2 京都⑤ 未勝利 3 1800 芝外B -10 1493 16ト7ヶ⑧ 池添 56 3 4 3 最 0.6 前 36.6 (36.4) S +1.2 スワーヴアー 後 35.0 (35.2) ⑦ 1.1 6週 26 栗坂 40 A 35 454k (-6)	3/13 1 阪神⑥ 未勝利 6 1800 芝外A -10 1517 16ト6ヶ⑩ 池添 56 2 2 2 内 0.3 前 37.7 (37.5) S +3.1 ドゥオーモ 後 34.6 (34.1) ⑫ 0.8 3週 30 栗坂 35 A 35 444k (-10)	京都ダ 0 0 0 0 阪神ダ 0 0 0 0 右回り 0 0 0 0 0 0 2 2 0 0 0 0 遅 25% 速 0%	⑫ 0 0 0 2 2

●2016年５月７日 京都３Ｒ （３歳未勝利、ダート1800ｍ稍重）

１着②プログレスシチー
２着⑩トウシンダイヤ
３着④クリノプラハ
単②2030円　複②350円
⑩110円　④380円
馬連②ー⑩1860円
馬単②→⑩5530円
３連複②④⑩8410円
３連単②→⑩→④66570円

2016年05月07日（土）
3回京都5日目

3 11:05　３歳未勝利　馬齢 指

枠	間隔	馬番	印	父 / 父父	馬名	毛色 性 齢	母 / 母父	馬主 / 生産者		オッズ	人気	斤量	騎手		調教師				
1	中1週	1	：：：	ヴィクトワールピサ / ネオユニヴァース	モズラコルタ	栗毛 牝 3	クリムゾンブーケ / クロフネ	㈱キャピタル・ / ノーザンファーム	19	18.3	6	54.0	佐藤友	笠 位2	栗 西村真	14 / 381 / 402 / 0%	25.7 / 6 / 11 / 0%
2	中1週	2	：：：	ディープスカイ / アグネスタキオン	プログレスシチー	栗毛 牝 3	アルテミスシチー / ブライアンズタイム	㈱友駿ホースク / カタオカファーム	19	23.9	9	△54.0	初 城戸義	西 44 位3	栗 安達昭	25 / 392 / 385 / 0%	15.0 / 11 / 7 / 0%
3	中1週	3	：：：	スズカフェニックス / サンデーサイレンス	レイホービンテージ	栗毛 牝 3	スズカビンテージ / ヴィンディケーション	永井 啓弍 / 辻 牧場	18	39.4	11	▲51.0	荻野極	西 42 位3	栗 谷	13 / 414 / 385 / 0%	26.7 / 12 / 6 / 0%
4	中2週	4	：○▲	キンシャサノキセキ / フジキセキ	クリノプラハ	栗毛 牝 3	ポップコーンプリン / オールドトリエステ	栗本 博晴 / 白井牧場	19	32.4	10	56.0	藤岡佑	西 15 位14	栗 谷	34 / 383 / 375 / 25%	5.7 / 7 / 2 / 25%
5	中2週	5	○△△	ヴァーミリアン / エルコンドルパサー	クールヤシャマル	栗毛 牡 3	セキサンジョオウ / サクラバクシンオー	川上 哲司 / 篠島 政信	15	18.5	7	56.0	初 松若風	西 10 位20	栗 清水調	31 / 366 / 395 / 0%	9.0 / 1 / 9 / 100%
5	中1週	6	：：：	クロフネ / フレンチデピュティ	シゲルシロカジキ	芦毛 牡 3	ユキノレッシャ / フジキセキ	森中 蕃 / 浜本牧場	15	73.3	12	56.0	初 国分優	西 36 位4	栗 木原	18 / 390 / 406 / 0%	21.7 / 10 / 12 / 0%
6	中2週	7	注注注	キングカメハメハ / キングマンボ	ポボス	鹿毛 牡 3	セクシーディナー / キングプローリアス	杉澤 光雄 / 川島牧場	14	13.2	5	56.0	松山弘	西 16 位13	栗 鈴木孝	32 / 367 / 387 / 0%	7.5 / 2 / 8 / 66%
6	中1週	8	△▲○	ジャングルポケット / トニービン	トウカイエクレール	鹿毛 牡 3	トウカイウェーブ / トウカイテイオー	内村 正則 / ひらとり牧場	15	5.6	2	56.0	柴田未	西 68 位0	栗 田所秀	35 / 375 / 383 / 60%	4.2 / 3 / 4 / 40%
7	中2週	9	：：：	シンボリクリスエス / クリスエス	ルドルフィーナ	青鹿 牝 3	アメーリア / スペシャルウィーク	㈱ヒダカ・ブリ / 村上 欽哉	16	22.8	8	☆55.0	初 小崎綾	西 18 位13	栗 松永昌	27 / 377 / 383 / 0%	12.9 / 5 / 5 / 0%
7	中2週	10	◎◎◎	ダイワメジャー / サンデーサイレンス	トウシンダイヤ	栗毛 牡 3	ベネンシアドール / キングカメハメハ	㈱サトー / ノーザンファーム	13	1.9	1	56.0	再 和田	西 8 位22	栗 村山	40 / 377 / 375 / 50%	-4.2 / 4 / 1 / 100%
8	中 週	11	☆：：	キングカメハメハ	アドマイヤハード	黒鹿 牡 3	フォーシンズ / Sinndar	近藤 利一 / ノーザンファーム	13	7.8	4	56.0	岩田康	西 4 位33	栗 橋田	10 / 385 / 398 / 0%	29.4 / 8 / 10 / 0%
8	中7週	12	▲☆☆	ダイワメジャー / サンデーサイレンス	ショウナンアストル	栗毛 牡 3	ハトシェプスト / トワイニング	㈲湘南 / 乾 皆雄	18	6.2	3	56.0	池添	西 9 位21	栗 吉村圭	29 / 390 / 379 / 0%	10.4 / 9 / 3 / 0%

番人気のショウナンアストルであれば高配当は期待できませんが、それ以外なら3連単は万馬券以上にはなるはず。

レースはプログレスシチーが中団から徐々にマクり上げ、早めに抜け出したトウシンダイヤを交わし去って1着でゴール。3着はヒモに入れていた④クリノプラハ（8番人気、40・5倍）が入線。

目論見通り、トウシンダイヤが2着になり、馬券妙味のあった馬が1、3着ということで3連単は6万6570円の万馬券決着。1点500円の的中だったので、2000円の返還分と併せて、払い戻しは33万4850円となりました。

一方、3連複の配当は8410円でした。11頭立てということ、単勝1倍台の馬が3着以内をキープしたということを考えると、万馬券には届いていないものの悪くない配当でしょう。

もちろん、リスクを少なくするために3連複を購入するのも立派な戦略。私も基本、3

2016年3回5日
京都
3 レース
TRIFECTA
3連単
TRIFECTA
フォーメーション
2 5 11 12 ▶ 10 ▶ 2 4 5 7 8 11 12 ☆ ☆ ☆
組合せ数24
各組 ☆☆☆500円
合計 ★★1,200枚 ★★12,000円
WINS梅田
5月7日
2423101356551 2904170405853 20178451 302753

ないようにも映ります。

連複をメイン馬券に据えていますので、配当だけを見れば8410円なら無理する必要がないようにも映ります。

1点1000円購入したら8万4100円。これは結構な払い戻しでしょう。ただ、機会は少ないかもしれませんが、条件さえそろえば、このレースのように「圧倒的人気馬を2着付け」にした3連単フォーメーションにチャレンジしてみる価値はあります。3連単の一撃による破壊力はとても魅力があるというのは間違いありません。

少なくとも、断然人気に推されている馬がきっちりと勝利できるのか、他の馬との関係で単勝1倍台になっているのかを検討するべきでしょう。馬券圏内には来る確率は相当高いものの、トウシンダイヤのような**押し出された人気になっている馬、詰めが甘く2着が多い馬を見つけるのがポイント**といえます。

今回は頭数が少なく、トウシンダイヤを負かせそうな変わり身を見せるだろう馬も限られていたことから、2着付けだけの3連単フォーメーションを購入しましたが、レースによっては3着付けの馬券もありだと思います。

2着付け以外にも3着付けといった馬券を購入すると、確かに点数は増えてしまうのですが、それを補って余りあるのが3連単の破壊力です。

また、1～3着が人気馬同士になる公算が強く、1着になるだろう馬が見えている場合も3連単は有効です。絞って厚く馬券が買えるので、大本線での的中が望めます。

年に何回かは堅い馬券が存在しているのは間違いありません。1年で約3300レースもあれば、どうしてもガチガチというレースはあるもの。ガチガチ（となるであろう）のレースを買わないという選択肢ももちろんありますが、ハッキリと1着になる馬が見えている場合は、絞った3連単にチャレンジするのもありでしょう。

ただし、ここでいう「ハッキリと1着」になる馬というのは、単勝1倍台の馬であるとは限りません。自分なりの予想方法で、1着馬が見えているレースを指します。結果として圧倒的1番人気馬を1着欄に固定する局面もあるかもしれません。ただし、基本的には馬券妙味はないと考えたほうがよいでしょう。

もうひとつ例を挙げるなら、16年2月7日京都11Rのきさらぎ賞。私が本命視したのが⑨サトノダイヤモンド。ただし、1番人気（1・2倍）と圧倒的人気馬であり、軸は不動ですが、1着付けの馬券に妙味は感じません。

そこで逆転を期待したのが④ロワアブソリュー（3番人気、7・4倍）。この2頭に③ロイカバード（2番人気、5・5倍）、②レプランシュ（4番人気、13・9倍）を加えた

4頭の争いと見ていました。

　馬券はサトノダイヤモンド、ロワアブソリューの3連単の1着付け、2着付けが大本線。そして、レプランシュの2着付けは配当的に購入しておいて、3連単6点買いを資金配分しての購入となりました。

　結果はサトノダイヤモンドが単勝1・2倍に応えて圧勝。2着にレプランシュ、3着にロイカバードと順当な決着で、3連単は1570円のガチガチの配当。決して本線の的中ではありませんでしたが、点数を絞って獲れたので、1万5000円の投資が3万1400円の払い戻しとなりました。

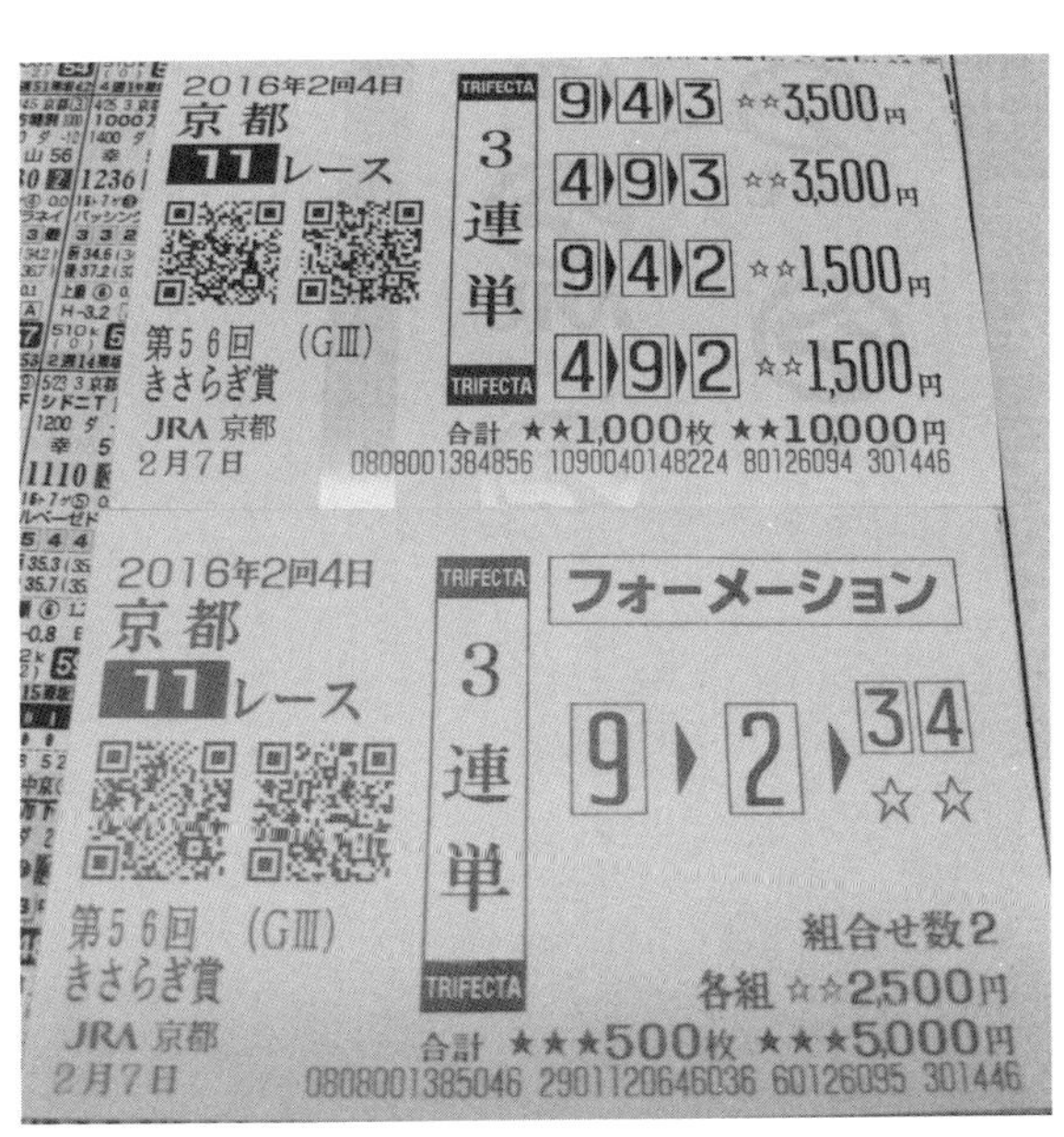

WINS 4
9頭
芝外B 1800

基準HB
55

馬場傾向	前半			後半		
上がり3F1位	5	オンザロックス	35.9	9	サトノダイヤモンド	33.0
1-1-0-2	4	ロワアブソリュー	36.0	3	ロイカバード	33.2
4角先頭	1	オウケンダイヤ	36.0	2	レプランシュ	33.4
1-2-1-0	8	ノガロ	36.2	4	ロワアブソリュー	33.7
	7	モウカッテル	36.3	6	ウルトラバロック	34.3

3連単中心で馬券に勝つのは難しいと思っていますが(毎度毎度、自分の思った通りに1~3着は決まりません)、活用方法次第では武器になるということも間違いない馬券です。

3連単を買えるレースは限られる

3連単のポイントはさまざまあると思いますが、的中しづらい馬券であるのは間違いなく、うまい買い方でつき合っていく必要があるのは確か

●2016年２月７日 京都11Ｒきさらぎ賞（ＧⅢ、芝1800ｍ良）

＜久保の印・予想＞
◎⑨サトノダイヤモンド
（１番人気、1.2倍）
○④ロワアブソリュー
（３番人気、7.4倍）
注③ロイカバード
（２番人気、5.5倍）
△②レプランシュ
（４番人気、13.9倍）
☆⑥ウルトラバロック
（６番人気、55.6倍）
☆⑤オンザロックス
（８番人気、170.8倍）

１着⑨サトノダイヤモンド
２着②レプランシュ
３着③ロイカバード
単⑨120円　複⑨100円
②140円　③110円
馬連②―⑨700円
馬単⑨→②830円
３連複②③⑨430円
３連単⑨→②→③1570円

2016年02月07日（日）
2回京都4日目　第56回
11　GⅢ　きさらぎ賞
15:35　3歳オープン　別定　(国際)(特指)

1	中1週	1	：：：	オウケンマジック	タニノギムレット	挑	黒鹿 牡3	オウケンダイヤ	オウケンハート	ジャングルポケット	福井 明	辻 牧場	19	25.8	6	54.0	再 国分恭	西 36 1	栗 西村真	33	22.0	360	3	356	7	14%	42%
2	中8週	2	△注△	ディープインパクト	サンデーサイレンス	昇	鹿毛 牡3	レプランシュ	レディドゥーヴィル	ファースリエフ	㈲キャロットF	ノーザンファーム	35	11.7	4	56.0	内田博	東 4 7	栗 高野友	44	10.3	387	9	334	3	100%	33%
3	中3週	3	○▲○	ディープインパクト	サンデーサイレンス	昇	黒鹿 牡3	ロイカバード	アゼリ	ジェイドハンター	寺田 寿男	ノーザンファーム	26	3.9	2	56.0	武 豊	西 3 15	栗 松永幹	48	6.7	377	8	332	2	100%	100%
4	中7週	4	▲○▲	ゼンノロブロイ	サンデーサイレンス	挑	鹿毛 牡3	ロワアブソリュー	スーヴェニアギフト	スーヴェニアコピー	㈲サンデーレー	ノーザンファーム	19	4.1	3	56.0	Mデム	西 1 19	栗 須貝尚	46	8.2	360	2	337	4	100%	100%
5	抽選	5	：：☆	サムライハート	サンデーサイレンス	挑	鹿毛 牡3	オンザロックス	ベルモントエルメス	ティンバーカントリー	稲井田 安史	ベルモントファー	28	47.9	9	56.0	初 小崎綾	西 20 3	栗 森	44	11.1	359	1	369	9	42%	71%
6	中7週	6	：△：	ヴィクトワールピサ	ネオユニヴァース	挑	鹿毛 牡3	ウルトラバロック	レン	ボブバック	㈱G1レーシン	社台ファーム	26	30.5	7	56.0	初 ヴェロ	仏 3	栗 松田国	38	16.5	364	6	343	5	100%	100%
7	抽選	7	☆：：	アンライバルド	ネオユニヴァース	挑	鹿毛 牡3	モウカッテル	ロングビクトリア	タニノギムレット	田中 邦彦	沖田牧場	12	32.0	8	56.0	初 バルジ	伊 1	栗 森	37	18.1	363	5	364	8	0%	66%
8	中3週	8	注☆注	キングカメハメハ	キングマンボ	挑	栗毛 牡3	ノガロ	ムードインディゴ	ダンスインザダーク	金子真人ホール	ノーザンファーム	17	11.8	5	56.0	再 松若風	西 8 6	栗 音 無	44	10.3	362	4	351	6	50%	50%
8	中5週	9	◎◎◎	ディープインパクト	サンデーサイレンス	昇	鹿毛 牡3	サトノダイヤモンド	マルペンサ	オーペン	里見 治	ノーザンファーム	12	1.8	1	56.0	ルメー	西 2 17	栗 池江寿	55	-6.7	376	7	330	1	100%	50%

でしょう。

極端な例ですが、1レースに1万円ずつ投入したとして、的中率1％で100万馬券を的中させるのと、的中率10％で10万馬券を的中させるのとでは、配当面では前者のほうが感激も大きいとは思いますが、現実的にはなかなか考えられません。

理論上は、どちらも回収率100％と同じかもしれませんが、的中に至るプロセスがまったく違います。

そもそも100万馬券を狙って当てるということは、とてつもなく忍耐のいることでしょう。そんな超特大の配当には、穴馬同士、大穴馬の組み合わせも多数含まれているはずです。

穴馬が見つかったのなら、3連単で一発を狙うのは理に叶っていることは確かですが……一発を狙うのには、資金力が必要なのも事実です。人気馬であれ、穴馬であれ、きっちりと着順を決める馬券は思いのほか難しいのは間違いありません。

本書を制作するにあたり、構成などを手伝ってくれたスタッフさんの外れ馬券を1枚紹介することにしましょう。

2016年7月31日札幌10Rは、1着②アールブリュット（3番人気、単勝4・1倍）、

2着⑦オートクレール（11番人気、87・1倍）、3着⑧グレイスミノル（2番人気、3・8倍）で決着し、3連単11万2600円となっています。

　下に掲載した外れ馬券は1、2着欄にアールブリユットとグレイスミノルを置き、ヒモ（3着欄）にオートクレールもあります。2、3着馬が入れ替わっていれば的中という、なんともかわいそうな馬券です。

　買い目を見ると、1番人気の④カイザーバル（3・6倍）が入っていません。おそらく1番人気馬が危険で、2、3番人気馬が馬券圏内に来るだろうという読みのようです。

　そして3着欄は人気薄馬が中心となっている3連単馬券で、「2、3番人気馬が1、2着でも、3着が狂えばオイシイ」と思っているのが伝わってきそう

2、3着が入れ替わっていたら11万馬券（スタッフさん・涙）。

です。

しかし、着順をしっかり決め撃たなければいけない3連単では、惜しいとはいえ、外れは外れ。皆さんも疑問に思うことでしょう。このスタッフさんは「なぜ、軸2頭マルチ馬券を買わなかった」のかと。

ここに3連単の難しさと資金力の問題が立ちはだかります。軸2頭マルチ相手5頭なら30点。1点100円としても3000円が必要です。

「3000円で11万馬券が当たるなら2頭軸マルチでいいじゃないか」と思う方もいるでしょう。もちろん、このレースに関しては2頭軸マルチでよかったというのが、正しい考え方です。

ただ、3場開催で主場でもない札幌10Rを購入しているとなると、他の多くのレースにも手を出しているのでしょう。説明するまでもありませんが、3000円でも10レース参加すれば3万円の資金が必要です。資金力があれば、躊躇なくマルチ馬券を購入したのかもしれませんが、まだまだレース数が残されており、資金配分ができなかったという馬券の買い方だと推察します。

この場合であれば、3連複5点を200円ずつ購入していてもよかったはず。3連複は

1万7390円という配当でした。このレースの3連単は3連複の6倍以上の配当になっており、3連複の効率はいいとはいえませんが、200円分でも的中すれば約3万5000円のリターンです。

的中して資金を増やすことができれば、残りのレースで思い切り3連単にチャレンジできたのでは……。「とりあえず目の前のレースに手を出してみる」というタイプの人には向かない馬券が、3連単かもしれません。

穴党の方が3連単を狙うというのは理に叶っていることだと思いますが、あくまでも資金力と外れ続けても耐え続けられる精神力がないと破綻することでしょう。3連単は戦略性が求められている馬券だと思います。

「圧倒的1番人気馬の2着付け」とか「絞って当たりそうなレース」で購入すべしというのはそのためです。

16年3月6日中山11R弥生賞は、先ほど紹介したきさらぎ賞以上に、絞って3連単を獲りやすいレースでした。

弥生賞で私が最初に購入したのは、⑩リオンディーズ（1番人気、1・9倍）と⑪マカヒキ（2番人気、2・6倍）の馬連です。2・2倍というガチガチの配当でしたが、この1点は動かないと判断し3万円を投入。

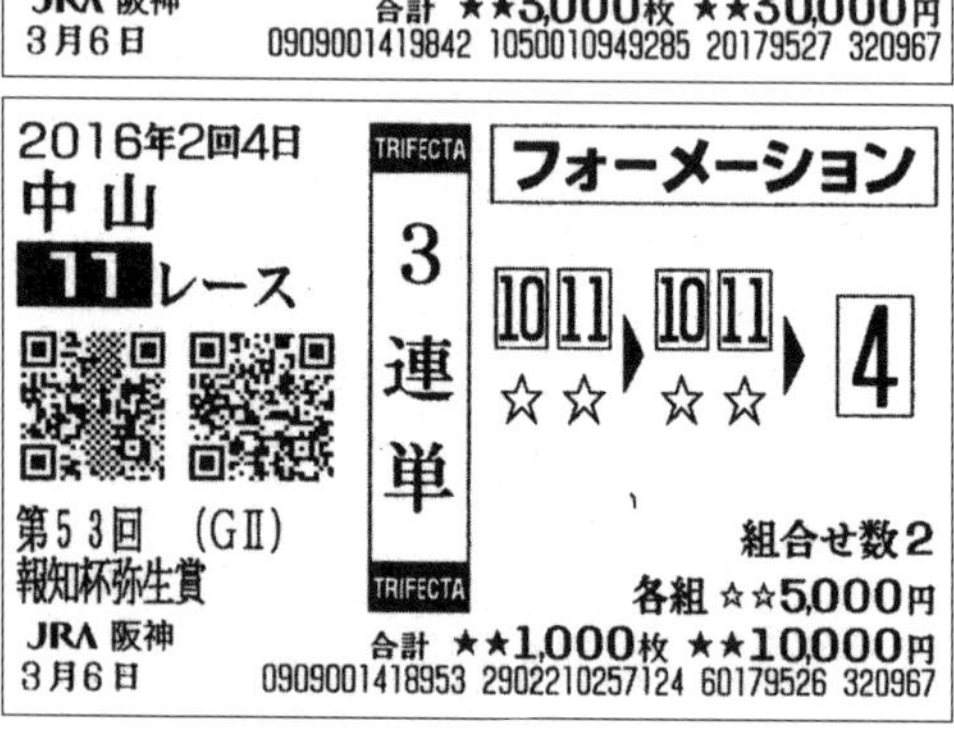

さらに1、2着はこの2頭だろうけど、3着も④エアスピネル（3番人気、4・2倍）しかいないと判断し、1、2着欄にリオンディーズとマカヒキを置き、3着にエアスピネルを置いた3連単（2点）を購入することにしました。

オッズを見てもらえればわかると思いますが、この3頭が抜けていたレースで、4番人気の③タイセイサミットは単勝20・8倍という具合。おそらくほとんどの方が3強で決着するとは思っていたはずです。

しかし、3強で決着するからと安易に3連単3頭ボックス（6点）を購入するようでは、本当の意味での馬券力はつかないでしょう。

少なくとも3強で決着するのは当然だとしても、エアスピネルはリオンディーズ、マカヒキに先着できないという判断を持って3連単を購入できるようになると、レベルアップは約束されたようなもの。私にはハッキリとした結論（◎マカヒキ、◎リオンディーズ、注エアスピネル）があったため、3連単を絞って購入しました。

レースは、マカヒキがリオンディーズをクビ差交わして1着。3着にエアスピネルという順番で、事前の目論見通りとなりました。3連単は830円という配当でしたが、2点に絞れていたことに加え、1点5000円投入できたので、4万1500円の払い戻しです。

馬連も2・2倍とガチガチでしたが、3万円購入しており、6万6000円の払い戻し。堅いレースでしたが、きっちりと10万円超の払い戻しを受けることができました。これは3強の着順分析がある程度、正確だったからの的中と自負しています。

他の券種との比較でいくと、3連単に投じた1万円を3連複1点買いにしていたとしても1・9倍では1万9000円の払い戻しにしかならず、リスクばかりが目立ちます。ワイドも軒並み100円台の払い戻しでは買いづらい。複勝に至っては3頭とも110円でした。

ひと口に堅いといっても、ある程度、着順が固定できるレースでなければ3連単で儲けることは難しいといっていいでしょう。

また、仮に16頭立てのレースで10番人気の穴馬を見つけたとしましょう。理屈上は穴馬が見つかった際ほど、高額3連単をゲットするチャンスのはず。しかし、買い目を構築するのは相当難解だと思います。

荒れるレースと判断したかもしれませんが、軸の穴馬より人気のある9番人気以内の馬が、3着以内に来ないとは断言しづらいはず。また、荒れるレースと判断しているように、軸馬より人気薄の11番人気以下の馬の激走だってあるかもしれません。

3連単1頭軸マルチ総流し（15頭）では630点もかかってしまいます。1点100円でも6万3000円が必要。一般的に考えて10番人気の馬に投じるような金額ではないはずです。

かといって、相手を1～3番人気馬に絞って、3連単2頭軸マルチを複数組買うのもオスススメできません。

理論上は5番人気馬までの2頭軸マルチ総流しを5組購入すれば、軸にした10番人気馬が3着以内に入ると98％的中します。しかし、6番人気→10番人気→7番人気というような決着がないともいえません。運悪く残りの2％に遭遇した際に、果たして立ち直れるでしょうか。

そもそも2頭軸マルチ総流しを5組購入するのも、84点、78点、72点、66点、60点（重複する目は除く）というように合計で360点必要となります。

1日それだけしか購入しない勝負レースであれば、馬券を購入するのもOKかもしれませんが、やはり現実的ではないでしょう。メインレースを中心に何鞍かは馬券を買うはず。となれば、3連単にこだわる必要はないでしょう。

その時々で適切な券種を選択し、臨機応変に馬券を購入することをオススメします。まずは的中を目指して馬券を購入することが、最初の一歩です。

ここまでは各券種について考えてきました。馬券をご覧の皆さんはお気づきかもしれませんが、私はレースによってさまざまな券種を組み合わせます。

もちろん、馬連だけというようなレースもありますが、3連複と馬連を組み合わせたり、単勝と3連複を組み合わせたりすることもあります。次の章では応用編として、馬券の組み合わせ方について紹介しましょう。軸馬にした馬の単勝人気やオッズで組み合わせる券種のバリエーションが決定します。

第3章

ステップアップ！複合馬券でレースを完全攻略

保険から破壊力倍増まで券種の組み合わせ講座

——各券種の特性がわかったら次はこの応用編をマスターせよ

新馬からGⅠまで「波乱度」を探ってみた！

馬券を買ううえで意識したいのは、自分が軸にしようと思っている馬の人気を把握すること。他にも、荒れやすい条件なのか、堅く収まりそうな条件なのか、そのレース傾向をつかむ必要があります。

まず、レース傾向は、クラスによって異なります。

例えば、一部紹介しましたが、未勝利、500万下といった下級条件では「初ダート」というような変わり身が、予想ファクターとして重要なポイントだったりもします。一方で、古馬の重賞ともなると「初ダート」では苦戦する馬が多くなります。

人気馬が馬券になりやすいのか、飛びやすいのかも、クラスによって結構異なるものです。

そこで一例ではありますが、クラス別の3連複配当を見てみることにしましょう。3連複を選んだのは、私がメインで購入している馬券だからです。クラスによる差は、どの程度あるものなのでしょうか。

データ集計期間内における3連複の平均配当は2万5126円でした。表1は同期間内にお

平均配当	5000円以上割合
15460円	46.9%
26290円	34.6%
27583円	41.7%
15603円	46.9%
33140円	65.2%
25020円	50.3%
14890円	41.3%
16165円	51.6%
26371円	59.9%
26749円	59.3%
22871円	63.2%
38870円	69.8%

表1●クラスごとの3連複配当別出現本数&平均配当

条件	レース数	～4999	5000～	1万～	10万～
2歳・新馬	292	155	53	79	5
2歳・未勝利	353	231	41	70	11
2歳・500万	36	21	6	6	3
2歳・オープン以上	32	17	10	4	1
3歳・新馬	112	39	27	38	8
3歳・未勝利	1512	757	276	416	68
3歳・500万	281	166	41	67	8
3歳・オープン以上	99	49	15	33	3
古馬・500万	1387	570	258	480	81
古馬・1000万	673	276	121	242	36
古馬・1600万	285	106	61	105	14
古馬・オープン以上	252	76	49	114	13

けるクラスごとの3連複の配当別出現本数と平均配当です（オープン以上とあるのはオープン特別と重賞を合算してのもの）。

　古馬のオープン以上で3連複の配当が4万円近いのは、15年ヴィクトリアMで286万馬券が出ていることも影響しています。ただ、このレースを除いても3連複の平均配当は2万7629円というように、全体の平均配当を上回っています。

　つまり、**古馬のオープン以上のレースは波乱度も高い**ということがいえるでしょう。実際、そのクラスのレースでは252レース中176レース（約70％）が3連複5000円以上の配当となっています。

　1〜3番人気馬を軸にする際は、こうした波乱度を意識して相手やヒモを選びたいもの。

1頭―2頭―ヒモや1頭―3頭―ヒモという3連複フォーメーション馬券を購入する際には、相手にしている2頭ないし3頭のうち、1頭は配当妙味のある馬を入れるといいでしょう。データを見る限り、少なくとも相手をすべて人気馬で固めてしまうのはもったいないというのがわかるはず。

2歳未勝利や2歳500万下は3連複の平均配当が、全レースの平均配当を若干ですが上回っています。これは、キャリアの浅い馬同士のレースでは「変わり身」を見せるケースが少なくないということを示唆しています。

一方、2歳オープン特別と重賞では、3連複平均配当は1万5000円台と低い値です。これは頭数が揃わないレースも多く、力差がハッキリしているケースが多いといえるでしょう。

古馬戦では、1000万下→1600万下→オープン以上と、上のクラスになればなるほど3連複5000円以上のレースが多くなります。

上のクラスになれば力差は必然的に縮まってくるということでしょう。実力差はわずかなのに、基本的には前走着順のいい馬が人気を集めるのは、下級条件とほとんど変わりません。単勝オッズに現れる差ほど、能力の差は少ないということです。

馬券を購入するうえでは、予想力ももちろん重要ですが、こういった「荒れやすいレース」「荒れにくいレース」を把握しておくことも重要だと考えています。

もちろん、感覚的に例えば**牝馬限定戦は荒れやすい**から手を広げようということでもOK。的中第一はもちろんですが、的中したうえで、しっかりと利益を出せるよう、備えをしておくのも大切なのです。

本書が発売されるのは9月上旬。10月2日にはGⅠスプリンターズが行なわれる予定で、秋のGⅠシーズンも近づいてきています。

参考までに各GⅠレース（過去10年分）における馬連、3連複、3連単の平均配当も表2～5にまとめました。

3連複については配当別の出現本数を掲載。これにより、過去10年を振り返った際に、3連複ベースで毎年のように荒れているのか、極端な超特大配当によって平均配当が高くなっているのかがわかります。

例えば、天皇賞春は3連複の平均配当が5万円台と高い値を示していますが、配当別出

表2●春季GI11レースの券種別平均配当

レース名	馬連平均配当	3連複平均配当	3連単平均配当
フェブラリーS	1万1848円	1万1954円	13万7645円
高松宮記念	7186円	1万8459円	11万2189円
桜花賞	2万1394円	9万4305円	80万2526円
皐月賞	1万2934円	3万2489円	23万2238円
天皇賞春	1万3514円	5万6055円	38万9703円
NHKマイルC	9204円	19万9063円	145万1456円
ヴィクトリアM	1万282円	32万5220円	239万788円
オークス	8732円	1万5859円	11万9328円
ダービー	1万178円	4万2394円	30万7822円
安田記念	6459円	4万806円	20万8879円
宝塚記念	4247円	2万4682円	10万1779円

※春季GIは2007年～16年対象

表3●秋季GI11レースの券種別平均配当

レース名	馬連平均配当	3連複平均配当	3連単平均配当
スプリンターズS	4678円	7万2333円	36万3963円
秋華賞	4170円	19万6323円	114万1077円
菊花賞	4756円	2万2830円	14万7668円
天皇賞秋	4976円	1万1409円	7万7512円
マイルCS	4736円	1万7484円	12万2923円
エリザベス女王杯	1万1760円	1万9992円	18万3212円
ジャパンC	3354円	1万8845円	8万6028円
チャンピオンC	4830円	1万4272円	9万2839円
阪神JF	5854円	5万5063円	33万5844円
朝日杯FS	4494円	1万828円	6万7033円
有馬記念	8099円	3万5112円	22万1901円

※秋季GIは2006年～15年対象

表4●春季GI11レースの3連複配当別出現本数

条件	100～	1000～	5000～	1万～	5万～	10万～
フェブラリーS	0	5	1	3	1	0
高松宮記念	0	4	1	4	1	0
桜花賞	0	4	3	1	0	2
皐月賞	0	3	3	2	1	1
天皇賞春	0	1	0	6	2	1
NHKマイルC	0	2	1	2	1	4
ヴィクトリアM	1	1	1	4	1	2
オークス	0	4	1	4	1	0
ダービー	1	1	0	7	0	1
安田記念	0	1	0	6	3	0
宝塚記念	1	5	1	1	1	1

表5●秋季GI11レースの3連複配当別出現本数

条件	100～	1000～	5000～	1万～	5万～	10万～
スプリンターズS	3	0	5	0	1	1
秋華賞	1	5	1	1	1	1
菊花賞	0	5	0	4	1	0
天皇賞秋	1	4	2	3	0	0
マイルCS	0	2	3	4	1	0
エリザベス女王杯	0	6	2	1	0	1
ジャパンC	0	5	2	1	2	0
チャンピオンC	1	1	2	5	0	0
阪神JF	0	3	5	1	0	1
朝日杯FS	0	4	3	3	0	0
有馬記念	0	3	1	4	1	1

現本数を見ても、過去10年で9レースが3連複万馬券以上となっています。

一方で、同じように3連複5万円台を記録している阪神JFですが、配当別出現本数を見てみると、3連複万馬券以上となったのは2レースのみ。10万馬券以上を記録している1レースが平均配当を押し上げているのがわかります。10レースしか対象レースがないため、過去に1レースでも特大配当が飛び出すと、大きく平均配当を押し上げてしまうという現象には注意してください。

といったデータを提示したところで、どのように券種を組み合わせていくのかを考えていくことにしましょう。

単勝1倍台の馬がいたら、どう買うべきなのか

荒れると思われるレースは手を広げ、堅い決着が濃厚なレースは馬券を絞って買う。レースの性質によって馬券はうまく組み合わせたいもの。

紹介してきたように、8種類の馬券はそれぞれのメリット、デメリットが存在していま す。基本的には軸候補である馬の単勝人気によって、組み合わせも変化させるのがポイントです。

1、2章で解説した項目と重複するところもあると思いますが、改めて単勝人気を考慮しながら、馬券を購入するということの意味について考えていくことにしましょう。

基本的には軸馬の人気によって、次の4パターンが、馬券を購入する際の方程式のようなものになります。

①軸馬が1番人気（単勝1倍台）

・単勝＝買わない
・馬連＝3点以内に絞るor2番人気を嫌う
・3連複＝基本になるのが、この券種。点数絞るor手広く（トリガミ覚悟）
・3連単（馬単）＝「2着固定」がメイン

圧倒的1番人気馬を1着（単勝、馬単、3連単）固定で買うのは基本的に勧めません。競馬は常にリスクがつきもの。1倍台の馬といっても勝率は50％程度。2回に1回は負けるのです。リスクのほうが高く、馬券妙味がないことは説明した通りです。

1・9倍の馬でも10回に6回以上、的中しないとプラスにならないというのは、勝つのが容易ではないオッズだということを示しています。

当然、圧倒的1番人気馬を軸にするのであれば、馬連は絞らないといけません。理想は3点以内に絞ること。この際、2番人気馬が嫌えないかを検討するべきでしょう。

ただし、先ほど解説した弥生賞のように、年に何回かはどうやっても1、2番人気の2頭で決着するケースがあるのも事実。そういった際は馬連にプラスして3連単でバリュープラス効果を狙うとか、ヒモが荒れそうなのであれば3連複の購入を検討するといいでしょう。

データ集計期間内では、単勝1倍台の馬が馬券になっても3連複50倍以上となったのは226レースありました。これは全体のレースの4％程度ですが、単勝1倍台の馬が馬券になったのは850レースあり、そのうちの**約27％のレースは3連複配当が50倍以上**ということを示しています。

この数字を大きく感じるかは人それぞれだと思いますが、少なくとも単勝1倍台の馬を軸にして3連複を購入する際も、相手馬の1頭は配当妙味のある馬を入れたほうがいいということをデータは示しています。一本被りの馬が馬券になるとガチガチのイメージもあるかもしれませんが、3連複ベースでは4分の1以上の割合で配当50倍以上なのです。

3連単の場合も検証してみましょう。単勝1倍台の馬が3着以内を確保し3連単万馬券（1万円以上）となったのは435レースありました。単勝1倍台の馬が馬券になっても約51％のレースで3連単は万馬券なのです。ただし、3連単は着順を固定する馬券。1～3着になるかで、配当に大きな差が出やすい馬券です。

・単勝1倍台の馬が1着で3連単万馬券となったレース……197レース
（平均配当4万1414円）
・同2着……131レース（平均配当8万7428円）
・同3着……107レース（平均配当8万6249円）

単純にレース数だけを考えると、1着になったケースも見逃せなく思えることでしょう。しかし、単勝1倍台の馬が馬券になった850レースを詳細に分析すると、1着は509レース、2着が212レース、3着129レースでした。そのうちの435レースで3連単万馬券を記録。

つまり、1着となった509レースのうち197レースが3連単万馬券（出現率約39％）、2着となった212レースのうち131レースが3連単万馬券（出現率約62％）、3着となった119レース中107レース（出現率約90％）となります。

出現率だけを見れば、単勝1倍台の馬を3着にマークしたケースが3連単万馬券獲得へ近いのは確かです。しかし、平均配当を確認してみましょう。単勝1倍台の馬が3着以内を確保し、3連単万馬券となったレースで平均配当が最も高くなるケースは2着だった際なのです。思いのほか、単勝1倍台の馬が3着になっても3連単の配当は伸びていません。しかも、3着付けの馬券は1、2着にマークする馬が難しいのもポイントでしょう。

おそらく単勝1倍台の馬は1着か2着だろうという読みを事前に立てるはず。「1着馬の際は、2着馬に妙味のある馬を置こう」とか、「せめて3着欄には人気薄を……」ということを考えていることでしょう。

2着に敗れると考えた際には「1倍台の馬を負かせる馬は2頭か3頭」というような想定をしているはず。これが単勝1倍台の馬を3着に置くというケースになると、「さて1、2着馬に何を置くか」という難問が……。これではイタズラに点数だけが広がりかねません。

もっとも、単勝1倍台の馬が3着という想定であれば、馬連や馬単を購入したほうが厚く買える可能性も高いと思います。

結論として、**単勝1倍台の馬を3連単で購入する際は、原則的に2着付けの馬券が妙味あるということでいい**でしょう。

軸馬の単勝オッズによる複合馬券のパターン

続いては、同じ1番人気でも単勝オッズが2倍以上の場合を検証していきます。

軸候補は、おおむね3倍台程度までの1番人気馬とします。4倍以上の1番人気については、「ハイブリッド指数」で上位や「推定3ハロン」1位といった裏付けがあるかチェックし、軸にふさわしいかどうかを判断したいと思います。

一概にはいえませんが、単勝4倍を超えるような1番人気の場合、つけ入るスキはあるレースが多いように感じます。

②軸馬が1番人気（単勝2倍〜3倍台）
・単勝＝買う場合あり
・馬連＝5点以内に絞る
・3連複＝基本になるのが、この券種。点数は3連複で絞るor手広く（トリガミ覚悟）
・3連単＝「1着固定」「2着固定」で

単勝を購入する際は3倍を超えているケース。例えば2016年のダービーのように、

3強の混戦レースでも、本命馬が勝つ可能性がわりと高いと判断した際に購入します。

単勝を購入する際は、馬連と組み合わせることが多いかもしれません。2章では5点以内としましたが、3点程度に絞れればさらにいいでしょう。

ちなみに、1番人気馬の単勝2倍～3倍台の馬が連対した場合、馬連の平均配当は208円です。つまり、5点程度購入していても回収率に直せば400％（＝4倍）を超える計算。若干、低い倍率になっても馬連に投じた資金の3倍は確保できるのです。

単勝とダブルで当たれば、投じた資金の軽く7～8倍程度にはなるはず。重賞では多く見られる複合パターンかもしれません。

3連複を購入する際は、点数が絞れるなら10点とか5点以内で、1点あたり1000円単位で賭けることも少なくありません。

絞れる際は人気馬同士による決着となるケースが多くなるので、3連複といっても10～20倍という目が中心になることが多いですが、厚く買うことや1000円単位で買えれば迫力も出ます。こちらも単勝と併用するケースが多い買い方です。

3連複で手広く購入する場合は、馬連と併用するのがオススメです。軸馬から相手（2軸目）に選んだ3～5頭への馬連を購入し、さらに1頭（軸）―3～5頭（相手）―総流し（ヒモ）というような3連複フォーメーション馬券を購入します。

馬連と3連複がダブル的中すれば、資金は10倍前後に膨れ上がることでしょう。どちらかの的中でも5倍前後にはなるケースが、私の体験上では多いと感じています。

3連複を手広く流す際は1頭—3～5頭—総流しという馬券では、1点あたりの金額を薄めに購入し、本線と予想する3連複馬券を追加して厚く買うこともあります。具体的には1頭—3～5頭—総流しに加えて、1頭—2頭—5～7頭というような3連複フォーメーションを追加するイメージです。

50～60倍の3連複がダブルで的中すれば、賭け金の10倍以上のリターンにはなるでしょう。手広く流した3連複しか的中しない際は、トリガミも覚悟。手広く流す際は、目安として投じた資金の半分は最低でも戻ってくるのが理想です。

3連単を購入する際は「2着固定」のみだけではなく「1着固定」の馬券も併用します。感覚としては馬連を5点以内で当てるイメージです。これは、後ほど紹介するGIレースで有効的な3連単の買い方だと思っています。

私の馬券を見てもらえればわかると思いますが、GIなどでは単勝や馬連と併用するケースがほとんど。3連系の馬券で3着欄（ヒモ）を総流し、または手広い形で購入する際は、本線をさらに厚く買い足すこともあります。

③軸馬が2〜5番人気（単勝3〜10倍）
・単勝＝ケースバイケース
・馬連＝ケースバイケース（1点〜総流し）
・3連複＝手広く
・3連単＝「1着固定」「2着固定」「3着固定」（マルチで）

1番人気馬に不安が残る際は、おそらくこのゾーンが次の軸候補となるはずです。

単勝オッズに関わらず、1番人気馬の複勝率は約63〜65％くらい。逆にいうと35〜37％は1番人気馬が着外になるということを示しています。

単勝1倍台の馬でも約20％は着外になってしまいます。うまく1番人気が着外に沈めば3連複、3連単は万馬券が狙えるでしょう。

単勝は買いづらいケースと積極的に購入したいケースに分かれます。人気が下がるにしたがって、1着よりも2、3着のほうが増えるからです。

1番人気馬に不安がある場合は、その軸馬の単勝を積極的に購入したほうがいいでしょう。

ただし、無理に単勝だけで勝負しないこと。なぜなら、他の券種でもカバーできるからです。軸が4、5番人気馬であれば、馬連総流しという手もあるはず。薄く総流しをしたうえで、本線を厚く買うという方法はあるでしょう。

3連複1頭軸にして本線だけを購入する馬券と併用する場合もあります。どちらにしても馬連、3連複との併用は多くなります。

3連複は基本、手広く購入する一手です。1頭—5頭—総流しという3連複フォーメーションという手もあるでしょう。または、1頭軸流しで8～10頭を相手にするくらいの馬券は購入したほうがいいはず。とにかく、3連複でも万馬券以上が狙えるのは間違いありません。

一方、このあたりから3連単を購入するのは難しくなっていきます。基本は相手馬もハッキリしているのであれば、「1着固定」「2着固定」がベースとなるはず。場合によっては点数は増えますが、マルチ馬券で軸馬が3着になるケースも考えなければいけません。

ただ、3連単マルチを使うのなら、3連複で手広く購入する馬券と本線の厚め馬券のタッグのほうが、効率がいい場合も多々あります。

資金力、軸馬、相手馬との兼ね合いで3連単を購入するか、3連複に留めるかを判断したほうがいいでしょう。3連複を手広く購入し、3連単は絞った本線馬券だけ併用するというのも、ひとつの戦略です。

④軸馬が6番人気以下（単勝10倍以上）
・単勝＝買う
・馬連＝手広く（総流しも）
・3連複＝手広く
・3連単＝「1着固定」「2着固定」「3着固定」（マルチで）

いわゆる人気薄を軸にする場合は、この4券種だけにこだわる必要はないのかもしれません。馬連も1頭軸にすることはなく、先ほど紹介したように、もう1頭ピックアップし、2頭軸の馬連フォーメーションも立派な手です。

単勝は絶対に購入したほうがいいと思います。単勝だけの的中だけでも、十分に資金を増やすことができるからです。

10倍以上の単勝を当てることは結構な難問には違いありません。10倍以上の馬が勝利したのは、集計期間内の5314レース中、1314レースでした。約25％のレースで単勝10倍以上の馬が勝利している計算です。1日12レースだとして3レース程度と考えると、単勝10倍以上の馬が勝利するのは意外に少ないと思いませんか。

それでも軸馬にしようと思う理由があるはずですから、積極的に単勝は購入しておくようにしましょう。

馬のタイプを考えると、「勝ち切れず2、3着が多い馬」でも、オッズに恵まれている場合は購入しておいたほうが無難です。競馬は何があるかわからないとよくいわれますが、2、3着だと思って軸にしていた単勝20～30倍の馬が突き抜けることだってあります。この際、他の券種で相手馬が抜けてしまって、払い戻しがゼロという悔しい事態は避けたいところです。

というのも先述したように、穴馬から馬券を買うのは、本当に難しい作業。なるべく手広く流すことが基本ですが、3連複も3連単も1頭軸の総流しなんて、そうそうできないはず。リスクとリターンのバランスを考えると、1レースに使える金額は限られてくるもの。その中で、単勝だけでも的中に繋げるようにするというのは理に叶っているのです。

穴馬を軸にする場合、馬連と3連複フォーメーションの併用が多くなります。1、2着の際には馬連で的中させ、3着に入った場合を3連複フォーメーションでフォローする。1着か2着であれば、馬連に3連複がプラスアルファのボーナスになる可能性も……。必然的に6番人気以下の馬を軸にしているので、相手馬で無理をする必要はありません。1頭―5頭―総流しのフォーメーションであれば、相手の5頭中3頭ないし4頭は1~5番人気の馬から選べばいいでしょう。

残りの相手1、2頭には、軸にはしなかったけど気になっている穴馬や、馬連2頭軸フォーメーションでピックアップした馬を加えるのです。そうすることで、3連複でも10万超の配当が視野に入ってきます。

参考までに1章で紹介した、15年中京記念の馬券をもう一度見てください（P58）。馬連は2頭軸、3連複は1頭―5頭―総流しという馬券を購入しています。軸馬の13番人気アルマディヴァンが2着になったので、馬連と3連複が的中しました。

穴馬から3連単を購入するのは、よほど手広くいかないと厳しいのです。相手馬がしっかりと見えている場合ではないと、点数は減らせません。

確かに6番人気以下の馬を軸に3連単を買えば、最低でも万馬券は約束されているでしょうし、組み合わせ次第では10万円超の配当も狙えると思いますが……よりリスクの少ない3連複を中心に組み合わせる手もあります。

例えば、1頭―5頭―総流しの3連複フォーメーションをメインの馬券とした際、穴の軸馬1頭と1～5番人気馬の中から1頭ピックアップし、3連単2頭軸マルチ（ヒモ5～10頭程度、30～60点）を1組購入する戦略もありそうです。3連単が的中すればボーナス獲得という意味合いです。

軸馬を決める場合は、以上のように4パターンあります。

本文では軸馬が決められないようなレースで3連複7頭ボックスも推奨してきました。穴馬が目立つレースでは、軸を決めるのではなく馬連や3連複のボックス馬券も立派な戦略のひとつです。

ただし、3連単の7頭ボックスは購入する必要はありません。そもそも210点は多すぎるでしょう。3連単が3連複の6倍以下のケースが多いということを考えると、リスクが高すぎる買い方です。

馬券の買い方は十人十色といっていい部分があります。資金や考え方、予想力など違いがあるからです。しかし、ベースとなる買い方をマスターしておく必要はあるでしょう。

本命党、穴党に関わらず、**自分の意図を買い目に反映させること**が重要なのは変わりません。本書で掲載している私の馬券は、買い方モデルの一例ですが、実際に購入しながら試行錯誤して考えてきたもの。少なからず、参考になる部分はあると思います。

第4章

ダービーまでの9戦で8戦的中！16年春GIプレイバック

当たってもなお反省、100点満点の馬券を求めて自己採点のオマケ付き

――私の進化の一端……GIの買い方をお教えしましょう！

★フェブラリーS

3連単160・1倍×500円的中

◎⑦ノンコノユメ（1番人気、単勝2・4倍…2着）

●1番人気ノンコノユメから3連単の「1着固定」「2着固定」。

ノンコノユメが2着に負けたほうが配当がハネるということを想定して馬券を購入。「ハイブリッド指数」の基準値を超えたのはノンコノユメと⑤ベストウォーリアの2頭でした。

ノンコノユメは「推定後半3ハロン」1位。しかも、ルメール騎手はGIで人気馬に騎乗すると、きっちりと馬券になってきます。勝ち切れるかはともかく、軸はこの馬で仕方なさそうだと考えました。対抗勢力の筆頭はベストウォーリア（3番人気）で、「ハイブリッド指数」

2016年1回8日
東京
11レース
TRIFECTA 3連単 TRIFECTA
フォーメーション
7 ▶ 2 3 5 6 14 ☆ ▶ 2 3 4 5 6 10 11 13 14 16
第33回 (GI)
フェブラリーS
JRA 京都
2月21日
組合せ数45
各組 ☆☆☆500円
合計 ★★2,250枚 ★★22,500円
0808000931574 2941500462549 30402704 320404

2016年1回8日
東京
11レース
TRIFECTA 3連単 TRIFECTA
フォーメーション
3 5 14 ☆ ▶ 7 ▶ 2 3 4 5 6 10 11 13 14 16
第33回 (GI)
フェブラリーS
JRA 京都
2月21日
組合せ数27
各組 ☆☆☆500円
合計 ★★1,350枚 ★★13,500円
0808000932207 2943100012478 90402706 320404

●2016年２月21日
東京11Ｒ
フェブラリーＳ
（ＧⅠ、ダート1600ｍ重）

＜久保の印・予想＞

◎⑦ノンコノユメ
（１番人気、2.4倍）
○⑤ベストウォーリア
（３番人気、7.2倍）
▲⑭モーニン
（２番人気、5.1倍）
▲③コパノリッキー
（４番人気、7.9倍）
△⑥ロワジャルダン
（６番人気、13.2倍）
△②ホワイトフーガ
（５番人気、9.0倍）
△④アスカノロマン
（７番人気、18.1倍）

１着⑭モーニン
２着⑦ノンコノユメ
３着④アスカノロマン
単⑭510円　複⑭180円
⑦120円　④420円
馬連⑦－⑭680円
馬単⑭→⑦1510円
３連複④⑦⑭3820円
３連単⑭→⑦→④16010円

2016年02月21日（日）
1回東京8日目　第33回
11　GI フェブラリーステー
15:40　4歳以上オープン　定量　(国際)(指)

枠		馬番							馬名																			
1	中3週	1	：	：	：	ディープインパクト	サンデーサイレンス	鹿毛 牡 8	パッションダンス	キッスパシオン	ジェイドロバリー	10	56.9	15	金子真人ホール	ノーザンファーム	57.0	初 三浦皇	東 19位2	栗 友道康	62	360	368	0%	13.0	13	15	0%
1	中5週	2	☆	：	：	クロフネ	フレンチデピュティ	芦毛 牝 4	ホワイトフーガ	マリーンウィナー	フジキセキ	9	11.1	6	西森 鶴	梅田牧場	55.0	大野	東 8位7	美 高木登	69	358	359	40%	5.5	11	5	80%
2	中7週	3	注	▲	△	ゴールドアリュール	サンデーサイレンス	栗毛 牡 6	コパノリッキー	コパノニキータ	ティンバーカントリー	9	7.3	4	小林 祥晃	ヤナガワ牧場	57.0	武 豊	西 3位19	栗 村山	71	344	362	41%	3.4	1	9	75%
2	中3週	4	：	注	：	アグネスデジタル	クラフティプロスペクター	栗毛 牡 5	アスカノロマン	アスカノヒミコ	タバスコキャット	11	33.2	10	豊田 智郎	新冠タガノファー	57.0	太宰	西 20位5	栗 川村	70	349	364	40%	4.5	7	10	80%
3	3ヶ月半	5	▲	：	○	マジェスティックウォリアー (外)	エーピーインディ	栗毛 牡 6	ベストウォーリア	フラーティシャスミス	ミスターグリーリー	12	6.5	3	馬場 幸夫	Buck Pon	57.0	再 戸崎圭	東 1位23	栗 石坂	75	349	352	50%	0.1	8	2	42%
3	中3週	6	△	：	注	キングカメハメハ	キングマンボ	鹿毛 牡 5	ロワジャルダン	アグネスショコラ	サンデーサイレンス	13	8.8	5	(有)社台レースホ	社台ファーム	57.0	再 横山典	東 2位14	美 戸田	72	361	357	75%	2.8	14	3	75%
4	2ヶ月	7	◎	◎	◎	トワイニング	フォーティナイナー	栃栗 牡 4	ノンコノユメ	ノンコ	アグネスタキオン	12	2.3	1	山田 和正	社台ファーム	57.0	ルメール	西 1位27	美 加藤征	75	364	344	100%	-0.1	16	1	0%
4	2ヶ月	8	：	：	：	サウスヴィグラス	エンドスウィープ	栗毛 牝 5	コーリンベリー	コーリンラヴィアン	ミシックトライブ	17	45.5	12	伊藤 恵子	今井牧場	55.0	松山弘	西 15位5	美 小野次	65	345	374	27%	9.5	2	16	81%
5	中3週	9	：	○	：	アグネスデジタル	クラフティプロスペクター	鹿毛 牡 5	モンドクラッセ	クッキーキティ	ラグビーボール	13	37.1	11	サンコウ牧場	サンコウ牧場	57.0	田辺	東 7位7	美 清水英	68	348	366	77%	7.1	6	14	100%
5	中2週	10	：	：	☆	マンハッタンカフェ 日	サンデーサイレンス	黒鹿 牡 8	グレープブランデー	ワインアンドローズ	ジャッジアンジェルーチ	15	32.3	8	(有)社台レースホ	社台ファーム	57.0	ヴェロ	仏 位7	栗 安田隆	71	350	359	33%	3.9	9	6	66%
6	中5週	11	：	△	：	エンパイアメーカー	アンブライドルド	鹿毛 牡 4	スーサンジョイ	グランジョイ	ダンスインザダーク	14	46.8	13	林 千枝子	細道牧場	57.0	和田	西 11位7	栗 岩元	71	348	362	18%	4.2	4	8	100%
6	中2週	12	：	：	：	アフリート	ミスタープロスペクター	鹿毛 牡 10	マルカフリート	スプリングアマイン	[illegible]	13	81.9	16	日下部 猛	社台ファーム	57.0	石橋脩	東 11位5	栗 浜田多	64	363	361	58%	10.4	15	7	48%
7	中2週	13	：	：	：	ケイムホーム	ゴーンウェスト	鹿毛 セ 6	タガノトネール	タガノレヴェントン	キングカメハメハ	11	28.7	7	八木 良司	新冠タガノファー	57.0	再 柴田大	東 5位8	栗 鮫島一	68	345	364	13%	7.3	3	11	86%
7	中2週	14	○	☆	▲	ヘニーヒューズ (外)	ヘネシー	栗毛 牡 4	モーニン	ギグリー	ディストーテッドユーモア	13	[illegible]	[illegible]	馬場 幸夫	Empire E	57.0	初 Mデム	西 2位23	栗 石坂	73	348	358	83%	2.3	5	4	100%
8	中1週	15	：	：	：	サウスヴィグラス 舞	エンドスウィープ	鹿毛 牡 5	サノイチ	エトレーヌ	ブライアンズタイム	13	47.9	14	ビジョンサラブ	豊洋牧場	57.0	初 勝浦	東 25位1	美 尾形和	63	350	365	48%	12.3	10	13	40%
8	中3週	16	：	：	：	スペシャルウィーク	サンデーサイレンス	黒鹿 牡 8	ローマンレジェンド	パーソナルレジェンド	オーサムアゲイン	14	32.5	9	太田 珠々子	社台ファーム	57.0	初 内田博	東 4位12	栗 藤原英	68	358	365	60%	7.0	12	12	70%

はノンコノユメに次ぐ2位。「推定後半3ハロン」も2位という状況。あとは、「推定前半3ハロン」「推定後半3ハロン」ともに5傑入りした⑭モーニン（2番人気）。この馬もM・デムーロ騎手が騎乗するのも心強い。

ノンコノユメは1番人気（単勝2・4倍）ということで、前項のパターン②（P191）に該当する馬。「3連単2着付け」だけではなく「1着付け」の馬券も買えます。3倍未満なので単勝を押さえる必要はありません。

ノンコノユメの「1着付け」は、2着に5番人気②ホワイトフーガ、4番人気③コパノリッキー、ベストウォーリア、6番人気⑥ロワジャルダン、モーニンをピックアップ。3着欄はさらに5頭加えて45点をまず購入。

「2着付け」の馬券では、ノンコノユメを逆転するのは、コパノリッキー、ベストウォーリア、モーニンの3頭に限定です。3頭→1頭→10頭の3連単フォーメーション（合計27点）で勝負しました。

結果は逆転候補として取り上げていたモーニンが1着。軸馬ノンコノユメが2着、3着はヒモに取りあげた7番人気④アスカノロマンで決着。3連単1万6010円の配当で500円分的中することができました。

【購入額】3万6000円　【払い戻し】8万50円　【自己採点90点】

★高松宮記念

単勝3・9倍×1万円、3連複17・4倍×1500円的中

◎④ビッグアーサー（1番人気、単勝3・9倍…1着）
●単勝は3倍以上（3・9倍）なので購入。
●3連複1頭軸、相手9頭の28点買いを敢行したのは、人気を分け合う⑥ミッキーアイルが飛ぶ可能性が高いと考えたので手広く。
●⑧アルビアーノとの3連複2頭軸の買い足しは、相手9頭の中でも大本線なので厚くした。

最近は先行馬も好走するようになってきており、中京コースが新装された頃とはレース傾向が異なりつつありました。ただし、逃げ切りが非常に難しいのは間違いないGI。近4年は「ハイブリッド指数」1位が4連勝中。そして、「ハイブリッド指数」2位もすべて馬券絡みということで、実力が問われているレースでもあります。

ただ、16年は「ハイブリッド指数」トップでも過去の基準値を超える馬はいませんでした。これはスプリント路線が手薄だとい

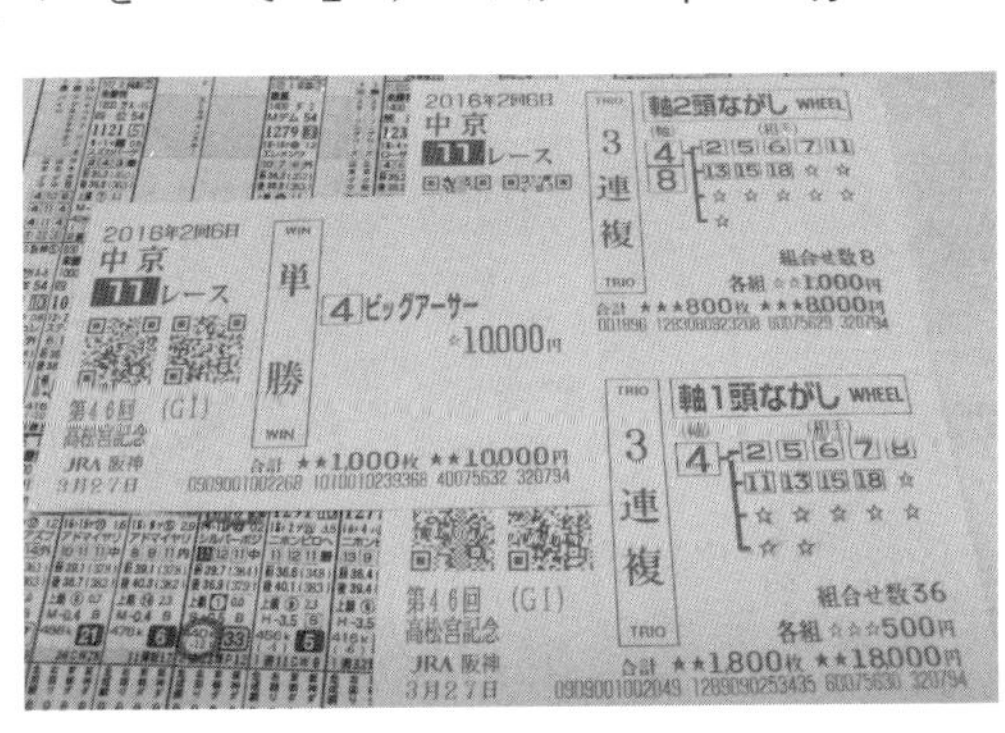

うことを示しています。

ビッグアーサーはシルクロードSで5着に敗れましたが、大外枠が堪えたので力負けではないでしょう。実力はG1でも通用するはず。1200m戦で敗れた3戦は先行勢に先着を許したものと理由はハッキリしています。自分より後方の馬に差されたことは一度もないのはプラス材料。「推定後半3ハロン」1位であり、直線が長く、最後に坂もある中京芝1200mなら差しが届くはず。

単勝が4倍程度であり、差しが届く可能性も高いのであれば、単勝を購入するべきでしょう。当初の人気はビッグアーサー、ミッキーアイルが単勝3倍台後半で人気を分け合う状況。アルビアーノ、⑫ウリウリ、⑬エイシンブルズアイまで単勝10倍以下と混戦模様。結局、ビッグアーサーの単勝と3連複の1頭軸で相手9頭の36点買いを購入。混戦レースということもあり、3連複で手広く流し人気薄の台頭を待ちます。

そして、付け加えたのがアルビアーノとの3連複2頭軸です。本命サイドで決まってもきっちりと利益が出る想定です。結果はビッグアーサー、ミッキーアイル、アルビアーノの1～3番人気馬で決着。紛れの多いレースに思えたわりには、3連複1740円の低配当ですが、逆に1～3番人気の3頭で決まったのについていたともいえます。

3・9倍なら、単勝にもっと厚く張るのがよかったのかもしれません。アルビアーノとのワイ

●2016年３月27日
中京11Ｒ
高松宮記念
（ＧⅠ、芝1200ｍ良）

＜久保の印・予想＞
◎④ビッグアーサー
（１番人気、3.9倍）
○⑧アルビアーノ
（３番人気、5.1倍）
▲②ウキヨノカゼ
（12番人気、42.5倍）
注⑦サトノルパン
（８番人気、26.5倍）
△⑤スノードラゴン
（６番人気、14.9倍）
△⑥ミッキーアイル
（２番人気、3.9倍）

１着④ビッグアーサー
２着⑥ミッキーアイル
３着⑧アルビアーノ
単④390円　複④150円
⑥150円　⑧170円
馬連④−⑥890円
馬単④→⑥1730円
３連複④⑥⑧1740円
３連単④→⑥→⑧6690円

2016年03月27日（日）

2回中京6日目　第46回

11　GⅠ 高松宮記念

15:40　4歳以上オープン　定量　(国際)(指)

1	中3週	1	：	△	：	ブラヴィッシモ	ファストネットロック	デインヒル	メイキアシー	サドラーズウェルズ	B	鹿毛 牡 4	57.0	初 横山典	東 3 ≪ 19	栗 須貝尚	8	26.3	10	金子真人ホール	社台ファーム	67	341	342	6.1	6	13	40%	53%
1	中4週	2	：	：	：	ウキヨノカゼ	オンファイア	サンデーサイレンス	アドマイヤダッシュ	フサイチコンコルド		黒鹿 牝 6	55.0	四位	西 33 ≪ 3	美 菊沢隆	6	21.8	9	國分 純	ファニーフレンズ	66	354	334	7.8	17	3	36%	36%
2	3ヶ月	3	：	：	：	サクラゴスペル	サクラプレジデント	サンデーサイレンス	サクラブルース	キュアザブルース		黒鹿 牡 8	57.0	初 勝浦	東 20 ≪ 4	美 尾関	6	44.3	14	㈱さくらコマース	山田牧場	65	350	339	8.9	14	10	19%	58%
2	中7週	4	○	◎	注	ビッグアーサー	サクラバクシンオー	サクラユタカオー	シヤボナ	キングマンボ		鹿毛 牡 5	57.0	初 福永	西 11 ≪ 13	栗 藤岡健	14	4.4	2	中辻 明	バンブー牧場	72	347	330	1.3	9	1	70%	50%
3	中2週	5	▲	：	☆	スノードラゴン	アドマイヤコジーン	コジーン	マイネカプリース	タヤスツヨシ		芦毛 牡 8	57.0	大野	東 9 ≪ 12	美 高木登	14	15.0	5	岡田 牧雄	イワミ牧場	70	352	335	3.8	15	5	44%	33%
3	中3週	6	注	注	○	ミッキーアイル	ディープインパクト	サンデーサイレンス	スターアイル	ロックオブジブラルタル		鹿毛 牡 5	57.0	松山弘	西 15 ≪ 9	栗 音無	17	5.0	3	野田 みづき	ノーザンファーム	73	337	344	0.4	3	15	40%	93%
4	中7週	7	：	：	：	サトノルパン	ディープインパクト	サンデーサイレンス	エリモピクシー	ダンシングブレーヴ		黒鹿 牡 5	57.0	和田	西 10 ≪ 13	栗 村山	5	34.9	13	里見 治	エクセルマネジメ	70	347	335	3.9	11	4	61%	22%
4	中2週	8	◎	：	▲	アルビアーノ	ハーランズホリデイ	ハーラン	アンティクス	アンブライドルド	㊫	鹿毛 牝 4	55.0	ルメー	西 1 ≪ 48	美 木村哲	8	4.2	1	吉田 和美	Helen Al	73	356	332	0.5	18	2	37%	75%
5	中3週	9	：	：	：	ティーハーフ	ストーミングホーム	マキャヴェリアン	ビールジャント	グリーンデザート		栗毛 牡 6	57.0	池添	西 8 ≪ 14	栗 西浦	8	32.5	12	H. H. シェイク	ダーレー・ジャパ	59	353	339	14.1	16	9	62%	12%
5	中7週	10	：	：	：	アクティブミノル	スタチューオブリバティ	ストームキャット	ビエナアマゾン	アグネスタキオン		黒鹿 牡 4	57.0	再 藤岡康	西 5 ≪ 23	栗 北出	11	147.9	18	吉岡 實	フジワラファーム	54	340	349	19.1	5	17	10%	100%
6	中3週	11	：	：	：	レッツゴードンキ	キングカメハメハ	キングマンボ	マルトク	マーベラスサンデー		栗毛 牝 4	55.0	岩田康	西 6 ≪ 17	栗 梅田智	11	18.8	7	廣崎利洋HD㈱	清水牧場	68	338	349	5.9	4	16	36%	72%
6	中4週	12	：	：	：	ウリウリ	ディープインパクト	サンデーサイレンス	ウィキウィキ	フレンチデピュティ		青毛 牝 6	55.0	初 戸崎圭	東 1 ≪ 40	栗 藤原英	14	5.1	4	金子真人ホール	ノーザンファーム	67	345	335	6.7	8	6	52%	28%
7	中2週	13	△	▲	◎	エイシンブルズアイ	ベルグラヴィア	ミスタープロスペクター	ミスフェアーファクタ	サイフィン	㊫	栗毛 牡 5	57.0	石橋脩	東 12 ≪ 9	栗 野中	14	15.1	6	㈱栄進堂	Elijah B	73	347	340	-0.4	10	11	37%	56%
7	中7週	14	：	：	：	アースソニック	クロフネ	フレンチデピュティ	ダイヤモンドピアス	サクラユタカオー		鹿毛 牡 7	57.0	再 バルジ	伊 ≪ 13	栗 中竹	8	28.8	11	前田 幸治	新冠伊藤牧場	62	344	337	11.0	7	7	27%	44%
7	中7週	15	：	☆	：	ローレルベローチェ	サクラバクシンオー	サクラユタカオー	ヘイローフジ	キングハイセー		栗毛 牡 5	57.0	中井裕	西 50 ≪ 1	栗 飯田雄	3	51.1	15	㈱ローレルレー	協和牧場	69	336	341	4.8	1	12	0%	100%
8	中2週	16	：	：	：	スギノエンデバー	サクラバクシンオー	サクラユタカオー	シャイニングピアス	ブライアンズタイム		鹿毛 牡 8	57.0	初 鮫島駿	西 12 ≪ 13	栗 浅見	3	140.9	17	杉山 忠国	明治牧場	64	348	343	0.1	12	14	40%	21%
8	中3週	17	：	：	：	ヒルノデイバロー	マンハッタンカフェ	サンデーサイレンス	デック	ゴーフォージン	(地) B	黒鹿 牡 5	57.0	初 太宰	西 21 ≪ 8	栗 昆貢	17	51.3	16	㈱ヒルノ	カミイスタット	64	349	338	9.7	13	8	33%	0%
8	中2週	18	☆	○	△	ハクサンムーン	アドマイヤムーン	エンドスウィープ	チリエージェ	サクラバクシンオー		栗毛 牡 7	57.0	酒井学	西 25 ≪ 5	栗 西園	11	19.9	8	河﨑 五市	白井牧場	71	336	350	2.0	2	18	14%	92%

ドが450円つくので、そちらを厚く買うのもアリでした。

【購入額】3万6000円　【払い戻し】6万5100円　【自己採点70点】

★桜花賞　馬単19・5倍×5000円、3連複56・5倍×500円的中

◎⑬ジュエラー（3番人気、単勝5・0倍…1着）

●⑤メジャーエンブレムとの馬連1点が大本線。

●メジャーエンブレムが強いと思ったので単勝は購入せず。

●3連複は人気3頭で決まったら3倍台と安い。

●2番人気の⑫シンハライトを見切る。

●ジュエラー→シンハライトの馬単だけは押さえる。

桜花賞は過去5年で4角9番手以内が2連対しかしておらず、勝ち馬はすべて上がり4位以内というもの。2連続開催の後半で馬場が荒れてきて、直線で外を通った差し&追い込み馬の好走が目立つレースです。

当然、「推定後半3ハロン」1位馬が狙いやすいレースです。

ジュエラーはチューリップ賞でシンハライトと並んで、上がり最速

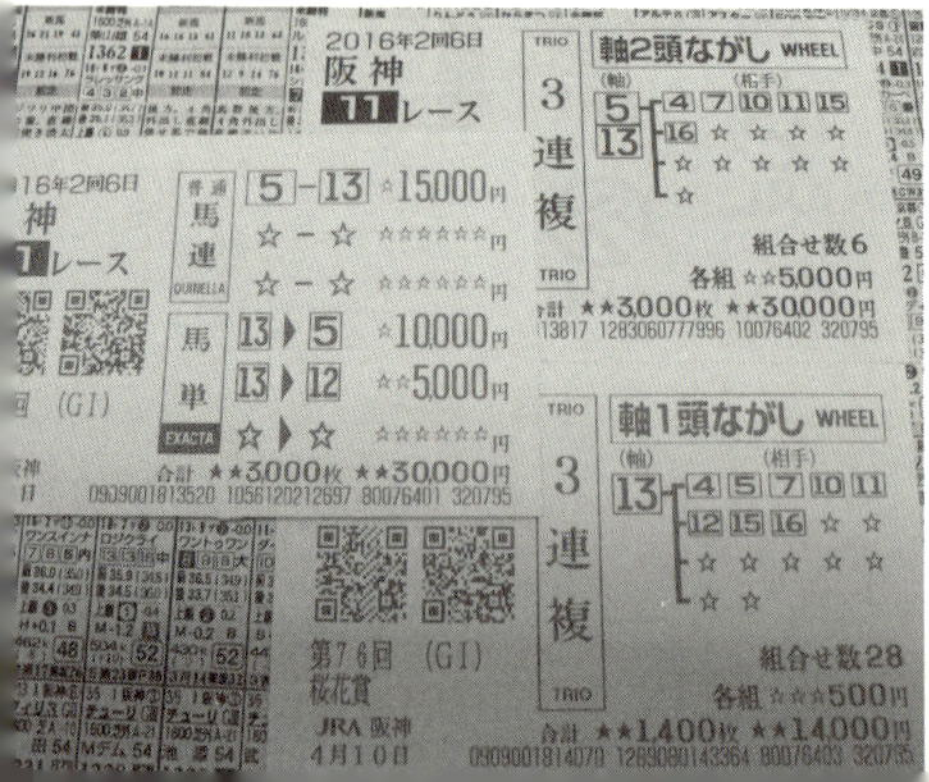

2016年2回6日　阪神　11レース
馬連　5-13　15,000円
馬単　13▶5　10,000円
馬単　13▶12　5,000円
合計 ★★3,000枚 ★★30,000円

3連複　軸2頭ながし WHEEL
(軸) 5 13　(相手) 4 7 10 11 15 16
組合せ数6　各組 ☆☆5,000円
合計 ★★3,000枚 ★★30,000円

3連複　軸1頭ながし WHEEL
(軸) 13　(相手) 4 5 7 10 11 12 15 16
組合せ数28　各組 ☆☆☆500円
合計 ★★1,400枚 ★★14,000円

第76回（GI）桜花賞　JRA阪神　4月10日

**●2016年４月10日
阪神11Ｒ桜花賞
（ＧⅠ、芝1600ｍ良）**

＜久保の印・予想＞
◎⑬ジュエラー
（３番人気、5.0倍）
◎⑤メジャーエンブレム
（１番人気、1.5倍）
注⑫シンハライト
（２番人気、4.9倍）
△⑪レッドアヴァンセ
（４番人気、22.0倍）
△⑩アットザシーサイド
（６番人気、36.9倍）
△⑮ラベンダーヴァレイ
（５番人気、30.2倍）

１着⑬ジュエラー
２着⑫シンハライト
３着⑩アットザシーサイド
単⑬500円　複⑬240円
⑫260円　⑩810円
馬連⑫ー⑬960円
馬単⑬→⑫1950円
３連複⑩⑫⑬5650円
３連単⑬→⑫→⑩20330円

2016年04月10日（日）
2回阪神6日目　第76回
11　GI 桜花賞
15:40　３歳オープン　定量　(国際)(牝)(指)

枠	間隔	馬番	印	印	印	馬名	父	父の父		毛色・性齢	母	母の父		単勝	人気	馬主	生産者	斤量			騎手			所属			調教師		
1	中3週	1				キャンディバローズ	ディープインパクト	サンデーサイレンス		鹿毛 牝3	アフレタータ	タイキシャトル	5	140.0	16	猪熊 広次	高田牧場	55.0	50	8.2	初 菱田裕	357	5	西 21 位 8	354	17	栗 矢作	40%	80%
1	中4週	2				ブランボヌール	ディープインパクト	サンデーサイレンス		芦毛 牝3	ルシュクル	サクラバクシンオー	12	60.7	11	前田 葉子	ノースヒルズ	55.0	44	14.2	初 三浦皇	355	2	東 12 位 9	348	9	栗 中竹	60%	60%
2	中3週	3				メイショウスイヅキ	パイロ	プルピット		鹿毛 牝3	ヴィトンクイーン	ダンスインザダーク	5	73.8	14	松本 好雄	三嶋牧場	55.0	44	14.2	再 松山弘	369	17	西 15 位 9	347	8	栗 本田優	66%	33%
2	中3週	4		注	△	ソルヴェイグ	ダイワメジャー	サンデーサイレンス		栗毛 牝3	アスドゥクール	ジャングルポケット	5	33.2	8	(株)G1レーシン	社台コーポレーシ	55.0	53	5.2	初 蛯名正	361	9	東 2 位 25	346	7	栗 鮫島一	40%	80%
3	中7週	5	◎	◎	◎	メジャーエンブレム	ダイワメジャー	サンデーサイレンス		栗毛 牝3	キャッチータイトル	オペラハウス	14	2.1	1	(有)サンデーレー	ノーザンファーム	55.0	58	-20	ルメー	351	1	西 1 位 53	349	11	美 田村康	60%	100%
3	中7週	6		△		ビービーバーレル	パイロ	プルピット		栗毛 牝3	ファインディンプル	シルヴァーホーク	11	139.0	15	坂東 勝彦	絵笛牧場	55.0	44	13.3	石橋脩	361	7	東 13 位 9	352	14	美 中舘英	57%	85%
4	中4週	7	☆	☆	☆	デンコウアンジュ	メイショウサムソン	オペラハウス		黒鹿 牝3	デンコウラッキー	マリエンバード	8	19.0	6	田中 康弘	碇野牧場	55.0	52	6.1	川田	361	8	西 3 位 37	345	6	栗 荒川	40%	60%
4	中3週	8				アッラサルーテ	ダイワメジャー	サンデーサイレンス	[illegible]	栗毛 牝3	ラヴフィア	コジーン	12	63.6	13	吉田 勝己	ノーザンファーム	55.0	45	12.8	初 和田	364	13	西 11 位 16	354	18	美 手塚	42%	100%
5	中3週	9				ジープルメリア	ストリートセンス	ストリートクライ	(外) 昇	黒鹿 牝3	リンダオブアフリカ	マルゼオ	8	179.8	18	(株)キャピタル・	Betz Tho	55.0	46	11.9	松田	357	4	西 13 位 11	349	10	栗 南井	66%	0%
5	中3週	10				アットザシーサイド	キングカメハメハ	キングマンボ		鹿毛 牝3	ルミナスハーバー	アグネスタキオン	11	13.8	5	吉田 照哉	社台ファーム	55.0	51	7.1	福永	367	16	西 8 位 17	343	4	栗 浅見	100%	0%
6	中4週	11	△			レッドアヴァンセ	ディープインパクト	サンデーサイレンス		黒鹿 牝3	エリモピクシー	ダンシングブレーヴ	14	20.3	7	(株)東京ホースレ	ノーザンファーム	55.0	52	6.2	武豊	372	18	西 4 位 26	341	3	栗 音無	60%	20%
6	中4週	12	▲		○	シンハライト	ディープインパクト	サンデーサイレンス		黒鹿 牝3	シンハリーズ	シングスピール	6	4.3	2	(有)キャロットフ	ノーザンファーム	55.0	56	2.0	池添	364	12	西 7 位 17	337	2	栗 石坂	100%	33%
7	中4週	13	○	▲	▲	ジュエラー	ヴィクトワールピサ	ネオユニヴァース		鹿毛 牝3	バルドウィナ	ピストレブルー	18	4.6	3	青山 洋一	社台ファーム	55.0	55	3.2	Mデム	365	14	西 2 位 51	337	1	栗 藤岡健	100%	0%
7	中3週	14				カトルラポール	グラスワンダー	シルヴァーホーク		鹿毛 牝3	スポーティングラヴ	ダンシグ	11	63.5	12	石井 義孝	浜本牧場	55.0	41	16.5	初 秋山	366	15	西 27 位 6	353	15	美 浅野	15%	76%
7	中4週	15	注		注	ラベンダーヴァレイ	ディープインパクト	[illegible]	[illegible]	鹿毛 牝3	クロウキャニオン	フレンチデピュティ	14	13.5	4	金子真人ホール	ノーザンファーム	55.0	50	4.8	戸崎圭	359	6	東 1 位 50	344	5	栗 藤原英	66%	66%
8	中4週	16		○		ウインファビラス	ステイゴールド	サンデーサイレンス		芦毛 牝3	サマーエタニティ	アドマイヤコジーン	5	39.6	9	(株)ウイン	コスモヴューファ	55.0	47	10.9	松岡	355	3	東 15 位 8	350	12	美 畠山吉	50%	33%
8	中4週	17				アドマイヤリード	ステイゴールド	サンデーサイレンス		青鹿 牝3	ベルアリュール	ニューメラス	7	58.5	10	近藤 利一	ノーザンファーム	55.0	42	15.4	初 藤岡康	363	10	西 5 位 26	350	13	栗 須貝尚	40%	40%
8	中3週	18				メイショウバーズ	タニノギムレット	ブライアンズタイム		鹿毛 牝3	デヒアバーズ	デヒア	11	179.2	17	松本 好雄	藤沢牧場	55.0	44	14.0	再 古川吉	364	11	西 24 位 7	354	16	栗 本田優	0%	50%

33・0秒をマーク。デビューから3戦すべて上がり最速を記録しており、瞬発力はコチラのほうが上でしょう。相手もほぼメジャーエンブレムでいいはず。圧倒的1番人気（1・5倍）でもあり、3番人気のジュエラーがどこまで迫れるかがポイントとなるというのが事前の見立て。

基本はこの2頭の3連複が中心で、2番人気シンハライト（4・9倍）が馬券になると3連複でも3倍台と激安。同馬が飛べば3連複20倍以上となります。3連複が1点に人気集中の場合、3頭のうち1頭が飛ぶのがよくあるパターン。特にGIでは1〜3番人気馬がそのまま1〜3着という例はそれほどありません。

3頭で決まったら安いとあきらめて、3連複2頭軸でシンハライトをほぼ消しました。あとは1頭軸で手広く流した3連複馬券も、配当をハネ上げた際の保険として購入。

馬連、馬単もジュエラーからメジャーエンブレムが大本線。ジュエラーからの馬単2着付けのみ購入しました。配当が安すぎて買い方が非常に難しいレースといっていいでしょう。

レースは本命にしたジュエラーが、シンハライトをハナ差押さえて勝利しましたが、相手大本線のメジャーエンブレムが4着に。ご覧のように、馬単、3連複が的中しましたが、配当的に絞って買っていたので、厚めの本線的中とはいきませんでした。

12万5750円の払い戻しとなりましたが、7万4000円とブチ込んだわりには押さえのみの払い戻しに終わってしまい、反省材料の多いレースでした。

【購入額】7万4000円　【払い戻し】12万5750円　【自己採点50点】

★皐月賞　枠連4・5倍×2万円的中

◎③マカヒキ（3番人気、単勝3・7倍…2着）
●マカヒキ3連単の「1着固定」がメインで、リオンディーズとの「1・2着固定」は押さえる。
●マカヒキの「1着固定」「2着固定」なら3連単703・9倍×500円が的中だったのだが……。
●2頭の馬連4・5倍に対して、枠連も4・5倍と同じ。

皐月賞が行なわれた日は、阪神競馬場にてJRA主催の「競馬セミナー」があり、講師として馬券の買い方や競馬の見方をレクチャーしていました。特段、意識しているわけではありませんが、やはり、初心者やファンの方に馬券は当ててもらいたいものだと思っていました。

また、皐月賞ともなると大レース独特の雰囲気も伝わってき

●2016年４月17日
中山11Ｒ皐月賞
（ＧⅠ、芝2000ｍ良）

＜久保の印・予想＞

◎③マカヒキ
（３番人気、3.7倍）
◎⑯リオンディーズ
（２番人気、2.8倍）
△⑪サトノダイヤモンド
（１番人気、2.7倍）
△⑱ディーマジェスティ
（８番人気、30.1倍）
△⑮エアスピネル
（４番人気、16.1倍）
△⑤マウントロブソン
（６番人気、25.9倍）
△⑭ロードクエスト
（５番人気、21.8倍）

１着⑱ディーマジェスティ
２着③マカヒキ
３着⑪サトノダイヤモンド
単⑱3090円　複⑱530円
③160円　⑪150円
枠連２－８　490円
馬連③－⑱6220円
馬単⑱→③17680円
３連複③⑪⑱6000円
３連単⑱→③→⑪70390円

2016年04月17日(日)
3回中山8日目　第76回

11　GI 皐月賞

15:40　3歳オープン　定量　(国際)牡・牝(

1	中3週	1	：	：	：	ハービンジャー	ダンシリ	ドレッドノータス	栗毛 牡 3	ディアデラノビア	サンデーサイレンス	14	111.7	16	(有)キャロットF	ノーザンファーム	57.0	初 藤岡佑	西 14 位12	栗 矢作	50	17.4	371	7	358	16	0%	66%
1	中6週	2	：	△	：	ヴィクトワールピサ	ネオユニヴァース	ジョルジュサンク	栗毛 牡 3	ハリウッドローズ	ラムタラ	15	67.9	13	(株)CHEVAL	鎌田 正嗣	57.0	再 吉田隼	東 8 位14	栗 鮫島一	51	15.8	359	2	352	13	50%	87%
2	中5週	3	○	◎	◎	ディープインパクト	サンデーサイレンス	マカヒキ	鹿毛 牡 3	ウィキウィキ	フレンチデピュティ	13	3.9	3	金子真人ホール	ノーザンファーム	57.0	初 川田	西 3 位38	栗 友道康	67	-0.9	375	8	341	1	100%	66%
2	中3週	4	：	☆	：	ディープインパクト	サンデーサイレンス	アドマイヤダイオウ	鹿毛 牡 3	アドマイヤマリン	クロフネ	11	14.4	4	近藤 利一	ノーザンファーム	57.0	初 福永	西 7 位19	栗 友道康	58	9.3	377	14	355	14	100%	50%
3	中3週	5	：	：	☆	ディープインパクト	サンデーサイレンス	マウントロブソン	芦毛 牡 3	ミスパスカリ	ミスタープロスペクター	13	21.8	8	金子真人ホール	ノーザンファーム	57.0	初 Tベリ	藤 位0	美 堀	58	9.3	368	5	358	15	100%	60%
3	中1週	6	：	：	：	ドリームジャーニー	ステイゴールド	ミライヘノツバサ	昇 芦毛 牡 3	タムロブライト	シルヴァーチャーム	12	135.3	17	三島 宣彦	諏訪牧場	57.0	初 柴田大	東 6 位17	美 伊藤大	50	17.1	375	9	352	12	80%	60%
4	中1週	7	：	：	：	ディープインパクト	サンデーサイレンス	ウムブルフ	鋤 青鹿 牡 3	ウミラージ	モンズーン	11	102.5	15	(有)社台レースホ	社台コーポレーシ	57.0	初 柴山雄	東 9 位14	美 堀	47	20.0	377	12	351	11	60%	80%
4	中3週	8	：	：	：	キングカメハメハ	キングマンボ	ミッキーロケット	鋤 鹿毛 牡 3	マネーキャントバイミー	ピヴォタル	9	34.3	10	野田 みづき	ノーザンファーム	57.0	初 横山典	東 4 位23	栗 音無	55	12.6	377	13	349	7	100%	20%
5	中3週	9	：	：	：	ヴィクトワールピサ	ネオユニヴァース	ナムラシングン	黒鹿 牡 3	ドリームオブジェニ	ピヴォタル	8	52.6	12	奈村 睦弘	谷川牧場	57.0	初 田辺	東 5 位21	栗 高野友	57	9.9	381	17	351	9	83%	50%
5	中2週	10	：	：	：	デュランダル	サンデーサイレンス	トーアライジン	鋤 芦毛 牡 3	トーアライトニング	ミシル	9	95.6	14	高山ランド(株)	トーア牧場	57.0	初 大野	東 10 位13	栗 村山	36	31.5	390	18	351	10	0%	33%
6	中8週	11	▲	注	注	ディープインパクト	サンデーサイレンス	サトノダイヤモンド	鹿毛 牡 3	マルペンサ	オーペン	13	3.5	2	里見 治	ノーザンファーム	57.0	ルメー	西 2 位54	栗 池江寿	59	8.5	379	15	345	3	100%	66%
6	中3週	12	：	：	：	マンハッタンカフェ	サンデーサイレンス	リスペクトアース	黒鹿 牡 3	アースグリーン	ストリートクライ	8	184.7	18	(株)グリーンファ	恵比寿興業株式	57.0	初 石川裕	東 7 位15	美 小笠	51	16.2	357	1	370	18	25%	100%
7	3ヶ月	13	：	：	：	ハービンジャー	ダンシリ	プロフェット	鹿毛 牡 3	ジュモー	タニノギムレット	9	23.7	9	(有)キャロットF	ノーザンファーム	57.0	初 戸崎圭	東 1 位53	栗 池江寿	53	13.8	376	11	349	8	100%	100%
7	中3週	14	△	：	：	マツリダゴッホ	サンデーサイレンス	ロードクエスト	鹿毛 牡 3	マツリダワルツ	チーフベアハート	11	14.8	5	(株)ロードホース	様似堀牧場	57.0	池添	西 10 位17	美 小島茂	58	9.6	379	16	347	5	100%	0%
7	中5週	15	☆	○	▲	キングカメハメハ	キングマンボ	エアスピネル	栗毛 牡 3	エアメサイア	サンデーサイレンス	4	17.2	7	(株)ラッキーフィ	社台ファーム	57.0	武豊	西 5 位26	栗 笹田	60	7.1	361	3	348	6	100%	75%
8	中5週	16	◎	▲	○	キングカメハメハ	キングマンボ	リオンディーズ	黒鹿 牡 3	シーザリオ	スペシャルウィーク	11	3.1	1	(有)キャロットF	ノーザンファーム	57.0	Mデム	西 1 位58	栗 角居	66	0.9	371	6	342	2	100%	66%
8	中3週	17	：	：	：	キンシャサノキセキ	フジキセキ	アドマイヤモラール	黒鹿 牡 3	カツラドライバー	ニホンピロウイナー	11	45.6	11	近藤 利一	ノーザンファーム	57.0	初 内田博	東 3 位26	美 上原	49	18.3	366	4	364	17	14%	85%
8	中8週	18	注	：	△	ディープインパクト	サンデーサイレンス	ディーマジェスティ	鹿毛 牡 3	エルメスティアラ	ブライアンズタイム	11	14.9	6	嶋田 賢	服部 牧場	57.0	蛯名正	東 2 位28	美 二ノ宮	59	8.5	375	10	347	4	100%	25%

ます。皐月賞でどのような買い目を推奨すればよいのかを考えなくてはいけません。馬連か、3連複か、3連単か……というように、頭を悩ませる状況でした。

皐月賞デーは2開催連続の中山最終日に該当し、外差しが有利な傾向。特に中山は15年12月～16年4月の間に4開催が行なわれ、皐月賞週の芝は差しが決まりやすい状況です。皐月賞は過去5年で「上がり最速馬」は11年オルフェーヴル（ただし東京開催）、12年ゴールドシップ、15年ドゥラメンテと3勝を挙げており、勝ち馬はすべて上がり3位以内を記録していました。狙いは末脚がしっかりしている馬ということになります。

近6年で「ハイブリッド指数」トップが3勝、2着2回。勝ち馬の4頭が「推定後半3ハロン」2位以内に該当していました。「ハイブリッド指数」トップか「推定後半3ハロン」2位以内に該当すれば、連対する確率は高いといっていいでしょう。

マカヒキはデビューから3戦すべて上がり最速をマークして勝利。3戦すべてレースラップでラスト2ハロンが11・0秒～11・3秒と秀逸。「推定後半3ハロン」1位で軸は同馬を抜擢。

1番人気（2・7倍）の⑪サトノダイヤモンドは「ハイブリッド指数」4位程度。きさらぎ賞はメンバーのレベルに疑問もあり、人気ほど信用できるというほどでもありません。2番人気（2・8倍）の⑯リオンディーズは2戦目の朝日杯FSの内容が秀逸。弥生賞は先行していますが、脚をためれば爆発力もありそう。「推定後半3ハロン」2位でした。

馬券はマカヒキ―リオンディーズが大本線で、その馬連を購入しようと思っていましたが、枠連（2―8）4・5倍、馬連（③―⑯）4・5倍と最終的に同じオッズだったので枠連を選択。オッズ差がほとんどない場合は、枠連のほうが保険（代用品）になる可能性もあります。リスクが少し減るというわけです。

さらにこの2頭を1、2着に置いた3連単では、3着に⑤マウントロブソン、⑪サトノダイヤモンド、⑭ロードクエスト、⑮エアスピネル、⑱ディーマジェスティをピックアップ。10点だったので1点1000円ずつ購入。そしてマカヒキを1着固定にして、リオンディーズを除いた5頭を2、3着欄に置いた馬券も購入（20点）。こちらは1点500円を投資。リオンディーズが連対しても儲かるし、同馬が飛んでも相手馬を考えれば、3連単は悪くない配当でしょう。

レースはヒモ候補だったディーマジェスティが勝利、2着がマカヒキ、3着がサトノダイヤモンドという順で決着。2着→1着→3着と3連単は外れ。リオンディーズも飛んだため、的中していそうで不的中になるところでした。

それを救ったのが枠連でした！　1着になったディーマジェスティはリオンディーズと同じ8枠だったのです。おかげで全外れの最悪のシナリオだけは回避しました。馬連1点勝負の際は、枠連オッズときっちり比較することが重要だと再認識させられたレースでした。

【購入額】4万円　【払い戻し】9万円　【自己採点60点】

★天皇賞春

不的中（○注☆のタテ目）

◎⑤フェイムゲーム（4番人気、単勝7・4倍…8着）

●単勝は購入する。

●荒れるレースなので3連複は手広く。

●○注☆のタテ目で決着、3連複323・5倍の配当は高めなので仕方ない。

馬券が外れてしまったレースですが、買い方そのものは間違っていなかったと思っています。

結果として○注☆の順で決着したレースでした。フェイムゲームを1頭軸にせず、○の2番人気の①キタサンブラック（「推定前半3ハロン」2位）、☆の13番人気の③カレンミロティック（「推定前半3ハロン」1位）、この

2016年3回4日
京都
11レース
第153回 （GI）
天皇賞（春）
JRA 京都
5月1日
WIN 単勝 WIN
5 フェイムゲーム
☆20,000円
合計 ★★2,000枚 ★★20,000円
0808100509034 1010010187050 70130092 301675

2016年3回4日
京都
11レース
第153回 （GI）
天皇賞（春）
JRA 京都
5月1日
TRIO 3連複 TRIO
フォーメーション
5 － 1 8 10 15 17 － ☆
組合せ数70
各組 ☆☆☆500円
合計 ★★3,500枚 ★★35,000円
0808100508777 2841580204466 50130091 301675

●2016年５月１日 京都11Ｒ天皇賞春 （ＧⅠ、芝3200ｍ良）

＜久保の印・予想＞

◎⑤フェイムゲーム
（４番人気、7.4倍）
○⑧シュヴァルグラン
（３番人気、6.4倍）
▲⑰ゴールドアクター
（１番人気、3.8倍）
注①キタサンブラック
（２番人気、4.5倍）
注⑩アルバート
（６番人気、9.9倍）
△⑮サウンズオブアース
（５番人気、8.3倍）
☆③カレンミロティック
（13番人気、99.2倍）

１着①キタサンブラック
２着③カレンミロティック
３着⑧シュヴァルグラン
単①450円　複①170円
③1390円　⑧240円
馬連①―③20160円
馬単①→③29950円
３連複①③⑧32350円
３連単①→③→⑧242730円

2016年05月01日（日）
3回京都4日目　第153
11　GI 天皇賞（春）
15:40　4歳以上オープン　定量　(国際)(指)

枠	馬番	間隔	印	父	馬名	母	母父	毛色 性 齢	馬主	生産者		単勝	人気	斤量	騎手	所属	調教師	指数							
1	1	中3週	注 ○ ○	ブラックタイド	キタサンブラック	シュガーハート	サクラバクシンオー	鹿毛 牡 4	㈲大野商事	ヤナガワ牧場	20	7.1	3	58.0	武豊	西 5 位28	栗 清水調	75	1.2	372	2	352	13	22%	77%
1	2	中9週	： ： ：	ステイゴールド	トゥインクル	ロングスターダム	ノーザンテースト	栗毛 牡 5	畑佐 博	いとう牧場	20	36.7	14	58.0	勝浦	東 12 位13	栗 牧田和	71	5.8	383	9	350	10	72%	31%
2	3	中5週	： ☆ ：	ハーツクライ	カレンミロティック	スターミー	エーピーインディ	栗毛 セ 8	鈴木 隆司	ノーザンファーム	10	35.5	13	58.0	再 池添	西 9 位20	栗 平田	68	8.5	371	1	353	15	27%	78%
2	4	2ヶ月	： ： ：	ディープインパクト	トーセンレーヴ	ビワハイジ	カーリアン	鹿毛 牡 8	島川 隆哉	ノーザンファーム	10	71.7	16	58.0	初 武幸	西 32 位5	栗 池江寿	65	11.3	390	15	349	8	42%	34%
3	5	中9週	○ ： ▲	ハーツクライ	フェイムゲーム	ホールオブフェーム	アレミロード	青鹿 牡 6	㈲サンデーレー	ノーザンファーム	0	9.1	5	58.0	初 ボウマ	豪 位0	美 宗像	75	21	387	14	338	1	58%	17%
3	6	中5週	： ： ：	アドマイヤドン	アドマイヤデウス	ロイヤルカード	サンデーサイレンス	栗毛 牡 5	近藤 利一	辻 牧場	20	15.0	7	58.0	岩田康	西 4 位28	栗 橋田	71	6.1	380	7	351	11	50%	50%
4	7	中9週	： ： ：	ディープインパクト	ファタモルガーナ	ダニノミラージュ	エリシオ	鹿毛 セ 8	㈲キャロットF	小泉 学	10	33.7	11	58.0	内田博	東 2 位32	栗 荒川	64	13.0	384	11	354	16	57%	42%
4	8	中5週	☆ △ △	ハーツクライ	シュヴァルグラン	ハルーワスウィート	マキャヴェリアン	栗毛 牡 4	佐々木 主浩	ノーザンファーム	0	5.4	2	58.0	福永	西 7 位27	栗 友道康	73	4.0	395	16	340	2	91%	33%
5	9	中5週	： ： ：	スペシャルウィーク	トーホウジャッカル	トーホウガイア	アンブライドルズソング	栗毛 牡 5	東豊物産㈱	竹島 幸治	0	20.9	10	58.0	再 酒井学	西 25 位7	栗 谷	65	11.6	373	3	351	12	66%	66%
5	10	中4週	▲ ： ：	アドマイヤドン	アルバート	フォルクローレ	ダンスインザダーク	栗毛 牡 5	林 正道	ノーザンファーム	10	9.0	4	58.0	ルメール	西 1 位61	美 堀	71	5.5	395	17	345	4	58%	23%
6	11	中5週	： ： ：	ゼンノロブロイ	タンタアレグリア	タンタスエルテ	ステューカ	栗毛 牡 4	㈱G1レーシン	社台コーポレーシ	10	17.3	9	58.0	蛯名正	東 3 位32	美 国枝	70	6.9	385	12	350	9	41%	25%
6	12	中2週	： ： ：	キングカメハメハ	ヤマニンボワラクテ	ヤマニンカルフール	エリシオ	鹿毛 セ 5	土井 肇	錦岡牧場	20	84.0	18	58.0	初 丸山元	東 15 位11	栗 松永幹	67	9.2	373	4	359	18	31%	68%
7	13	中5週	： ： ：	ステイゴールド B	マイネルメダリスト	ツクバノーブル	アサティス	鹿毛 牡 8	㈱サラブレッド	新冠伊藤牧場	0	73.0	17	58.0	再 柴田大	東 7 位18	美 田中清	66	10.8	381	8	353	14	31%	62%
7	14	中6週	： ▲ ：	ディープインパクト	サトノノブレス	クライウィズジョイ	トニービン	黒鹿 牡 6	里見 治	メジロ牧場	10	34.1	12	58.0	再 和田	西 8 位22	栗 池江寿	71	5.7	375	6	349	7	34%	60%
7	15	中4週	△ 注 注	ネオユニヴァース	サウンズオブアース	ファーストヴァイオリン	ディキシーランドバンド	黒鹿 牡 5	吉田 照哉	社台ファーム	20	9.4	6	58.0	再 藤岡佑	西 15 位14	栗 藤岡健	74	2.8	384	10	345	5	68%	50%
8	16	中6週	： ： ：	オペラハウス	ファントムライト	マリーシャンタル	サンデーサイレンス	黒鹿 牡 7	㈲サンデーレー	ノーザンファーム	30	47.6	15	58.0	再 三浦皇	東 13 位12	栗 藤原英	65	11.2	385	13	356	17	54%	31%
8	17	中4週	◎ ◎ ◎	スクリーンヒーロー	ゴールドアクター	ヘイロンシン	キョウワアリシバ	青鹿 牡 5	居城 要	北勝ファーム	10	3.5	1	58.0	吉田隼	東 9 位16	美 中川	77	-1.2	374	5	342	3	64%	64%
8	18	2ヶ月	： ： ☆	キングカメハメハ	レーヴミストラル	レーヴドスカー	ハイエストオナー	鹿毛 牡 4	㈲サンデーレー	ノーザンファーム	0	15.4	8	58.0	川田	西 3 位41	栗 高野友	71	5.3	397	18	345	6	80%	0%

2頭の馬連2頭軸フォーメーションでフォローすることは可能だったかもしれません。

ただ、私の狙いは3連複馬券でした。7年連続して3連複で万馬券決着という状況で今年も堅くは収まるはずはないと思っていたのです。15年と同様、点数を広げて万馬券を拾いにいくというのがコンセプト。

「推定後半3ハロン」1位のフェイムゲームは15年も2着に来ていますし、短期免許で来日していたボウマン騎手の手腕にも期待できます。フェイムゲームの単勝も厚めに購入。レースは、フェイムゲームがスタートで挟まれて後方からになるアクシデント。長距離戦とはいえロスは痛い。

最内枠からキタサンブラックの武豊騎手が先手を奪い、道中は絶妙なペース配分で他馬が絡まず。結果、3200mとしては珍しく、ラスト4Fすべて11秒台で逃げ切ってしまいました。

1、2着馬が「推定前半3ハロン」1、2位馬だったことが16年の天皇賞春を象徴しています。3着が「推定後半3ハロン」2位で3番人気⑧シュヴァルグラン。

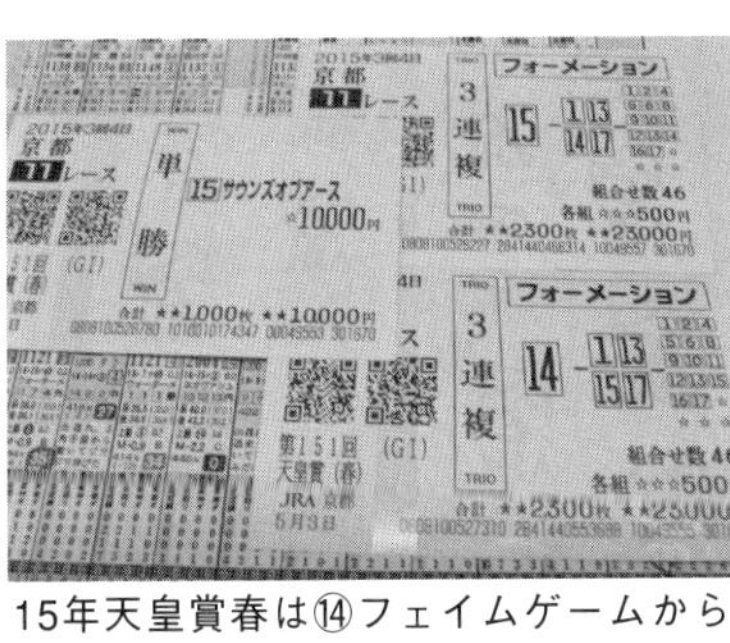

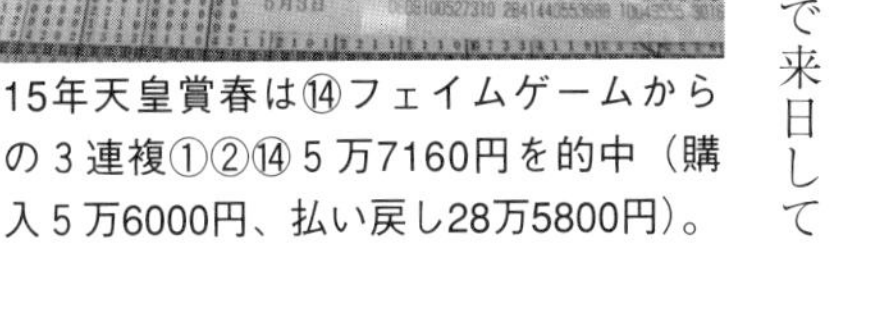
15年天皇賞春は⑭フェイムゲームからの3連複①②⑭5万7160円を的中（購入5万6000円、払い戻し28万5800円）。

距離こそ違えど1週前に行なわれたマイラーズCと同様、内目の馬番による決着でした。馬場状態、展開が裏目になってしまって外れてしまったレースです。

【購入額】5万5000円　【払い戻し】0円　【自己採点70点】

★NHKマイルC　3連単1111・9倍×1000円的中

◎④メジャーエンブレム（1番人気、単勝2・3倍…1着）

●3連複フォーメーションを2枚、ヒモ荒れで1111・9倍の万馬券的中。1、2番人気で1、2着が決まったわりには上々の配当。

●馬連9・4倍を購入しておいてもよかったか。

　過去5年で「4角先頭馬」が2勝、4角5番手以内が4勝を挙げているレース。東京のマイルGIにしては逃げ、先行馬の活躍が目立つようになってきました。馬場保全技術の進化により、東京マイルGIは以前では考えられないような、前残りの馬が穴をあけるケースが増えてきたよう

に思います。

近6年で「ハイブリッド指数」3位以内が5勝。近2年は「ハイブリッド指数」1番手のミッキーアイル、クラリティスカイが勝利しています。勝利馬の4頭が「推定前半3ハロン」5位以内、5頭が「推定後半3ハロン」以内に該当しているのも特徴でしょう。

◎メジャーエンブレムの桜花賞は、ロスの多いレースでした。いつもなら先行していたはずが、本番では7番手の競馬。不完全燃焼の競馬で決して力負けではないでしょう。

2番人気⑤ロードクエストはホープフルS以降は詰めの甘いレースが続いており、「ハイブリッド指数」は停滞気味で、成長力がひと息な面は否めないでしょう。ただ、新潟2歳Sで圧勝を決めたように、1600mは2戦2勝のベストの距離。「推定後半3ハロン」1位でもあり、皐月賞より400mの距離短縮で大幅な前進は期待できるというのが読みです。

この2頭の他に、4番人気⑥ティソーナも侮れません。同馬は2戦目以降、5戦すべて連対。先行力があって、上がりも上位をマークしています。底を見せていない点は大いに魅力ですし、ロードクエストよりも馬券的妙味もあり、成長力は上回るといったところ。大穴は「推定前半3ハロン」1位で14番人気の⑬シゲルノコギリザメ。人気薄の逃げ馬は、常に注意が必要です。

10番人気以下の好走も目立つレースなので、人気上位で決着する可能性は低いはずです。3連複で点数を絞る気もしないので、ヒモ荒れを期待しての3連複フォーメーションの1頭→5頭→

●2016年５月８日
東京11Ｒ
ＮＨＫマイルＣ
（ＧⅠ、芝1600ｍ良）

＜久保の印・予想＞
◎④メジャーエンブレム
（１番人気、2.3倍）
○⑥ティソーナ
（４番人気、9.8倍）
▲⑤ロードクエスト
（２番人気、6.4倍）
注⑬シゲルノコギリザメ
（14番人気、89.7倍）
△⑦トウショウドラフタ
（５番人気、10.0倍）
△③アーバンキッド
（６番人気、11.3倍）
☆⑧イモータル
（３番人気、7.6倍）

１着④メジャーエンブレム
２着⑤ロードクエスト
３着⑱レインボーライン
単④230円　複④140円
⑤210円　⑱660円
馬連④―⑤940円
馬単④→⑤1470円
３連複④⑤⑱11190円
３連単④→⑤→⑱33030円

2016年05月08日（日）
2回東京6日目　第21回
11　GⅠ ＮＨＫマイルカッ
15:40　3歳オープン　定量　(国際)牡・牝(

枠	間隔	馬番	印	馬名	父	父父	毛色・性齢	母	母父		単勝	人気	馬主	生産者	斤量	騎手	所属	厩舎								
1	中6週	1	：△：	シュウジ	キンシャサノキセキ	フジキセキ	鹿毛 牡3	カストリア	キングマンボ	7	24.3	10	安原 浩司	浜本牧場	57.0	岩田康	西 4 位33	栗 須貝尚	49	343	341	50%	12.3	3	12	100%
1	中3週	2	：：：	エクラミレネール	マツリダゴッホ	サンデーサイレンス	芦毛 牝3	シャトーサウザンド	プラウドデボネア	12	60.4	14	岡田 牧雄	岡田スタッド	55.0	初 大野	東 13 位13	美 高橋裕	54	356	342	12%	7.4	11	14	50%
2	中5週	3	△注：	アーバンキッド	ハーツクライ	サンデーサイレンス	鹿毛 牡3	コックニー	スウェイン	13	12.8	6	㈲サンデーレー	ノーザンファーム	57.0	初 ボウマ	豪 位0	美 斉藤誠	52	350	337	80%	9.4	6	4	60%
2	中3週	4	○◎◎	メジャーエンブレム	ダイワメジャー	サンデーサイレンス	栗毛 牝3	キャッチータイトル	オペラハウス	11	3.4	1	㈲サンデーレー	ノーザンファーム	55.0	ルメー	西 1 位66	美 田村康	61	342	336	50%	-25	2	3	83%
3	中2週	5	▲：注	ロードクエスト	マツリダゴッホ	サンデーサイレンス	鹿毛 牡3	マツリダワルツ	チーフベアハート	13	4.2	2	㈱ロードホース	様似堀牧場	57.0	池添	西 9 位21	美 小島茂	56	365	333	80%	5.1	18	1	20%
3	中4週	6	：○：	ティソーナ	ダイワメジャー	サンデーサイレンス	黒鹿 牡3	ラドラーダ	シンボリクリスエス	13	12.4	5	㈲キャロットフ	ノーザンファーム	57.0	Mデム	西 2 位58	美 藤沢和	55	349	337	83%	6.1	5	5	83%
4	中6週	7	◎：▲	トウショウドラフタ	アンライバルド	ネオユニヴァース	栗毛 牡3	ウイッチトウショウ	ジェイドロバリー	9	8.0	4	トウショウ産業	トウショウ産業株	57.0	田辺	東 4 位28	美 萱野	58	363	334	71%	3.4	17	2	28%
4	2ヶ月半	8	注▲○	イモータル	マンハッタンカフェ	サンデーサイレンス	青鹿 牡3	ショアー	アカテナンゴ	10	6.2	3	金子真人ホール	ノーザンファーム	57.0	戸崎圭	東 1 位62	栗 須貝尚	58	349	345	50%	2.5	4	17	50%
5	4ヶ月	9	：：：	シャドウアプローチ	ジャングルポケット	トニービン	栗毛 牡3	マルカアイチャン	フレンチデピュティ	12	61.0	15	飯塚 知一	社台ファーム	57.0	初 Tベリ	豪 位1	栗 須貝尚	49	353	339	80%	12.2	8	9	80%
5	中3週	10	：：☆	ダンツプリウス	ブライアンズタイム	ロベルト	鹿毛 牡3	ストロングレダ	マンハッタンカフェ	10	21.7	9	山元 哲二	千代田牧場	57.0	丸山元	東 14 位12	栗 山内	55	351	342	70%	6.0	7	13	70%
6	中6週	11	：：：	ペルソナリテ	ステイゴールド	サンデーサイレンス	鹿毛 牝3	マイネアルデュール	アドマイヤコジーン	10	109.2	18	㈱サラブレッド	ビッグレッドファ	55.0	柴田大	東 6 位20	美 相沢	48	359	345	50%	12.9	15	16	16%
6	中3週	12	：：：	ハクサンルドルフ	アドマイヤムーン	エンドスウィープ	界 黒鹿 牡3	キングスミール	シアトリカル	13	31.6	11	河崎 五市	チャンピオンズフ	57.0	初 内田博	東 2 位33	栗 西園	53	359	339	75%	7.6	14	8	25%
7	中1週	13	：：：	シゲルノコギリザメ	スーパーホーネット	ロドリゴデトリアーノ	黒鹿 牡3	シアトルビューティ	[illegible]	10	74.1	17	森中 蕃	ガーベラパーク	57.0	初 松岡	東 17 位9	栗 谷	51	341	358	16%	9.7	1	18	100%
7	中6週	14	☆：：	ブレイブスマッシュ	トーセンファントム	ネオユニヴァース	鹿毛 牡3	トーセンスマッシュ	トウカイテイオー	12	18.9	8	島川 隆哉	エスティファーム	57.0	横山典	東 5 位26	美 小笠	52	362	339	75%	8.6	16	7	37%
7	中3週	15	：：△	ストーミーシー	アドマイヤムーン	エンドスウィープ	栗毛 牡3	リーベストラウム	ゼンノエルシド	7	34.0	12	㈲ミルファーム	ミルファーム	57.0	江田照	東 23 位7	美 斉藤誠	55	359	337	66%	5.5	13	6	66%
8	中7週	16	：：：	カネノイロ	パイロ	プルピット	鹿毛 牡3	エルサフィール	ケイエスツヨシ	10	35.5	13	江川 伸夫	川上牧場	57.0	初 蛯名正	東 3 位32	美 佐藤吉	45	355	345	33%	16.4	10	15	33%
8	中3週	17	：：：	ブランボヌール	ディープインパクト	サンデーサイレンス	芦毛 牝3	ルシュクル	サクラバクシンオー	8	69.2	16	前田 葉子	ノースヒルズ	55.0	三浦皇	東 15 位12	栗 中竹	54	353	340	50%	7.1	9	11	50%
8	中3週	18	：☆：	レインボーライン	ステイゴールド	サンデーサイレンス	鹿毛 牡3	レーゲンボーゲン	フレンチデピュティ	11	16.1	7	三田 昌宏	ノーザンファーム	57.0	初 福永	西 6 位30	栗 浅見	54	357	340	55%	7.4	12	10	55%

総流しの70点買いを敢行。軸メジャーエンブレムの相手もロードクエストとティソーナに絞った3連複フォーメーションの1頭→2頭→総流しの31点買いを厚めに購入。メジャーエンブレムが3着以内なら的中するはずなので、あとは配当が問題というところでした。

結果は1着が桜花賞4着から巻き返したメジャーエンブレム、2着が皐月賞からの距離短縮とマイル戦が合っていたのかロードクエスト。3着にアーリントンCを勝ちながらも12番人気と人気のなかった⑱レインボーライン。

3連複1万1190円なら上出来。3連単が3連複の約3倍の3万3030円であれば、3連複を厚く購入したのは成功だったはず。1、2番人気で決着して馬連は940円。メジャーエンブレムからロードクエストとティソーナへの2点を購入する手はあったかもしれません。

【購入額】5万5000円　【払い戻し】11万1900円　【自己採点80点】

★ヴィクトリアマイル　3連複60・9倍×1500円的中

◎⑩ミッキークイーン（1番人気、単勝3・4倍…2着）

●3連複フォーメーションを2枚、60・9倍が的中。

●枠連1点で6・5倍を購入しておいてもよかったか。

過去5年で1分31秒台が2回、1分32秒台前半が3回と速いのがヴィクトリアマイルの特徴です。高速決着への対応力が求められるレースといっていいでしょう。

15年は最低人気のミナレットが逃げ粘り、3連単2000万円超の特大配当になりましたが、ここまでの春GI6戦中5戦で「推定後半3ハロン」1位馬が連対しています。前が残りやすくなっている東京マイルGIですが、基本は「推定後半3ハロン」1位を軸にすればいいでしょう。

ミッキークイーンの前走・阪神牝馬Sはタイム差なしの2着。直線で進路を探すのに苦労して、完全に脚を余しての敗戦でした。小柄なディープ産駒で、時計、上がりの速い決着は得意でしょう。1600mは3戦3連対とパーフェクト。「推定後半3ハロン」も1位という具合で、軸として信用できそう。

2016年2回8日
東京
11レース
TRIO 3連複 TRIO
フォーメーション
10 - 12 15 - 1 2 3 6 7 9 11 12 13 14 15 16
組合せ数21
各組 ☆☆1,000円
合計 ★★2,100枚 ★★21,000円
第11回 (GI)
ヴィクトリアマイル
JRA 京都
5月15日
0808100836744 2841220365832 80065381 301670

2016年2回8日
東京
11レース
TRIO 3連複 TRIO
フォーメーション
10 - 6 11 12 15 - 1 2 3 4 5 6 7 8 9 10 11 12 13 14 15 16 17 18
組合せ数58
各組 ☆☆☆500円
合計 ★★2,900枚 ★★29,000円
第11回 (GI)
ヴィクトリアマイル
JRA 京都
5月15日
0808100836823 2841480008096 10065382 301670

●2016年５月15日
東京11Ｒ
ヴィクトリアマイル
（ＧⅠ、芝1600ｍ良）

＜久保の印・予想＞
◎⑩ミッキークイーン
（１番人気、3.4倍）
○⑮ショウナンパンドラ
（２番人気、4.4倍）
▲⑫クイーンズリング
（５番人気、10.1倍）
注⑥マジックタイム
（６番人気、10.4倍）
注⑪レッツゴードンキ
（８番人気、23.5倍）
☆⑭ウキヨノカゼ
（15番人気、92.5倍）

１着⑬ストレイトガール
２着⑩ミッキークイーン
３着⑮ショウナンパンドラ
単⑬1770円　複⑬410円
⑩140円　⑮170円
馬連⑩―⑬3510円
馬単⑬→⑩9790円
３連複⑩⑬⑮6090円
３連単⑬→⑩→⑮48310円

2016年05月15日（日）
2回東京8日目　第11回

11　GI ヴィクトリアマイ
15:40　4歳以上オープン　定量　(国際)(牝)(指)

枠	間隔	馬番	印	印	印	馬名	父	父の父	母	母の父	毛色・性齢				馬主	生産者	斤量	騎手	所属	調教師								
1	中4週	1	：	○	：	ウインプリメーラ	ステイゴールド	サンデーサイレンス	エリモプリティー	フォーティナイナー	黒鹿 牝6	7	18.9	10	㈱ウイン	ビッグレッドファ	55.0	川田	西 3・48	栗 大久龍	69	352	339	17%	7.0	3	8	79%
1	中4週	2	△	◎	注	スマートレイアー	ディープインパクト	サンデーサイレンス	スノースタイル	ホワイトマズル	芦毛 牝6	12	8.0	3	大川 徹	岡田スタッド	55.0	再 武 豊	西 5・32	栗 大久龍	71	348	346	65%	5.1	2	18	25%
2	中2週	3	：	：	：	シャルール	ゼンノロブロイ	サンデーサイレンス	グレイトフィーヴァー	カルドゥン	栗毛 牝4	13	19.2	11	㈲キャロットフ	社台コーポレーシ	55.0	横山典	東 5・27	栗 松永幹	66	361	334	61%	10.1	14	6	38%
2	中6週	4	：	：	：	ウリウリ	ディープインパクト	サンデーサイレンス	ウィキウィキ	フレンチデピュティ	青毛 牝6	11	59.3	15	金子真人ホール	ノーザンファーム	55.0	初 三浦皇	東 15・12	栗 藤原英	66	360	337	50%	10.0	11	7	26%
3	中4週	5	：	：	：	レッドリヴェール	ステイゴールド	サンデーサイレンス	ディソサード	ディキシーランドバンド	初 黒鹿 牝5	14	114.6	18	㈱東京ホースレ	社台ファーム	55.0	初 石川裕	東 7・21	栗 須貝尚	63	366	343	40%	13.2	18	13	26%
3	中5週	6	▲	：	：	マジックタイム	ハーツクライ	サンデーサイレンス	タイムウィルテル	ブライアンズタイム	黒鹿 牝5	13	13.2	6	㈲サンデーレー	ノーザンファーム	55.0	初 ボウマ	豪 ・3	美 中 川	68	361	332	70%	8.2	13	4	11%
4	中8週	7	☆	：	△	ルージュバック	マンハッタンカフェ	サンデーサイレンス	ジンジャーパンチ	オーサムアゲイン	鹿毛 牝4	8	8.6	4	㈲キャロットフ	ノーザンファーム	55.0	初 ルメー	西 1・69	美 大 竹	71	357	346	50%	5.1	7	17	50%
4	中4週	8	：	：	：	メイショウマンボ	スズカマンボ	サンデーサイレンス	メイショウモモカ	グラスワンダー	鹿毛 牝6	18	70.4	17	松本 好雄	高昭牧場	55.0	武 幸	西 33・5	栗 飯田祐	63	362	346	25%	13.2	15	16	16%
5	中4週	9	：	：	☆	カフェブリリアント	ブライアンズタイム	ロベルト	シンメイミネルバ	カーリアン	初 栗毛 牝6	17	22.1	12	西川 光一	タイヘイ牧場	55.0	福 永	西 6・31	美 堀	69	355	341	55%	6.4	5	9	44%
5	中4週	10	◎	☆	○	ミッキークイーン	ディープインパクト	サンデーサイレンス	ミュージカルウェイ	ゴールドアウェイ	鹿毛 牝4	18	3.8	1	野田 みづき	ノーザンファーム	55.0	再 浜 中	西 28・7	栗 池江寿	74	363	327	77%	1.8	16	1	0%
6	中6週	11	注	注	：	レッツゴードンキ	キングカメハメハ	キングマンボ	マルトク	マーベラスサンデー	栗毛 牝4	18	15.8	8	廣崎利洋HD㈱	清水牧場	55.0	岩田康	西 4・35	栗 梅田智	68	345	344	33%	7.4	1	14	66%
6	2ヶ月半	12	：	△	▲	クイーンズリング	マンハッタンカフェ	サンデーサイレンス	アクアリング	アナバー	黒鹿 牝4	13	8.9	5	吉田 千津	社台ファーム	55.0	Mデム	西 2・59	栗 吉村圭	71	359	332	55%	4.4	8	3	44%
7	中4週	13	：	：	：	ストレイトガール	フジキセキ	サンデーサイレンス	ネヴァーピリオド	タイキシャトル	鹿毛 牝7	18	13.8	7	廣崎利洋HD㈱	岡本牧場	55.0	戸崎圭	東 1・65	栗 藤原英	69	354	342	57%	7.3	4	12	35%
7	中6週	14	：	：	：	ウキヨノカゼ	オンファイア	サンデーサイレンス	アドマイヤダッシュ	サクラチヨノオー	黒鹿 牝6	12	61.0	16	國分 純	ファニーフレンズ	55.0	四 位	西 26・7	美 菊沢隆	65	365	333	41%	10.6	17	5	33%
7	中5週	15	○	▲	◎	ショウナンパンドラ	ディープインパクト	サンデーサイレンス	キューティゴールド	フレンチデピュティ	鹿毛 牝5	1	5.0	2	国本 哲秀	社台コーポレーシ	55.0	池 添	西 9・21	栗 高野友	76	360	328	64%	+1.0	12	2	23%
8	中8週	16	：	：	：	シュンドルボン	ハーツクライ	サンデーサイレンス	ネイチャーガイド	エルコンドルパサー	青鹿 牝5	18	18.7	9	㈲下河辺牧場	下河辺牧場	55.0	吉田豊	東 10・16	美 矢野英	69	360	346	68%	7.3	9	15	56%
8	中3週	17	：	：	：	トーセンビクトリー	キングカメハメハ	キングマンボ	トゥザヴィクトリー	サンデーサイレンス	昇 鹿毛 牝4	8	36.7	14	島川 隆哉	ノーザンファーム	55.0	初 内田博	東 2・34	栗 角 居	64	356	341	54%	11.5	6	10	27%
8	間5ヶ月	18	：	：	：	ショウナンアデラ	ディープインパクト	サンデーサイレンス	オールウェイズウィリ	イルーシヴクオリティ	鹿毛 牝4	11	34.9	13	国本 哲秀	下河辺牧場	55.0	蛯名正	東 3・33	美 二ノ宮	56	360	342	100%	20.0	10	11	75%

サイバーアーム競馬新聞　http://www.cyber-arm.net

今の時計の速い東京なら、上がり32秒台突入も可能です。ちなみに前日土曜の東京芝は「上がり最速馬」がすべて馬券に絡みました。15年のような極端な前残りにならない限り、ミッキークイーンの瞬発力なら差し届くはず。

◎ミッキークイーンを中心として、相手筆頭は牡馬相手にも好勝負実績のある2番人気⑮ショウナンパンドラ。その他に騎手（M・デムーロ）も魅力の5番人気⑫クイーンズリング、6番人気⑥マジックタイム、昨年の桜花賞馬で「推定前半3ハロン」1位の8番人気⑪レッツゴードンキが相手。

馬券はご覧のようにミッキークイーンから3連複フォーメーションを2通りで購入。先週のNHKマイルCでも1番人気、2番人気が馬券絡みしながら、3連複は万馬券でした。GⅠは3連複50倍以下で堅く収まるケースのほうが少ないのは確かです（3章参照）。

結果は15年の覇者で7番人気⑬ストレイトガールが1着、2着にミッキークイーン、3着ショウナンパンドラ。3連複6090円、3連単4万8310円でした。3連単は3連複の6倍以上の配当ですが、厚く買えているし3連単でこの組み合わせを獲ろうとしても、点数が広がってしまうもの。ストレイトガールとショウナンパンドラは7枠で同居していたので、枠連を購入する手はあったかもしれません。

【購入額】５万円　【払い戻し】９万１３５０円　【自己採点70点】

★オークス

3連単57・9倍×500円的中

◎⑬チェッキーノ（2番人気、単勝4・0倍…2着）

●3連単の「1着固定」「2着固定」が中心。シンハライトが来たら安かったが、飛ぶシーンを想定していたので、買い足しはせず。

●3着を広げてヒモ荒れ狙いの3連単。

過去5年で「上がり最速馬」は3勝、勝ち馬の上がりはすべて4位以内。この時期の牝馬にとって東京2400mはタフな舞台なので、前半はスタミナを温存することに専念する必要があります。折り合いに不安のあるスピードタイプでは厳しいというのが傾向です。

1番人気（2・0倍）は③シンハライト。シンハライトは桜花賞では勝ちに等しいハナ差2着。「ハイブリッド指数」の《64》は2年前のハープスターと同じハイレベル。ディープ産駒らしく、時計、上がりの速い決着は大得意でしょう。ただ、420キロ台の小柄な牝馬なので、

2016年2回10日
東京
11レース
TRIFECTA 3連単
フォーメーション
13 ▶ 3 4 8 11 ▶ 1 2 3 4 5 6 8 9 11 12 14 15 16 17 ☆ ☆☆☆
第77回 オークス (GI)
JRA 京都 5月22日
組合せ数52
各組 ☆☆☆500円
合計 ★★2,600枚 ★★26,000円
080800110595 2941440998794 60152277 320451

2016年2回10日
東京
11レース
TRIFECTA 3連単
フォーメーション
3 4 8 11 ▶ 13 ▶ 1 2 3 4 5 6 8 9 11 12 14 15 16 17 ☆ ☆☆☆
第77回 オークス (GI)
JRA 京都 5月22日
組合せ数52
各組 ☆☆☆500円
合計 ★★2,600枚 ★★26,000円
080800110 6169 2944140968337 50152278 320451

●2016年５月22日
東京11Ｒオークス
（ＧⅠ、芝2400ｍ良）

＜久保の印・予想＞
◎⑬チェッキーノ
（２番人気、4.0倍）
○③シンハライト
（１番人気、2.0倍）
▲④アットザシーサイド
（４番人気、14.7倍）
注⑧デンコウアンジュ
（６番人気、18.1倍）
注⑪エンジェルフェイス
（３番人気、12.2倍）
△⑥アドマイヤリード
（９番人気、32.5倍）

１着③シンハライト
２着⑬チェッキーノ
３着⑭ビッシュ
単③200円　複③110円
⑬130円　⑭320円
馬連③─⑬420円
馬単③→⑬650円
３連複③⑬⑭2070円
３連単③→⑬→⑭5790円

2016年05月22日（日）
2回東京10日　第77回

11　GI 優駿牝馬

15:40　3歳オープン　定量　㊗㊥㊕

枠	間隔	馬番	印	父		毛色・性齢	馬名	母	母父		オッズ	人気	馬主	生産者	斤量	騎手	所属		調教師					
1	中２週	1	：　：　：	ハーツクライ	サンデーサイレンス	栗毛 牝3	フロムマイハート	マイネエスポワール	アグネスデジタル	17	93.8	17	㈱サラブレッド	ビッグレッドファ	55.0	石橋脩	東 12 位 16		宮本博	51	12.8	367 4	360 16	44% 88%
1	中３週	2	：　：　：	ディープインパクト	サンデーサイレンス	挑 鹿毛 牝3	アウェイク	オールジウェイベイ	グランドスラム	19	47.7	12	㈲キャロットF	ノーザンファーム	55.0	吉田豊	東 10 位 16		斉藤誠	53	10.5	373 6	359 15	50% 25%
2	中５週	3	◎　◎　◎	ディープインパクト	サンデーサイレンス	黒鹿 牝3	シンハライト	シンハリーズ	シングスピール	15	2.4	1	㈲キャロットF	ノーザンファーム	55.0	池添	西 9 位 22		石坂	64	-2.5	380 10	332 2	100% 25%
2	中５週	4	☆　：　▲	キングカメハメハ	キングマンボ	鹿毛 牝3	アットザシーサイド	ルミナスハーバー	アグネスタキオン	12	11.8	5	吉田照哉	社台ファーム	55.0	福永	西 6 位 32		浅見	61	2.9	382 13	335 3	80% 0%
3	中１週	5	：　：　：	マンハッタンカフェ	サンデーサイレンス	昇 黒鹿 牝3	ペプチドサプル	ペプチドモアー	サクラローレル	16	33.0	11	沼川一彦	杵臼牧場	55.0	四位	西 28 位 7		木原	50	13.2	375 8	346 8	57% 71%
3	中５週	6	：　：　注	ステイゴールド	サンデーサイレンス	青鹿 牝3	アドマイヤリード	ベルアリュール	ニューメラス	8	20.2	8	近藤利一	ノーザンファーム	55.0	初 岩田康	西 4 位 38		須貝尚	59	4.2	391 15	340 5	50% 33%
4	中３週	7	：　：　：	ロージズインメイ	デヴィルズバッグ	黒鹿 牝3	ゲッカコウ	チューベローズ	シンボリクリスエス	7	90.1	16	㈱サラブレッド	斉藤スタッド	55.0	再 柴田大	東 6 位 21		高橋博	50	13.1	380 12	361 17	11% 77%
4	中５週	8	▲　注　☆	メイショウサムソン	オペラハウス	黒鹿 牝3	デンコウアンジュ	デンコウラッキー	マリエンバード	3	8.7	3	田中康弘	磯野牧場	55.0	川田	西 3 位 51		荒川	54	9.7	386 14	337 4	33% 50%
5	中５週	9	：　○　：	ステイゴールド	サンデーサイレンス	芦毛 牝3	ウインファビラス	サマーエタニティ	アドマイヤコジーン	8	66.5	14	㈱ウイン	コスモヴューファ	55.0	松岡	東 18 位 10		畠山吉	49	14.3	366 2	351 14	42% 42%
5	中１週	10	：　：　：	オレハマッテルゼ	サンデーサイレンス	昇 黒鹿 牝3	ダンツペンダント	ノースプリンセス	アジュディケーティング	12	288.4	18	山元哲二	谷川牧場	55.0	古川吉	西 20 位 13		本田優	51	12.9	373 7	346 9	0% 100%
6	中８週	11	：　△　：	キングカメハメハ	キングマンボ	黒鹿 牝3	エンジェルフェイス	ワンフォーローズ	テハノラン	16	9.0	4	㈱ロードホース	ケイアイファーム	55.0	初 ルメー	西 1 位 70		藤原英	51	12.7	365 1	351 13	50% 100%
6	中３週	12	：　：　：	メイショウサムソン	オペラハウス	鹿毛 牝3	フロンテアクイーン	ブルーボックスボウ	サンデーサイレンス	8	21.8	9	長妻和男	林孝輝	55.0	蛯名正	東 3 位 34		国枝	53	10.8	371 5	364 18	71% 28%
7	中３週	13	注　▲　○	キングカメハメハ	キングマンボ	栗毛 牝3	チェッキーノ	ハッピーパス	サンデーサイレンス	16	4.5	2	㈲サンデーレー	ノーザンファーム	55.0	初 戸崎圭	東 1 位 68		藤沢和	61	2.5	395 18	331 1	100% 25%
7	中３週	14	○　：　：	ディープインパクト	サンデーサイレンス	鹿毛 牝3	ビッシュ	バランセラ	アカテナンゴ	8	16.0	6	窪田康志	ノーザンファーム	55.0	初 Mデム	西 2 位 60		鹿戸雄	51	12.2	394 17	342 6	100% 0%
7	中５週	15	：　：　△	ディープインパクト	サンデーサイレンス	黒鹿 牝3	レッドアヴァンセ	エリモピクシー	ダンシングブレーヴ	8	47.9	13	㈱東京ホースレ	ノーザンファーム	55.0	初 田辺	東 4 位 32		音無	54	9.2	393 16	343 7	50% 16%
8	中２週	16	：　：　：	ハービンジャー	ダンシリ	栗毛 牝3	ジェラシー	グローリアスデイズ	サンデーサイレンス	13	22.5	10	近藤英子	ノーザンファーム	55.0	横山典	東 5 位 28		菊沢隆	52	11.8	379 9	349 11	83% 33%
8	中５週	17	△　☆　：	クロフネ	フレンチデピュティ	鹿毛 牝3	ロッテンマイヤー	アーデルハイト	アグネスデジタル	6	17.2	7	㈲シルクレーシ	ノーザンファーム	55.0	初 Tベリ	豪 位 4		池添学	54	9.9	367 3	350 12	33% 66%
8	3ヶ月	18	：　：　：	ネオユニヴァース	サンデーサイレンス	鹿毛 牝3	ダイワドレッサー	リバティープリント	スウェプトオーヴァーボード	6	70.2	15	大城敬三	社台ファーム	55.0	三浦皇	東 15 位 14		鹿戸雄	46	17.8	380 11	347 10	60% 60%

距離延長が最大のカギと見ていました。「推定後半3ハロン」もトップではなく、2位という状況。

それであれば、前哨戦のフローラSでタフな東京芝2000m戦を大外枠から圧勝したチェッキーノに逆転のチャンスがあるはず。2番人気（単勝4・0倍）ですが、デビューから4戦すべて上がり最速をマークしており、底を見せていない点も魅力。

馬券はチェッキーノを1、2着に固定した3連単馬券。相手にはシンハライトも加えましたが、距離に不安があるのは否めません。また、この2頭が絡んで、他1頭も人気馬なら配当が安すぎるのもリスク。キャリアの浅い3歳の牝馬同士の一戦ですし、点数を絞る気はしません。

結局、3連単の「1着固定」「2着固定」のフォーメーション馬券を購入。人気2頭が絡んで3着も人気馬なら、トリガミでもあきらめるのみというスタンスで臨みました。

不安を払拭し1着になったのが追い込みに徹したシ

ンハライト。2着も同じく直線一気のチェッキーノ。懸念していたように、人気馬2頭による1、2着。3着は5番人気⑯ビッシュ。

3連単5790円では厳しい配当でした。1頭→4頭→総流しだったので、せめて3着に人気薄を期待していましたが、この配当ではトリガミに。それも覚悟していたし、人気馬がそこまで堅くないという予想に反していた結果では、少しでも戻ってきたことをヨシとするしかないレースでした。

【購入額】5万2000円 【払い戻し】2万8950円 【自己採点70点】

★ダービー

単勝4・0倍×3万円、3連単46・0倍×1000円的中

◎③マカヒキ（3番人気、単勝4・0倍…1着）

●3連単の「1着固定」「2着固定」。上位人気馬同士で決まれば配当が思ったより安く、3連単で3着候補を広げる。

●単勝は4倍つくなら購入する。人気馬通りで決まっての3連単はトリガミの不安もあったので。

ダービーは近6年で「推定後半3ハロン」1位が5勝。終わってみれば「近代競馬＝上がりの速い馬が強い」を証明してくれたのが何よりといっていいレースでした。

●2016年５月29日 東京10Ｒダービー（ＧⅠ、芝2400ｍ良）

＜久保の印・予想＞
◎③マカヒキ
（３番人気、4.0倍）
○⑧サトノダイヤモンド
（２番人気、3.8倍）
▲①ディーマジェスティ
（１番人気、3.5倍）
注⑫リオンディーズ
（４番人気、5.5倍）
注⑩スマートオーディン
（５番人気、11.7倍）
△⑭ヴァンキッシュラン
（６番人気、16.6倍）
△⑤エアスピネル
（７番人気、21.3倍）
△⑨マウントロブソン
（10番人気、89.8倍）
△⑬レッドエルディスト
（８番人気、57.8倍）
☆②マイネルハニー
（14番人気、175.1倍）

１着③マカヒキ
２着⑧サトノダイヤモンド
３着①ディーマジェスティ
単③400円　複③130円
⑧120円　①140円
馬連③－⑧700円
馬単③→⑧1420円
３連複①③⑧850円
３連単③→⑧→①4600円

2016年05月29日（日）
2回東京12日　第83回

10　GⅠ 東京優駿
15:40　3歳オープン　定量　(国際)牡･牝(

枠	間隔	馬番	印	馬名	父	父の父	母	母の父	毛色・性齢	馬主	生産者		オッズ	人気	斤量	騎手	所属		調教師								
1	中5週	1	注 ◎ ◎	ディーマジェスティ	ディープインパクト	サンデーサイレンス	エルメスティアラ	ブライアンズタイム	鹿毛 牡 3	嶋田 賢	服部 牧場	17	5.3	4	57.0	蛯名正	東 3 位34	美	二ノ宮	69	374	341	100%	-2.5	14	2	20%
1	中3週	2	: : :	マイネルハニー	マツリダゴッホ	サンデーサイレンス	ブライアンハニー	ナリタブライアン	鹿毛 牡 3	(株)サラブレッド	高昭牧場	18	80.3	16	57.0	柴田大	東 7 位22	美	栗田博	54	356	366	57%	15.0	1	18	71%
2	中5週	3	○ ○ ○	マカヒキ	ディープインパクト	サンデーサイレンス	ウィキウィキ	フレンチデピュティ	鹿毛 牡 3	金子真人ホール	ノーザンファーム	16	5.1	3	57.0	川田	西 3 位52	栗	友道康	66	374	340	100%	2.5	15	1	50%
2	中2週	4	: : :	レインボーライン	ステイゴールド	サンデーサイレンス	レーゲンボーゲン	フレンチデピュティ	鹿毛 牡 3	三田 昌宏	ノーザンファーム	11	25.2	8	57.0	福永	西 5 位34	栗	浅見	56	364	349	50%	13.0	6	8	50%
3	中5週	5	: ☆ 注	エアスピネル	キングカメハメハ	キングマンボ	エアメサイア	サンデーサイレンス	栗毛 牡 3	(株)ラッキーフィ	社台ファーム	16	20.0	7	57.0	武豊	西 6 位32	栗	笹田	63	360	355	80%	5.7	4	12	80%
3	中2週	6	: : :	アグネスフォルテ	ハービンジャー	ダンジグ	アグネスリース	フレンチデピュティ	栗毛 牡 3	渡辺 公美子	富田牧場	8	81.1	17	57.0	松山弘	西 12 位19	栗	長浜	52	366	357	33%	16.6	9	14	77%
4	中2週	7	: : :	ロードクエスト	マツリダゴッホ	サンデーサイレンス	マツリダワルツ	チーフベアハート	鹿毛 牡 3	(株)ロードホース	様似堀牧場	8	25.2	9	57.0	初 岩田康	西 4 位38	美	小島茂	57	369	348	83%	11.6	10	7	16%
4	中5週	8	▲ ▲ ▲	サトノダイヤモンド	ディープインパクト	サンデーサイレンス	マルペンサ	オーペン	鹿毛 牡 3	里見 治	ノーザンファーム	3	3.7	1	57.0	ルメー	西 1 位80	栗	池江寿	66	371	343	100%	3.0	13	3	75%
5	中5週	9	: : :	マウントロブソン	ディープインパクト	サンデーサイレンス	ミスパスカリ	ミスターグリーリー	芦毛 牡 3	金子真人ホール	ノーザンファーム	8	37.3	11	57.0	Tベリ	豪 位8	美	堀	59	358	362	83%	9.4	3	17	66%
5	中2週	10	☆ : :	スマートオーディン	ダノンシャンティ	フジキセキ	レディアップステージ	アルザオ	黒鹿 牡 3	大川 徹	スカイビーチステ	11	11.8	5	57.0	戸崎圭	東 1 位72	栗	松田国	58	385	344	83%	10.6	18	4	50%
6	中2週	11	: : :	アジュールローズ	ヴィクトワールピサ	ネオユニヴァース	ヴィアンローズ	セーヴルローズ	青鹿 牡 3	(有)キャロットF	ノーザンファーム	10	45.2	14	57.0	ボウマ	豪 位3	美	古賀慎	55	371	357	0%	14.1	11	13	66%
6	中5週	12	△ △ △	リオンディーズ	キングカメハメハ	キングマンボ	シーザリオ	スペシャルウィーク	黒鹿 牡 3	(有)キャロットF	ノーザンファーム	9	4.1	2	57.0	Mデム	西 2 位60	栗	角居	63	357	351	75%	6.3	2	10	75%
7	中3週	13	: : :	レッドエルディスト	ゼンノロブロイ	サンデーサイレンス	ショウダウン	ダルシャーン	芦毛 牡 3	(株)東京ホースレ	ノーザンファーム	17	41.0	13	57.0	四位	西 28 位8	栗	笹田	60	383	346	75%	9.2	17	5	0%
7	中3週	14	◎ 注 ☆	ヴァンキッシュラン	ディープインパクト	サンデーサイレンス	リリーオブザヴァレー	ガリレオ	黒鹿 牡 3	島川 隆哉	社台ファーム	9	17.7	6	57.0	内田博	東 2 位40	栗	角居	62	362	361	100%	7.3	5	16	71%
7	中2週	15	: : :	イモータル	[illegible]	サンデーサイレンス	シュアー	アカテナンゴ	青鹿 牡 3	金子真人ホール	ノーザンファーム	8	150.8	18	57.0	初 石川裕	東 8 位21	栗	須貝尚	54	364	353	40%	14.4	7	11	40%
8	中2週	16	: : :	ブレイブスマッシュ	トーセンファントム	ネオユニヴァース	トーセンスマッシュ	トウカイテイオー	鹿毛 牡 3	島川 隆哉	エスティファーム	12	36.5	10	57.0	横山典	東 5 位28	美	小笠	52	366	351	66%	16.5	8	9	33%
8	中5週	17	: : :	プロフェット	ハービンジャー	ダンジグ	ジュモー	タニノギムレット	鹿毛 牡 3	(有)キャロットF	ノーザンファーム	5	39.8	12	57.0	初 浜中	西 24 位11	栗	池江寿	53	376	346	80%	15.8	16	6	80%
8	中3週	18	: : :	プロディガルサン	ディープインパクト	サンデーサイレンス	ラヴズオンリーミー	ストームキャット	鹿毛 牡 3	金子真人ホール	ノーザンファーム	5	49.2	15	57.0	初 田辺	東 4 位32	美	国枝	54	371	360	75%	14.8	12	15	50%

「推定後半3ハロン」1位のマカヒキは皐月賞も負けて強しの内容で、直線の長い東京2400mに変わるのもプラスでしょう。先述したように3強戦の3番人気（4・0倍）ということで、単勝をまず3万円購入。3連単は同馬を「1着固定」し相手を4頭ピックアップ。3着欄に9頭という馬券をメインにしました。

マカヒキを「2着固定」にする3連単馬券は、逆転する可能性があるとしたら1番人気の①ディーマジェスティと、2番人気⑧サトノダイヤモンドしかないでしょう。「2着固定」の馬券は本線ではないので、3着は②マイネルハニーを1頭減らして勝負したレースでした。

結果は1章でも紹介したように、マカヒキがサトノダイヤモンドをハナ差退けての勝利。3着もディーマジェスティということで、オークスに続くガチガチの決着です。

3連単はトリガミとなってしまいましたが、「推定後半3ハロン」1位の③マカヒキが勝利してくれたことは自身の理論の証明でもありましたし、ダービ

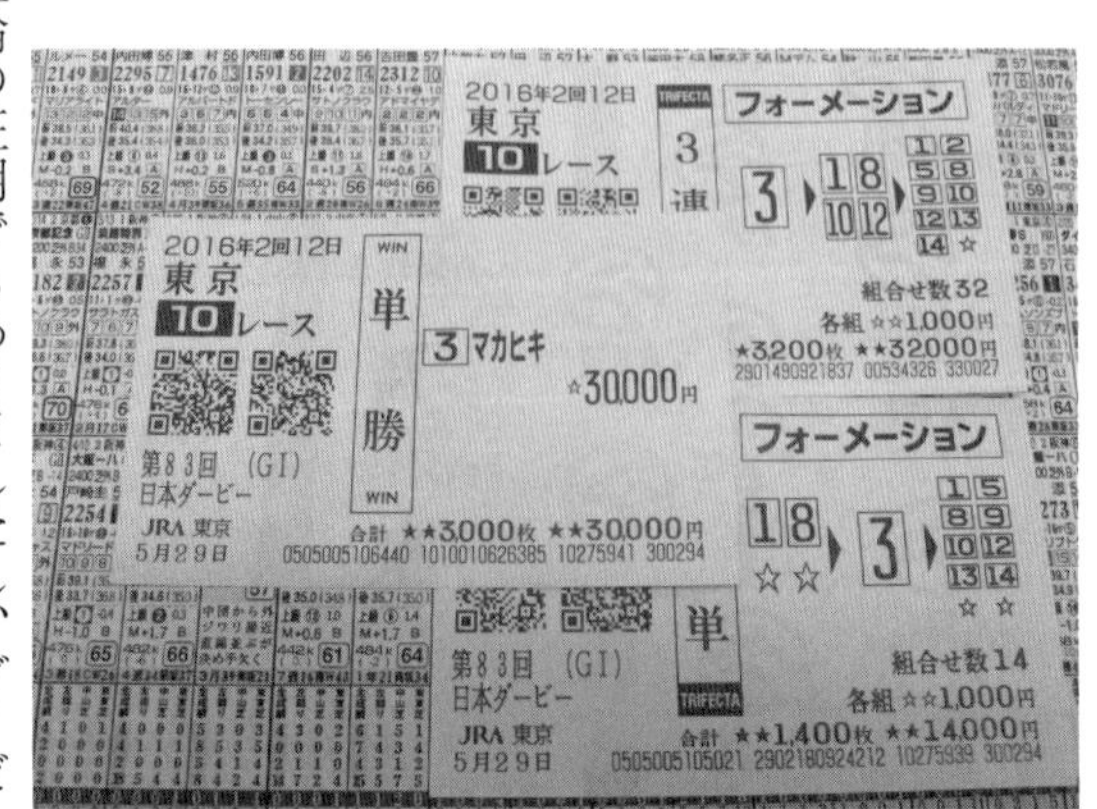

ーが的中してホッとしています。

先ほども指摘しましたが、GⅠでこれだけ堅いレースが続くほうが珍しいのは間違いありません。トリガミOKの姿勢で3連単を買うのは戦略上アリなのは確かなのです。

【購入額】7万6000円
【払い戻し】16万6000円

【自己採点80点】

「推定前半・後半3ハロン」「ハイブリッド指数」など掲載！ハイブリッド新聞ガイド

本書掲載の出生表（馬柱）は、著者・久保和功がサイト上で発行しているオリジナルの競馬新聞です（本書では白黒だが、サイトではカラー表示）。本文中で紙幅の都合上、かなり縮小掲載しているため読みにくいと思いますので、ここでは、その各パーツについての解説をします。これまでの競馬ベスト新書の「京大式」シリーズを読まれた方には、繰り返しになりますが、初見の方のためにご容赦ください。

今走＆集計データ　ローテーションは通常「中～週」と表記。馬柱に掲載されている予想印は◎○▲注△☆の6段階評価。横書きの場合、左から「情報」「展開」「ハイブリッド指数」の印となる。特定の馬主名義（社台系など）の際は背景色をグレーで表示。

①馬番別連対率　過去の同レース、同頭数のレースを基にした馬番別の連対率

②基準オッズ　独自に算出した予想単勝オッズ。10倍未満の馬は反転表示

③ブリンカー　初：初装着時　再：一度、ブリンカーを外して出走し再び装着　B：通常のブリンカー装着時

④降級印　昇：昇級初戦　挑：格上挑戦　降：降級馬　S降：2段階降級（オープン→1000万下）

騎手の東西別のリーディング順位と今年の勝ち鞍数
（騎手名下に掲載）

①乗り替わり記号

初：初騎乗　再：再騎乗

替：乗り替わり

②所属厩舎

関東「美」　関西「栗」

関西の厩舎名は背景色がグレー。リーディング上位厩舎は下線付き。

---

①ハイブリッド指数　独自に算出した能力指数。クラスの基準値に達しているときは反転表示される。指数右横には対象馬が1位の際は2位との指数差、それ以外は1位との差が表記される（この例では—1.3）。クラス別に基準値があり、その値がクラス卒業の目安となる。

●クラスと基準ハイブリッド指数

・未勝利＝40　・500万下＝50　・1000万下＝55　・1600万下＝60

・オープン＝65　・GⅢ＝68　・GⅡ＝70　・GⅠ＝75

②推定3ハロン　上段：推定前半3ハロン　下段：推定後半3ハロン——過去走の前半3ハロン・後半3ハロンを基にして、今走の前半3ハロン・後半3ハロンを予測した数値（サンスポ関西版紙上では全場・後半4レースにおける「推定3ハロン」1～5位をランキング形式で掲載）。右側にはそれぞれ順位を表示。1位は反転表示。2～5位はグレー。2位と0.5秒以上の差があるときは、さらにタイムを反転表示。

③上がり3位以内率・4角5番手以内率　左：上がり3位以内率（上がり3ハロンがメンバー中1～3位だった割合）。右：4角5番手以内率（4コーナーの通過順位が1～5番手だった割合）。※芝のレース時には芝の、ダート時にはダートの過去成績が対象。

④調教データ　上段：乗込指数（中間の調教量を数値化。新馬は入厩からの調教が対象）　下段：追切指数（調教時計を指数化したもの。前回との比較での追切指数上昇度としてS、A、B、Cの4段階で表記）。厩：厩舎指数（厩舎の自信度を表す）。

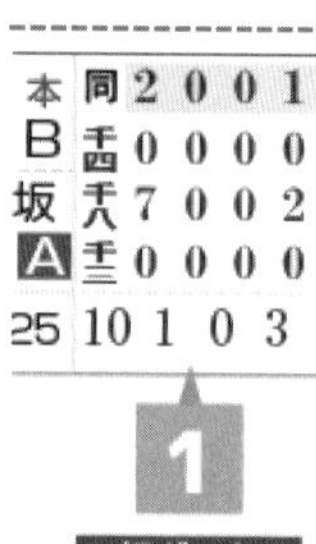

距離別の成績

（1着ー2着ー3着ー着外）

①芝・ダート別着度数　芝のレース時には芝の、ダート時にはダートでの着度数。障害のときには障害レースでの成績。前走から芝・ダート替わりのときには、背景色がグレー。

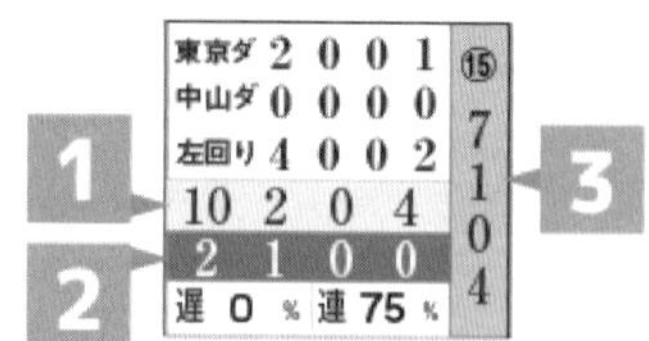

競馬場別成績・回り別成績

（1着ー2着ー3着ー着外）

遅：出遅れ

連：連対率

①生涯全成績

②重・不良成績

③クラス別成績　今走と同じクラスでの成績。転厩初戦時には、背景色がグレー。上部の○数字は馬番

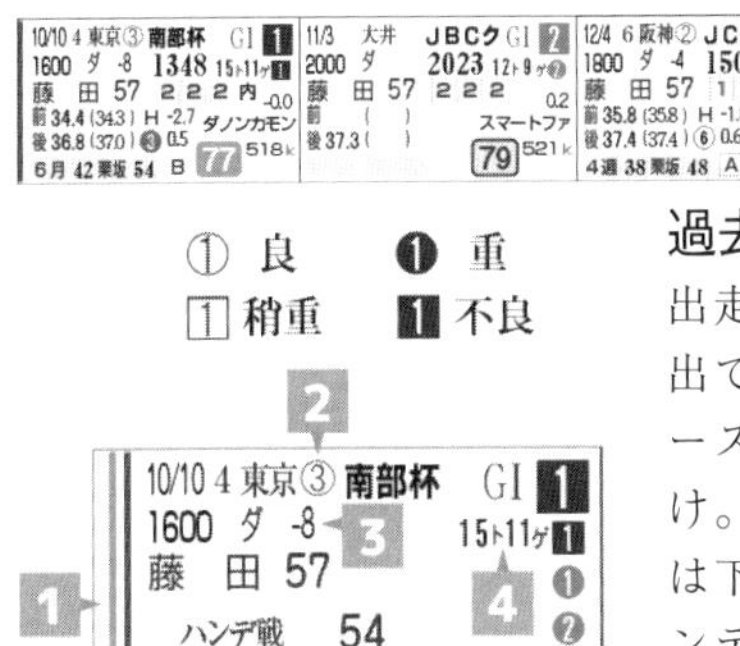

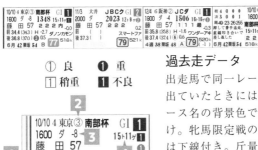

過去走データ

出走馬で同一レースに出ていたときには、レース名の背景色で区分け。牝馬限定戦のときは下線付き。斤量はハンデ戦のときには下線付き。

①休養明け　3ヵ月以上の休み明けはグレーの線。6ヵ月以上のときには黒の線。

②回・競馬場名・日（馬場状態）　この例だと、4回東京3日目（良馬場）。馬場状態によって、日の文字が、良＝○数字、稍重＝□数字、重＝●数字、不良＝■数字のように変化。

③馬場差　当日の馬場状態を数値化したもの。高速馬場であるほどマイナスの数値が大きくなり、逆に時計がかかる馬場であるほどプラスが大きい。平均的な馬場状態なら《0》となる。この例だと、通常よりも1600m換算でコンマ8秒速い馬場。

④頭数・馬番・人気　単勝オッズが1倍台であったときには、人気を赤文字で表記。1～3番人気はグレー。降着があった場合は、入線順位を表記。

①コーナー通過順位　左から、2・3・4コーナーの通過順位。出遅れがあった場合は、2コーナーを白ヌキで表示。この例では、出遅れて15番手ということを示している。

②**4コーナー位置取り**　内ラチから見て、馬場のどのあたりを走ったのかを示す（最：最内　内：内　中：中　外：外　大：大外）。

③**勝ち馬名・着差**　1着時には2着馬名、着差もマイナス表記。

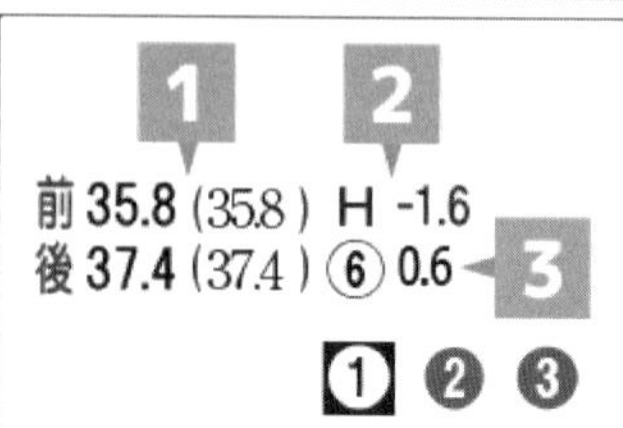

①**前・後半の3ハロンタイム**　馬自身の前後半の3ハロンタイム。（　）内はレースの3ハロンタイム。この例のように、逃げて勝ったときには馬自身とレースのタイムが同じになる。

②**レースペース・前後半3ハロン差**　レースのペースを3段階で表記（S：スロー　M：ミドル　H：ハイ）。レースの前後半3ハロン差は、＋が大きくなるほどスローペース、－が大きくなるほどハイペース。

③**上がり3ハロン順位・タイム差**　そのレースでの、上がり3ハロンタイム順位と1位（2位）との差。1～3位は表記が変化。

過去の出走時の調教データ

当時が転厩初戦のときには反転表示。馬体重と（　）内は増減。

①ローテーション
②乗込指数
③追切コース
④追切指数

成績ハイブリッド指数

芝　ダート
79　79　1位
77　77　2・3位
1 A 70 70

ダートは白文字、芝は黒文字で表記。全馬の過去4走の中で、1～3位の指数は背景色がそれぞれ変化。

①**レースレベル**　S・A・B・Cの4段階評価。レース内容に見どころがあった場合には、背景色をグレーで表示。

休み明け初戦時用の馬箱

①**休み明け初戦・2走目成績**　1着－2着－3着－着外

②**休み明け初戦厩舎成績**　集計期間は約5年。1着－2着－3着－着外。

③**前回の休み明け初戦1**　今回が初めての休み明け初戦の場合は、新馬戦の成績（上段：レースコメント　下段：調教データ）。

④**前回の休み明け初戦2**　成績データと一番下は4コーナーの位置取り。内ラチから見て、馬場のどのあたりを走ったのか示す（最：最内　内：内　中：中　外：外　大：大外）。

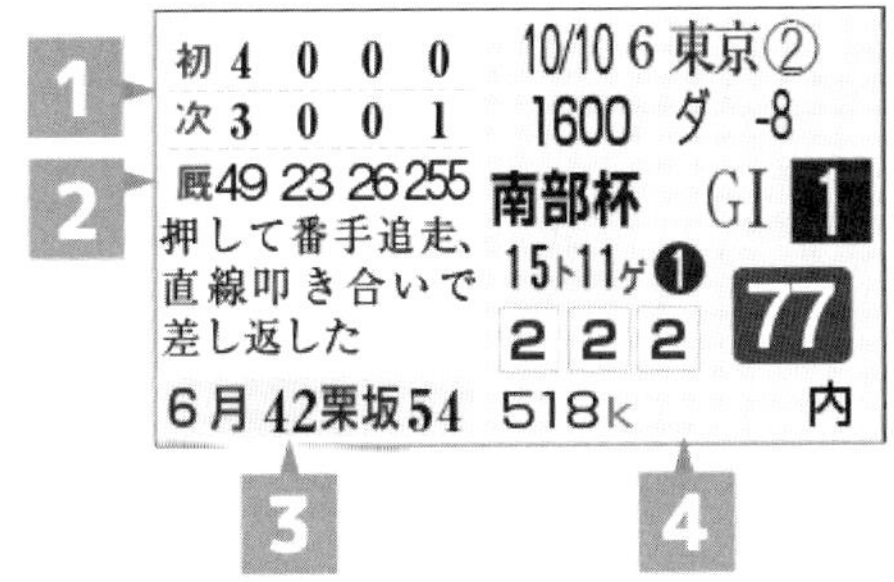

新馬・初出走用の馬箱1

これまでに出走したことのある兄弟馬データ。

①**続柄・兄弟馬名**　続柄の背景色が白になっている馬は現役馬。

②**馬齢・条件・父名**　最終出走時の馬齢と条件。

③**デビュー時データ**　月・競馬場名・芝ダ距離区分。デビューした月が年明け以降であれば、下線付き。

④**通過順・成績**　1～3番人気は着順を●数字で表記。4番人気以下は■数字。

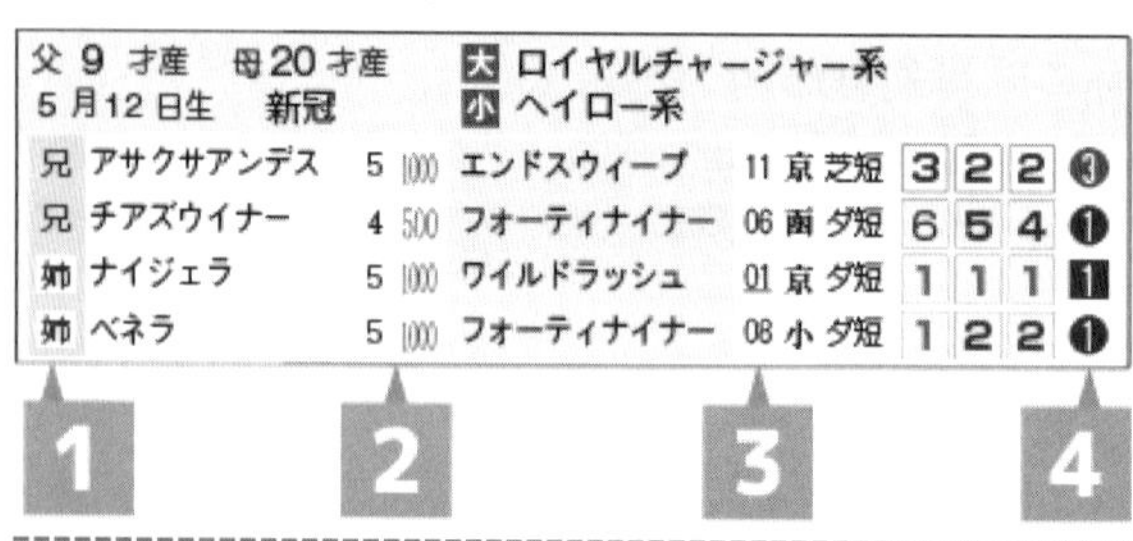

新馬・初出走用の馬箱2

主な兄弟馬の、初戦と2走目の成績。

①**成績着度数**

②**所属厩舎**（最終出走時）

③**成績**（人気・着順）

キャリアが少ない場合に表示される、前走時の追加データ

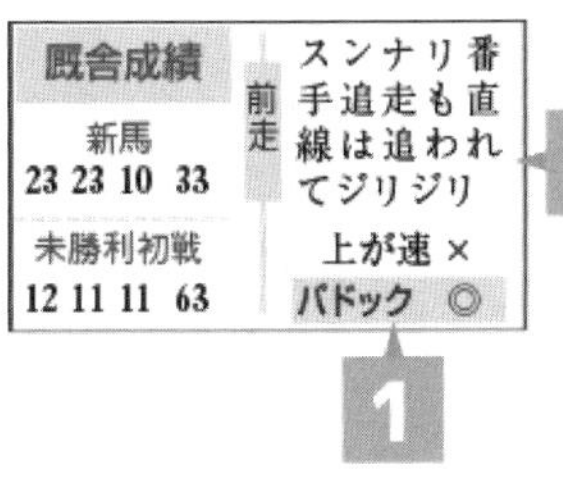

既舎の新馬戦、未勝利初戦成績。

①前走コメント・特記　コメント新聞で出しているレースコメント。特記は１つのみ表示（コメント新聞では最大３つ）。

②パドック印　前走時の直前情報パドック印。

●ハイブリッド新聞（月額1000円・税込）の購入方法については下記アドレスまで。

ＰＣ　http://www.cyber-mm.net

携帯　http://www.cyber-mm.net/i/

●ハイブリッド新聞の見方

http://www.kubo-vs-akagi.com/help/hbhelp_hwb.html

●コンビニサービスのお知らせ

ハイブリッド新聞は、上記のパソコン、携帯でのみ閲覧可能でしたが、今は全国のコンビニ（ローソン、ファミリーマート、サークルＫ、サンクス）でお買い求めできます。サイトは月々1000円の会員制ですが、コンビニでは１日・１場＝500円となります。重賞のみ参加される場合、１レース＝100円の単品販売もございます。ぜひ、お試しくださいませ。

【手順の概略】①お近くのコンビニへ　②店内のマルチコピー機へ　③左下にある「コンテンツサービス」を選択　④右上の「ｅプリントサービス」を選択　⑤中央上の「競馬」を選択　⑥左下の「レース情報・レース予想」を選択　⑦右下の「ハイブリッド」を選択　⑧場別・単品売りなどを選択　⑨「縦版」「横版」を選択→Ａ３サイズの新聞が出力されます。

久保和功（くぼ　かずのり）

1982年大阪府出身。京都大学工学部を卒業後、京大大学院に進む。関西の予想家・赤木一騎氏に師事、大学院を休学して同氏主宰のＪＲＤＢ入社。大学院を正式に中退後、ＪＲＤＢの姉妹会社となるサイバーミリオンを立ち上げる。サンケイスポーツ（関西版）に「京大式・推定３ハロン」を連載中。著書（いずれも競馬ベスト新書）に『京大式超オイシイ！馬券の選び方』『京大式馬券選択のルールブック』『絶対調教これが勝負仕上げだ！』（高中晶敏と共著）など。またサイバーミリオンでは、本書でも掲載している「ハイブリッド新聞」（月額1000円・税込）を発行している。

ＰＣ　http://www.cyber-mm.net
携帯　http://www.cyber-mm.net/i/
ブログ　http://blog.kubo-vs-akagi.com/

京大式 最強の馬券セミナー

2016年９月20日　初版第一刷発行

著者◎久保和功

発行者◎栗原武夫
発行所◎ＫＫベストセラーズ
〒170－8457　東京都豊島区南大塚２丁目29番７号
電話　03－5976－9121（代表）

印刷◎近代美術
製本◎フォーネット社

Ⓒ Kubo Kazunori,Printed in Japan,2016
ISBN978－4－584－10436－1　Ｃ0275

定価はカバーに表示してあります。乱丁・落丁本がございましたらお取り換えいたします。本書の内容の一部あるいは全部を複製・複写（コピー）することは、法律で認められた場合を除き、著作権及び出版権の侵害になりますので、その場合はあらかじめ小社あてに許諾を求めてください。